Web 2.0 时代的非国家行为体与世界政治

Non-State Actors and World Politics in the Web 2.0 Era

周意岷 · 著

时事出版社
北京

目　　录

导 论

2010年，茶党（Tea Party）运动兴起于美国，依靠互联网在美国各地之间迅速传播，获得了众多支持者。茶党的实力因之大增，并开始涉足议员选举，以期将影响力扩展到国会之中，实现自身的政治理念和主张。在当年的中期选举中，茶党支持的60人赢得众议院席位，3人当选参议员。至此，茶党运动完成了由网络到现实的转变，成为美国第一个主要依靠新兴网络媒体进行发展的政治力量。当茶党运动在北美大陆方兴未艾之际，亚欧大陆则上演了“第一次数字革命”。2010年12月中旬，突尼斯街头，一次因城管暴力执法而引发的自焚事件，成为席卷整个大中东地区的“阿拉伯之春”的导火索。一时间风云变幻，中东地区接连发生示威游行、内战和骚乱，突尼斯总统本·阿里、埃及总统穆巴拉克、利比亚领导人卡扎菲、也门总统萨利赫相继被流放、下台受审或被击毙，巴林和叙利亚也出现国内动荡。昔日的政治强人退出历史舞台，新势力开始进入中东的政治分野。与此相应，该地区的力量对比也出现了较大变化：埃及、利比亚等阿拉伯国家遭受打击，实力削弱；中东非阿拉伯国家中的土耳其和伊朗借机扩展影响力；阿拉伯联盟威信受损，海湾合作委员会异军突起。美欧等外部大国也不得不面对现实，着手调整其中东政策。与以往不同的是，社交媒体在此次变局中充当了宣传、组织和动员的工具，成为“大规模动员武器”（WMM）。以埃及为例，Facebook在埃及的使用人数超过500万，Twitter约200万。与此同时，截至2011年5月，埃及手机用户达到7477万，而埃及总人口约8800万，手机在埃及人中已经相当普遍。Facebook和Twitter都是年轻人用手机上网时的最爱。[①] 于是，我们看到在“阿拉伯之春”中，“信息技术让游行的效率和规模远远大于传统游行……呈现出网络结构，具有独特的‘雪崩’特性”。[②]

“第一个主要依靠新兴网络媒体进行发展的政治力量”和“第一次数字革命”充分展现了网络技术的发展给世界政治带来的重大影响。非国家行为体的权力上升，开始挑战主权国家的权威；原有的权力结构和权力性质开始变化；国际体系的走向也出现新的可能。因此，2011 年，美国《外交政策》（Foreign Policy）杂志将“社交媒体的发明”与“全球金融危机”“金砖国家崛起”等并列，评为“9·11”以来的十大事件。“由于 Web 2.0 时代仅仅开始几年，社交媒体所引起的世界变局还有许多值得研究的问题，比如，社交媒体与各国乱局的关系是偶然现象，还是必然现象？社交媒体只是作为世界政治的工具，还是自变量？社交媒体进行政治动员与传播进程的具体细节和作用？社交媒体拓展国际博弈空间，先前的政治逻辑是否仍然适用？社交媒体如何给予权力的变化？社交媒体对国家的监督作用如何？对中国下一步改革开放会有怎样的作用等等。世界政治 2.0 的特性已经出现，网络传播革命形成的全新社会场域与空间已相当明显对于这个新领域，中国决策层与学术界都应该给予足够的重视。”[③] 作为信息化的亲历者和国际问题学者，笔者本人对于互联网，特别是 Web 2.0 技术将在世界政治中激发何种颠覆性变化抱有浓厚兴趣。2014 年 9 月 24 日，时任美国总统巴拉克·奥巴马在联合国大会发言时，将“埃博拉病毒”“俄罗斯”以及“伊斯兰国”（IS）并列为世界三大威胁。姑且不论他的判断是否正确，仅就内容来看，三大威胁中属于传统安全范畴的只有俄罗斯，另外两项均为非传统安全威胁且与非国家行为体密切相关。其中，“伊斯兰国”在中东地区的一系列

---

① 李来房．社交媒体在埃及扮演重要政治角色［EB/OL］，新华网，2011 年 8 月 16 日．http：//finance. qq. com/a/20110816/004507. htm.

② 李绍先，乐颖．埃及事件：一种全新政变模式［A］，马晓霖主编．阿拉伯剧变：西亚、北非大动荡深层观察［C］，北京：新华出版社，2012：65.

③ 王文．Web 2.0 时代的社交媒体与世界政治［J］，外交评论，2011（6）：71－72.

扩张，更是令地区及域外大国头痛不已。结合上文所提到的茶党以及“阿拉伯之春”的案例，我们可以明显看到非国家行为体在 Web 2.0 时代所展现出来的强大力量。在今后相当长的一段时间内，恐怕世界各国政府和民众都会感受到这股力量带来的冲击并且不得不正视其在世界政治中的地位和作用。有鉴于此，本书希望通过论证对以下问题做出解答：

1. Web 2.0 时代的非国家行为体发生了哪些变化？
2. 非国家行为体的变化对于国内政治产生了何种影响？
3. 非国家行为体的变化对于国际政治产生了何种影响？
4. 上述影响将使得国际体系的演变走向何方？

回答上述问题的目的：一是在于探讨新时期现存国际体系的变化以及未来的发展趋势，非国家行为体借助 Web 2.0 技术能否在其中占据一席之地；二是检测以国家为中心构建起来的国际关系理论是否适应世界政治的新变化，是否需要根据实际情况做出相应调整。在对这些问题做出解答之前，还有两方面因素需要考量：一是技术是否对于社会发展具备决定作用。许多学者认同生产力对于生产关系的决定作用，也承认关键技术的进步会产生巨大的推动作用。然而，技术在这里是作为单一因素发挥作用还是与其他因素——如制度变革——共同作用，不同专家有着各自的看法。Web 2.0 技术作为互联网发展的新阶段，其复杂程度和影响范围又是史无前例的，因而相关争论更加激烈。二是国家在世界政治中的地位问题。在世界政治领域，国家长期占据着研究的中心，也是世界政治中最主要的行为体。但是，国家并非生来就具有这一地位，而在一些人看来，这一地位目前也出现了动摇。只是这种动摇会带来根本性的变化吗？恐怕见仁见智。起码在当前主流的国际关系学界，国家中心主义仍被奉为圭臬。所以，在考察非国家行为体的变化及其影响之前，要厘清学者对于国家地位变化的判断以及对非国家行为体的看法。

一、研究问题的缘起

一般认为，技术进步是经济社会发展的重要推动力。根据马克思的观点，生产力决定生产关系。科学技术作为第一生产力，自然对于生产关系变革有着决定性作用。这一观点在前两次工业革命之中都能找到有力的佐证。1705 年，托马斯·纽科门制作出第一台带有活塞的蒸汽机；大约 60 年后，即 1768 年，瓦特改良了蒸汽机，通过加装分体凝气室使燃料消耗大大降低，从而令蒸汽机得以推广普及。这是人类历史上第一次用机械动力取代生物和自然动力。动力技术的进步促成了其他行业的飞跃。冶铁、酿造、印刷、染色等行业都因动力革命而获得新生。不仅产品的产量与以往相比大幅上升，质量也不可同日而语，进而深刻地改变了社会面貌。以冶铁为例，由于廉价钢的大批量生产，钢材不再只用于刀剑等武器和精巧工具，轮船、钢轨、车辆的制造等也开始使用廉价钢，极大地方便了交通运输。而且，随着钢材产量和质量的不断提升，新式枪炮得以大批量装备军队，改变了战场的作战形态。于是，手工工场进化为使用机械生产的工厂，劳动力开始涌入城市，工业化与城市化启动，人类由农业社会进入工业社会。同样，以电气革命为标志的第二次工业革命也体现了技术对经济社会的推动力。特斯拉在交流电领域的多项重大发明让电力进入大众的日常生活，夜晚的天空开始被照亮，许多繁重的家务劳动开始由电力驱动的机器承担，人们的娱乐方式变得丰富多彩，大众传媒方兴未艾；内燃机和液体燃料进一步增强了机器的动力，人类可以在更短的时间内到达更远的地方（这同时也提高了军队的机动性），从而加强了彼此间的交流，增长了见闻。正是在这一时期，全球化加速发展，真正意义上的世界体系建立起来。

虽然有许多证据表明技术的重大作用，但依然有学者提出了对“技术决定论”的质疑。最具代表性的是：如果技术具有决定作用，那么为什么以工业革命为代表的技术进步发生在西欧而不是东方的中国、印度或者日本？在前现代，中国在多个领域的技术曾领先世界，为什么后来中国反而落后了？西欧在中世纪的政治分裂局面某种程度上降低了政府对科学研究的影响力和控制力，客观上有利于科学家和技术人员自主进行科学研究和发明创造，并形成科学发现和学术交流的常态化。另一方面，分裂也削弱了世俗政权对经济活动的干预，市场逐步繁荣起来，一批金融家族崛起。他们出于各种目的资助当时的学者和艺术家，比如佛罗伦萨的美第奇家族，进一步推动了科学技术的发展。正如亚当·斯密所说，劳动分工和市场的扩大促进了技术创新。反观中国，市场的弱势、产权制度的缺位以及社会观念的趋于保守，都阻碍了技术创新的脚步。“东方国家有广阔的市场和繁荣的贸易，但是它们和大西洋经济体的发展模式不同……北京人并不比佛罗伦萨人穷，可却比伦敦人穷不少……在 1880 年，开一个雇佣 600 名中国工人的矿厂的成本预计为 4272 美元，差不多和一台蒸汽泵的价格一样。即使在有其他动力可供选择的时候，精明的中国投资商们通常会乐意雇佣便宜的劳动力，而不会购买昂贵的蒸汽机……东方商人、宫廷学者都没有对锅炉、冷凝器产生足够的兴趣，更别提珍妮纺织机、水力纺纱机和搅炼机了。”[①] 因此，政治、市场、制度等因素可以加快或者降低技术创新的速度，技术并不能单独发挥推动经济社会发展的作用，其只是诸多因素中的一个。

综合上述两类观点，我们可以看到，技术确实在推动经济社会发展方面具备重要作用，但是我们不能对其过分夸大。因为社会是多维的和复杂的，仅通过单一变量无法正确地描绘出其发展轨迹。因而对于“技术决定论”要有理性的认识和判断。在这一立场之下，我们该如何看待互联网技术的角色呢？

二、学界对互联网技术的研究

1946 年，世界上第一台计算机 ENIAC 在美国诞生。但是，直至 1960 年，美国国防部才建立起世界上第一个运营的封包交换网络——阿帕网（APRA net）。1973 年，该网络扩展为互联网，英国和挪威的计算机首先接入。至 20 世纪 90 年代，整个网络才对公众开放，并发展为如今为人们熟知的互联网。最初将网络与政治学研究结合起来的是美国未来学家阿尔温·托夫勒（Alvin Toffler）。他于 1983

① ［美］伊恩·莫里斯著，钱峰译．西方将主宰多久［M］．北京：中信出版社，2014：329.

年在其著作《预测与前提》中首次提出信息与权力和政治密切相关。进入 20 世纪 90 年代，国际关系学者也开始了对网络的研究。1990 年，詹姆斯·罗西瑙出版《世界政治大变动》(Turbulence in World Politics) 一书，论述了信息革命给个人、国家以及国际体系带来的冲击。1996 年，约瑟夫·奈与威廉·欧文斯 (William A. Owens) 在《外交事务》(Foreign Affairs) 上发表《美国的信息优势》(America's Information Edge)，正式提出"信息权力"的概念。与此同时，学术界开始了对互联网的大规模研究，大批论文、报告和专著面世。另一方面，互联网自身的快速发展也不断制造出新的研究问题和研究领域。作为信息革命的源头和国际关系学科的领先者，美国自然成为互联网研究成果最多的国家，不仅多个智库建立起网络研究项目，还出版了数百本相关专著。互联网发展至今，其本身已经不仅仅是一项新技术，而是一个与人类社会生活紧密相关的平台，为全人类提供了一个虚拟的活动空间。所以，互联网已经在经济、社会生活、政治、教育、科学研究等各个领域施加影响。限于笔者专业及篇幅，本书主要涉及互联网在世界政治中的作用。在这一领域，国内外专家的研究大致包括以下几个方面：

（一）互联网与国内政治

目前中国学者在这一范畴的研究大都涉及公民社会建设、民主政治建设、政府和政党对网络的应用、公众舆论和意识形态宣传等多个问题。其中，王水雄在 2003 年出版的《结构博弈：互联网导致社会扁平化的剖析》一书，在经济学和社会学理论的基础上，利用结构博弈的方法，分析了 2000—2001 年的互联网运动。①刘文富在其《网络政治：网络社会与国家治理》一书中，对网络政治进行了系统和全面的研究：提出网络社会和虚拟政治必然对现实政治生活中的国家主权、政治体制、政府管理、政治文化等方面产生重大的影响，从而

① 王水雄. 结构博弈：互联网导致社会扁平化的剖析 [M]，北京：华夏出版社，2003.

产生新的国家治理范式。[1]郭小安的《网络民主的可能及限度》一书，比较了不同政治生态下网络民主功能的差异，并分析差异产生的原因，从中寻找网络民主的效度及影响因素，进而提出网络民主的出路。[2]复旦大学蔡翠红教授在《当代世界与社会主义》2011 年第 6 期发表的《网络政治沟通：两面性与效果之辩》一文中分析了政治家如何通过网络平台与公民展开政治沟通。中共中央党校党建部谭国雄于 2005 年发表的《世界政党对互联网的运用和启示》一文，考察了世界各国政党对互联网的运用方式和功效，为中共增强执政能力提供了借鉴。浙江大学郁建兴的《互联网与中国公民社会研究：反思与展望》（《哲学研究》2011 年第 5 期）一文，对互联网如何影响中国公民社会以及中国公民社会未来的发展方向进行了研究。

相比之下，国外学者更倾向于探讨互联网在政府治理中的作用：第一，如何在加强网络管理和保护个人权利方面取得平衡。互联网本身是一个信息制造和信息传播的开放平台，而进入 2.0 时代之后，每一位个人都可以成为信息的制造者，因此网络管理必然涉及言论自由等问题。本杰明·威特（Benjamin Witts）在其文章《数字隐私与马赛克》（Databuse：Digital Privacy and the Mosaic）中，探讨了政府和公司如何保管个人数据以使其免遭泄露和非法利用，并引申出互联网时代个人隐私的新内涵。[3]布鲁金斯学会的迈克尔·奥尼尔（Michael O' Neil）则更加直接地面对这一问题，他在《网络犯罪困境：是否可能兼顾安全与个人隐私?》（“Cybercrime Dilemma：Is it Possible to Guarantee Both Security and Privacy?”）中提出：技术的进步已经改变了个人隐私的性质，法律在适应技术变化的同时也应注重保护人权的效果，为此应引入一种自愿的、以人权为导向的网络安全机制并避免

① 刘文富．网络政治：网络社会与国家治理［M］，北京：商务印书馆，2004.

② 郭小安．网络民主的可能及限度［M］，北京：中国社会科学出版社，2011.

③ Benjamin Witts，“Databuse：Digital Privacy and the Mosaic，” Governance Studies at Brookings，April 1，2011.

新法律的过度标签化（label oversimplification）。[①]第二，国家在网络管理方面可采取的措施。这些措施中经常出现就是立法手段，即通过制定相关国内法律加强互联网管理，打击网络犯罪等威胁网络安全的行为，以切实保护个人权利和社会稳定。兰德公司发布的报告《欧洲网络犯罪中心可行性研究》（Feasibility Study for a European Cybercrime Center），欧林·S. 科尔（Orin S. Kerr）的《使用限制和法律监督的未来路》（Use Restrictions and the Future of Surveillance Law），劳伦斯·莱辛（Lawrance Lessig）的《代码：其他网络空间法律，2.0 版本》（Code：And Other Laws of Cyberspace，Version 2.0），詹皮耶罗·贾科梅尔（Giampiero Giacomell）的《民族国家政府和因特网管控：一种数字挑战》（National Governments and Control of the Internet：A Digital Challenge）都是属于此类的文章和专著。第三，对于互联网的全球管理。由于历史原因，互联网的根服务器、域名、IP 地址分配等均由美国控制。但是，互联网的发展已经在全球范围内建立起一个没有中心、只有节点的网状结构。显然，这一结构与目前的管理方式存在矛盾，于是一些学者开始探讨新的全球管理机制的建立。乔纳森·奇特林（Jonathan Zittrain）的《因特网的相互援助协定》（A Mutual Aid Treaty for the Internet）认为，互联网最初的设计结构带来了许多复杂的问题并提高了管理成本。相互援助协定的达成有助于解决这些问题，而共同利益能够促进合作的产生。[②]

（二）互联网与国际政治

相比国内政治，中国学者对互联网与国际政治的研究略显不足。较为系统的著作主要有：蔡翠红的《信息网络与国际政治》、田作高的《信息革命与世界政治》以及申琰的《互联网与国际关系》。他们考察了信息化背景下，世界政治、国际格局、国家主权、国家间竞争

① Michael O' Neil, "Cybercrime Dilemma: Is it Possible to Guarantee Both Security and Privacy?" The Brookings Institution, Winter 2011.

② Jonathan Zittrain, "A Mutual Aid Treaty for the Internet," Governance Studies at Brookings, Jan. 27, 2011.

与合作关系等方面发生的变化，以及由此引发的国家间权力分配、国际关系行为体地位和国际体系的变化。三部著作中，以蔡翠红的《信息网络与国际政治》学术价值为最高，由互联网对国家主权和国家安全的影响一直延伸到对国际体系和国际关系理论层面的思考。但其书出版于2003年，故无法体现Web 2.0时代，特别是社交媒体诞生后国际关系的变化。另外，“数字鸿沟”也是该领域一个较为热门的问题，如胡鞍钢、周绍杰的《新的全球贫富差距：日益扩大的数字鸿沟》，郑宇、苑春强的《全球“数字鸿沟”现状及信息化战略解决方案》等著作便是该问题的代表作。然而，Web 2.0和社交媒体的“平坦化”力量使得数字鸿沟看上去并没有那么“不可逾越”。

在国外学者中，比较早地将网络引入国际政治领域的是美国学者约瑟夫·奈。他和威廉·欧文斯于1996年在《外交季刊》上发表的《美国的信息优势》一文最先提出了“信息权力”的概念，认为随着信息技术的发展，信息权力逐步渗透到政治、经济、文化等方面，成为权力最重要的源泉。在其最近出版的著作《权力大未来》（The Future of Power）中，他进一步发展了信息权力的内涵，提出信息革命正在改变权力的性质进而形成网络权力。网络权力的出现不仅加快了权力扩散的趋势，而且提高了网络战争爆发的可能性。[①]此外，讨论互联网导致权力关系变化的还有杰西卡·T. 马修斯（Jessica T. Mathews）的《权力的转移》（Power Shift），大卫·J. 罗斯科（David J. Rothko）的《网络政治：信息时代权力性质的变化》（The Changing Nature of Power in the Information Age），杰瑞·埃弗拉德（Jerry Everard）的《虚拟国家：互联网与民族国家的疆界》（Virtual State: The Internet and the Boundaries of the Nation – State）等。目前，也有部分学者开始从非国家行为体的角度考察网络与国际关系，如大卫·柯克帕特里克（David Kirkpatrick）的《脸谱有外交政策吗?》（Does Facebook have a Foreign Policy?），但是成果数量不多。

---

① ［美］约瑟夫·奈著，王吉美译．权力大未来［M］，北京：中信出版社，2012.

（三）网络安全

与西方国家网络安全研究的盛况不同，中国在这方面投入的研究精力确实差强人意。国内对于网络安全研究的著作多来自于军方，主要研究网络战、非对称战争、制信息权、军队信息化以及西方国家的网络安全政策和理念等，如王建华编著的《信息技术与现代战争》、陈运迪的《信息战、信息化与国家安全》、张海龙的《黑客帝国：美国网络战部队揭密》等。国际关系学者在该领域的研究成果主要体现为论文的方式。程群的《奥巴马政府的网络安全战略分析》分析了奥巴马政府的网络安全战略，指出其战略引发了网络军备竞赛，成为国际法的新挑战。[①]王军的《多维视野下的网络战：缘起、演进与应对》考察了网络战的主体、争夺对象、武器等，以此提出在国际法和国际规范层面“规约”网络战的意义。[②]沈逸的《数字空间的认知、竞争与合作——中美战略框架下的网络安全关系》从美国信息安全战略的调整、谷歌退出中国大陆和希拉里推进“互联网自由”的讲话出发，提出网络安全关系正在成为中美战略关系框架下的新变量。[③]除了传统安全研究，部分学者也涉及到了非传统安全领域，主要是探讨网络恐怖主义的问题。

国外关于网络安全的研究可谓百花齐放，主要涉及网络威胁的界定和应对、网络安全规则的制定、网络恐怖主义、网络战等问题。龙金·卡巴斯基 Eugene Kaspersky 在 2012 年 12 月发行的《外交政策》（Foreign Policy）上发表了《四个令人担忧的数字威胁》（4 Digital Threats to Worry About）一文，总结了当前互联网面临的四大威胁：侵犯隐私权（Privacy Violations）、网络犯罪（Cyabercrime）、网络战（Cyberwarfare）以及黑客（Hacktivism）。[④]为了应对这些威胁，许多

---

① 程群．奥巴马政府的网络安全战略分析［J］，现代国际关系，2010（1）．

② 王军．多维视野下的网络战：缘起、演进与应对［J］，世界经济与政治，2012（7）．

③ 沈逸．数字空间的认知、竞争与合作——中美战略框架下的网络安全关系［J］，外交评论，2010（2）．

④ Eugene Kaspersky, “4 Digital Threats to Worry About,” *Foreign Policy*, December 2012.

学者经过自身的研究提出了各种方法和策略。其中，埃肯·蒂克（Eneken Tikk）提出了《网络安全的十大规则》（Ten Rules for Cyber Security）：属地规则（The Territoriality Rule）、责任规则（The Responsibility Rule）、合作规则（The Cooperation Rule）、自卫规则（The Self – Defence Rule）、数据保护规则（The Data Protection Rule）、审慎义务规则（The Duty of Care Rule）、早期预警规则（The Early Warning Rule）、信息使用规则（The Access to Information Rule）、有罪规则（The Criminality Rule）以及托管规则（The Mandate Rule）。[①] 艾伦·弗里德曼（Allan Friedman）在其《应对网络安全隐患的经济和政策框架》（Economic and Policy Frameworks for Cybersecurity Risks）中分析了美国面临的网络威胁，如犯罪（Crime）、间谍活动（Espionage）、国际冲突（International Conflicts），并在此基础上提出了一系列治理框架。[②] 2012 年 10 月，CSIS 发表了一篇名为《升级联邦政府的网络安全政策和指南》（Updating U. S. Federal Cybersecurity Policy and Guidance）的报告，为美国如何升级其现有的网络安全政策和指南以使其更加高效和低廉提供了建议，如修订现有定义、监管网络运营等。网络战方面，兰德公司的马丁·C. 利比基（Martin C. Libicki）发表了《网络威慑与网络战》（Cyberdeterrence and Cyberwar），论述了网络威慑和网络战的特点以及在政策、战略、全球合作等方面的应对之策。随着网络安全问题的日渐突出，美国国防部也做出反应，于 2011 年发布了《国防部网络空间战略》（Depatent of Defense Strategy for Operating in Cyberspace, July 2011），对美国面临的网络安全挑战和战略机遇进行了较为全面的评估，从引入新设施、招募人才、统筹公私机构、整合盟友力量、技术创新 5 个方面为今后美国维护在网络空间的利益以及美国和盟国的安全制定了路线图。与此同时，也有学者认为网络战并非迫在眉睫。托马斯·里德（Thomas Rid）在《重新

---

① Eneken Tikk, "Ten Rules for Cyber Security," *Survival*, vol. 53 (3), Jun – July 2011.

② Allan Friedman, "Economic and Policy Frameworks for Cybersecurity Risks," Center for Technology Innovation at Brookings, July 21, 2011.

思考网络战》(Think Again: Cyberwar)中强调，网络战更多的是媒体的渲染而非实际存在的危险，目前发生的各种网络攻击事件都不符合网络战的标准。①

(四) 网络外交

互联网的网状结构以及传播介质的进步使得其传输速度迅速提升，信息的制造、传播和共享以前所未有的规模在全球范围内展开，社交媒体的出现则进一步推动了这一趋势。网络媒体的发展不仅改变了原有的传播格局，而且在商业、贸易、金融、外交等领域掀起了一场变革风暴。这一变化与时下颇为流行的公共外交结合以后，进而产生网络外交这一新生事物。王军的《网络民族主义与中国外交》一文采用社会学方法，审视了中国的网络民族主义和中国外交的关系。北京大学檀有志发表的《网络外交：美国公共外交的一件新式武器》提出网络外交已成为一种新的公共外交形式，并分析了美国在网络外交方面具体政策和措施。②清华大学赵可金于《世界经济与政治》2011年第5期发表了《网络外交的兴起：机制与趋势》一文，探讨了网络外交这一“充满生机和活力的外交样式”，认为其“推动着现代外交在价值原则、组织体制和运行机制等方面发生了总体性变革”。③

冷战后，价值观外交一直是美国外交政策中的重要一环。克林顿政府的“民主与扩展战略”，小布什政府的“大中东计划”都是价值观外交的体现。奥巴马政府上台后，在推动战略重心东移的同时大力提倡普世价值，包括日本在内的盟国与准盟国积极响应，隐然有建立价值观同盟之势。由于互联网具备草根性、实时性和传播信息的高效性，因而成为西方推行价值观外交的新工具。2010年，希拉里·克林顿发表题为《评价互联网自由》(Remarks on Internet Freedom)的讲话，宣布美国要通过在全世界推进互联网和信息自由来实现人权、

---

① Thomas Rid, “Think Again: Cyberwar,” *Foreign Policy*, March/April 2012.

② 檀有志. 网络外交：美国公共外交的一件新式武器 [J]，国际论坛. 2010 (1).

③ 赵可金. 网络外交的兴起：机制与趋势 [J]，世界经济与政治. 2011 (5).

自由和人类福祉的进步。2011 年 12 月，希拉里·克林顿再度发表以互联网自由为主题的讲话，强调美国要抓住数字时代的机遇，向世界提供“帮助和支持”。除了政府以外，一些西方学者也该领域投入了相当的精力。达米安·谭宾尼（Damian Tambini），凯西·布莱恩（Cathy Bryan）和罗扎·沙卡鲁西亚农（Roza Tsaqarousianon）在 1998 年出版了《网络民主：技术，城市与公民网络》（Cyberdemocracy：Technology，Cities and Civic Networks）一书，通过考察欧美国家的“电子民主”案例，讨论了信息技术对于民主的影响和促进。[①] 2010 年，《外交政策》（Foreign Policy）和《外交季刊》（Foreign Affairs）杂志均发表了 Ian Bremmer 关于网络民主的文章，分别是《第四波》（The Fourth Wave）和《网络空间的民主》（Democracy in Cyberspace）。进入 2011 年，受到“阿拉伯之春”的激励，西方关于网络民主、网络自由的文章和著作大量出现。目前，该领域的研究尚在起步阶段，未来随着 Web 2.0 技术的进一步成熟，还将有更大的研究空间。

三、国内外基于非国家行为体的研究

一战后，为了防止悲剧的重演，以伍德罗·威尔逊（Woodrow Wilson）为代表的威尔逊学派提出了理想主义的国际关系理论。在他们的理论中包含着一个重要思想：公众舆论可以确保世界和平。他们强调普通民众在世界政治中的作用，认为维护世界和平要依靠公众的力量，通过谴责和制裁使得侵略国的民众醒悟，进而推翻其政府。但是，二战的爆发宣告了理想主义理论的破产。在对理想主义的批判中，现实主义学派逐渐形成。现实主义者将国家视作世界政治中最重要的行为者，国家的一切行为都符合理性（即理性选择理论）。国家中心观念自汉斯·摩根索（Hans J. Morgenthau）的经典现实主义到肯尼思·沃尔兹（Kenneth N. Waltz）的结构现实主义，再到约翰·米尔斯海默（John J. Mear－sheimer）的进攻性现实主义，几乎未发生

---

① Damian Tambini，Cathy Bryan，Roza Tsaqarousianon，*Cyberdemocracy*：*Technology*，*Cities and Civic Networks*，London：Rontledge，1998.

过变化。不过，世界政治现状的发展却使得国家中心观念的解释力受到削弱。因此，包括约瑟夫·奈（Joseph S. Nye）和罗伯特·基欧汉（Robert O. Keohane）在内的新自由主义者开始尝试从不同角度作出诠释。然而，无论是相互依赖、国际机制还是软权力，都未彻底放弃国家中心的观念。当然，亦有学者在进行一些突破性的研究。如海伦·米尔纳（Helen Milner）在《利益、制度与信息》一书中否定了国家是单一行为体的概念，考察了国内行为体对于国际关系的作用。詹姆斯·罗西瑙（James N. Rosenau）则在其《世界政治大变动》（Turbulence in World Politics）一书中提出了世界政治的两枝结构，突破了国家中心的限制。可是，由于世界政治现状并未提供太多佐证，国家作为世界政治最重要行为者的现实依旧占据主流。随着网络技术的迅速发展，人类社会于21世纪迈入了Web 2.0时代，全世界发生了天翻地覆的变化。受其影响，世界政治领域也开始呈现出新的特征。

国际关系学科对于非国家行为体的研究由来已久。20世纪初，理想主义进入人们视野。由于其主张放弃传统均势和秘密外交，代之以集体安全，因而在国际组织相关理论方面颇多成果。后来，现实主义的兴起令国际关系理论走向国家中心主义，非国家行为体被冷落。直到20世纪六七十年代，新自由主义学者才开始重新发掘非国家行为体的意义和作用，认为其是世界舞台上的重要角色之一。迄今为止，中外在这一领域的研究方向大同小异，主要体现为对非国家行为体中的某一具体类型进行分析或在对国际体系、国际机制等的宏观分析中涉及非国家行为体。

第一，以跨国公司为研究对象。20世纪70年代以后，跨国公司迅速扩张，走上全球化经营的道路，在国际政治、世界经济中的作用越来越突出，引起了学者们的广泛关注。1971年，《国际组织》杂志编辑出版了一期专刊，以“跨国关系与世界政治”为主题，其中有涉及跨国公司的内容。此专刊遭到一批现实主义学者的批评，罗伯特·吉尔平（Robert Gilpin）于1975年出版的《美国权力与跨国公司》一书便是其中之一。这也是国际关系领域较早的有关跨国公司的著述。当然，有关跨国公司的文章、著作大多集中在微观经济学、管理学、政治经济学等领域，如邓宁（Dunning）对跨国公司区位优势演变的研究，巴斯（Bas）和塞拉（Sierra）对跨国公司海外研发动机和结构的研究，克里斯托弗·巴特利特（Christopher Bartlett），休曼特拉·戈歇尔（Sumantra Ghoshal）以及保罗·比米什（Paul Beamish）对跨国管理的研究等。近20年来，随着世界政治与世界经济日益融合、低级政治逐步上升，国际关系学者加强了对跨国公司的重视，在著作中多提及跨国公司的地位和作用，如约瑟夫·奈的《理解国际冲突》和《权力大未来》、纳菲兹·摩萨迪克·艾哈迈德的《文明的危机》。在这一背景下，中国学者亦出版或发表了不少相关著作和文章，以探讨中国与跨国公司的关系及应对策略等问题，包括王志乐的《2012跨国公司中国报告》和《全球公司——跨国公司发展的新阶段》、黄河的《跨国公司与当代国际关系》、葛顺奇的《世界500强跨国公司在华投资透视》等。

第二，以非政府组织（NGO）为研究对象。对非政府组织的研究热潮兴起于冷战之后。这一时期，两极体系终结，原来被掩盖的民族矛盾、种族冲突等凸显；全球性问题威胁人类的生存与安全；全球化深入发展，全球公民社会的概念被提出。非政府组织开始活跃于国内和国际事务之中，为解决上述问题贡献力量，成为学者关注的焦点之一。当前对非政府组织的研究大都集中在其组织结构、运作方式、法律地位、作用效力几个方面。1999年，美国学者莱斯特·萨拉蒙（Lester M. Salamon）出版了《全球公民社会：非营利部门视界》一书，对41个国家的非政府组织进行了考察，包括这些组织的基本规模、结构、收入基础及其在不同国家的表现，并对何种因素促进或阻碍了其发展、其实体的特殊属性等做了深入分析，认为国际社会将出现一场“结社革命”。[①]中国学者王杰、张海滨、张志洲主编的《全球治理中的国际非政府组织》从全球治理的视角分析了国际非政府组

① ［美］莱斯特·萨拉蒙著，贾西津，魏玉译．全球公民社会：非营利部门视界［M］．北京：社会科学文献出版社，2007.

织的发展前景和趋势、在全球治理中的作用、与主权国家的关系、活动范围和活动方式等，并列举了如国际禁雷组织、国际环境组织、国际人权组织等诸多案例。[①]总体来说，由于中国的非政府组织发展尚不完善，国内在该领域的研究还有很长的路要走。

第三，以政府间国际组织为研究对象。与非政府组织相比，国际关系学科领域与政府间国际组织相关的研究成果可谓浩如烟海。原因在于：一是战后国际关系学突飞猛进之时，正是政府间国际组织大发展之际，以联合国为代表的一批组织相继建立，自然成为学者关注的对象；二是政府间国际组织以主权国家为主要成员，与国家中心主义相合；三是政府间国际组织对战后世界和地区安全、经济合作、文化交流、促进人权等事务贡献良多，极具研究价值。学者对政府间国际组织的研究大都集中在组织结构、组织创建与改革、国际法地位、与国家的关系、在具体事务中的作用、未来发展趋势等。联合国作为当今最大、最重要的政府间国际组织，自然是研究的重点和热点之一。除此之外，其他重要的区域性组织，如欧盟、东盟、非盟、上海合作组织、北美自由贸易区、阿拉伯国联盟等也受到广泛关注。由于相关著作和文章数量极多，本书于此不再一一列举。

第四，以恐怖组织、极端组织为研究对象。此类组织对于世界政治的建设性作用几乎可以忽略，但是其危害性却不可低估。不仅是传统意义上的国家安全，甚至社会稳定、公民人身财产安全、正常的经济金融秩序等都会受到其威胁。作为深受恐怖主义之害的国家，美国对恐怖组织、极端组织的研究成果颇为丰富：在美国国会图书馆中，标题中含有“恐怖主义”的著作有 605 本，以“恐怖主义”为主题的则有 6177 本；美国的各大智库，如布鲁金斯学会、兰德公司、CSIS、对外关系委员会、美国企业研究所等都设立了与恐怖主义、极端主义相关的研究组，定期提供各类报告。中国近年来对恐怖主义、极端主义的关注和研究也在逐步加强。中国现代国际关系研究院设立

---

① 王杰，张海滨，张志洲主编．全球治理中的国际非政府组织［M］．北京：北京大学出版社，2004.

了反恐怖研究中心，并编著了《国际恐怖主义与反恐斗争》一书，系统介绍了恐怖主义与反恐怖合作、有关国家的反恐怖措施、反恐怖特种部队、国际恐怖组织及其活动、20 世纪 90 年代以来的重大恐怖事件等。[①]王逸舟于 2010 年出版了《恐怖主义溯源》，深入分析了恐怖分子的手段和目标以及国际恐怖主义现象映射出的国际政治的深层矛盾。涂龙德与周华合著的《伊斯兰激进组织》以“穆斯林兄弟会”和“基地”组织为重点，对世界主要伊斯兰激进组织进行了深入探究。[②]不过，总体来看，中国学者在这一领域的研究成果仍然为数不多。

第五，对国际体系、国际机制等的宏观分析中涉及非国家行为体。随着非国家行为体地位的提升，一些学者开始重视其作用和发展趋势，认为其将在未来的国际体系和国际机制中占据一席之地，与主权国家分庭抗礼。英国学者苏珊·斯特兰奇（Susan Strange）在其著作《权力流散：世界经济中的国家与非国家权威》中，以国际政治经济学的视角分析了世界政治中结构性权力由国家向非国家行为体扩散的趋势，认为国家之外的权威：跨国公司、有组织犯罪团伙、六大会计师事务所、卡特尔和私人保护主义、国际组织等将“夺取”国家对于商品和服务生产、知识和信息创造与交流的控制权。海伦·米尔纳的《利益、制度与信息》对理性选择理论和国家是单一行为体的判断提出了质疑，认为国内政治中立法机构、行政机构和利益集团的博弈会影响对外政策，其中的“利益集团”便涉及非国家行为体。奥兰·扬（Oran R. Young）则在《世界事务中的治理》中强调：未来国际机制的构建和调整中，非国家行为体将是重要力量之一。当然，多数学者和著作仍然坚持国家中心主义，虽然他们也承认非国家行为体在国际体系和国际机制中的作用，但认为其不过是辅助角色，国家才是主角。

---

① 中国现代国际关系研究院反恐研究中心．国际恐怖主义与反恐怖斗争年鉴［M］．北京：时事出版社，2001.

② 涂龙德，周华．伊斯兰激进组织［M］．北京：时事出版社，2010.

四、本书主要观点

整体来看，中国目前的互联网研究大多集中在国内层面，即政治学、社会学和传播学等领域，“国际关系学界对互联网与世界政治的研究还相当滞后，多数国际关系学者没有意识到空间延伸对国际关系的影响”。[①]即使在已有的互联网对国际关系影响的研究中，也主要以国家为研究对象，较少涉及非国家行为体和国际体系，无论是研究的规模、深度还是精度都与西方发达国家存在着较大差距。其实，在西方学者对互联网的研究中，多数也是以国家为中心，他们承认非国家行为体借助技术的发展取得了比以往更大的力量，但是国家的地位不会动摇。新现实主义、新自由主义以及建构主义无论在理论主张方面有多么大的差异，在这一点上确是惊人地相似：都坚持以国家为中心创建理论。华尔兹认为，“国家是通过彼此互动塑造出国际政治系统结构的单元，而且它们将长期保持这种作用……国家在领土、财富、权力和形式上千差万别……但它们的区别在于能力，而非功能”。[②]基欧汉则更明确地指出：“只有国家才是世界政治中最重要的行为者，它们不但直接寻求财富和权力，而且还竭力构造使它们能够长远地达到这目标的规则和行动框架。”[③] 同样，亚历山大·温特（Alexander Wendt）也坚持以国家为中心，他强调“国家应该是研究全球范围内控制暴力的首要分析单位……拒接接受以国家为中心的理论创建就等于把国际政治的许多阵地拱手让给新现实主义”。[④] 这一方面是由国家自身的特点所决定；另一方面，以国家为中心、将国家视为单一的、理性行为体可以简化变量，从而减少理论建构时的干扰因素。

---

① 王文. Web 2.0 时代的社交媒体与世界政治［J］，外交评论，2011（6）：72.

② ［美］肯尼思·华尔兹著，信强译. 国际政治理论［M］，上海：上海世纪出版集团，2008：101－102.

③ ［美］罗伯特·基欧汉著，苏长和，信强，何曜译. 霸权之后：世界政治经济中的合作与纷争［M］，上海：上海世纪出版集团，2006：24.

④ ［美］亚历山大·温特著，秦亚青译. 国际政治的社会理论［M］，上海：上海世纪出版集团，2008：8－9.

然而，世界政治的复杂性决定了单纯以国家为中心的理论的解释力越来越有限。当然，这并不是否定上述理论，只是像塞缪尔·亨廷顿（Samuel P. Huntington）所说的：任何一种范式都不能永远说明问题。对此，温特也指出"'国家中心论'不是说解释战争或和平的因果链到国家这个层次就停止了，甚至不是说国家就是这条因果链上'最重要'的一环……因为自由国家在市民社会和经济生活中都受到非国家行为体的高度制约"。[①]随着 Web 2.0 技术的迅速发展，非国家行为体乃至个人都获得了"挑战"国家权威的能力和手段，国家的"去中心化"似有加速之嫌。

基于上述现实，本书计划通过考察 Web 2.0 技术的发展给非国家行为体带来的影响，分析非国家行为体在新时代下发生的变化，以及这些变化在国内和国际层面的具体表现。上述两个层面将导致国际体系的发展方向出现新的可能，最后形成一种新的国际秩序。这一假设具体分为三个层次：

1. 无线接入技术和社交媒体的出现使得信息领域出现三重变化：一是信息的透明化，即以往难以获取或者被刻意掩盖的信息如今可以通过多种渠道在网络上传播；二是信息能力的对称，即以往由国家制造信息、民众和非国家行为体被动接受信息的情况彻底颠覆，每一个组织乃至个人都可以通过廉价的设备制造信息并将其上传互联网；三是信息传播的自由化，即一条简单的信息可以在短时间内传遍全球，这条信息可以是单纯的消息，也可以是核材料的购买订单，亦或是黑客的攻击指令。

2. 信息领域的三重变化导致了非国家行为体自身和行为方式的变化，包括非国家行为体的专业化、分散化以及全球化。

3. 非国家行为体的变化对国内政治、国际政治产生了影响，分别造成国内体系结构改变和新的权力域形成。这不仅显示出权力的分散，而且意味着国际政治将进入新的动荡期。最终，国际体系将演变为多

---

① ［美］亚历山大·温特著，秦亚青译．国际政治的社会理论［M］，上海：上海世纪出版集团，2008：8－9.

中心的模式，中心不止是国家，也包括非国家行为体，而维系和平和体系运转的则是体现各方力量对比和利益分配的跨国主义全球治理范式。

总而言之，Web 2.0 技术提升了非国家行为体的权力和影响力，国家权力呈现分散化的态势，一个多中心的世界或将形成。

五、主要研究方法

（一）体系分析

与还原主义“由内及外”的分析方法不同，体系分析采用“由外及内”的解释方法，通过分析行为体所处的背景解释行为体的行为和互动。由于与单元相比结构呈现出某种静态性，因而在解释力和预测力方面体系分析要强于还原方法。因此，本书将采用体系分析的方法探讨新技术环境下国际体系的特征及对行为体的影响。但是，与结构现实主义不同的是，本书将引入非国家行为体及国际机制。

（二）层次分析

华尔兹在其著作《人、国家与战争》中通过三个意象解释冲突的起源，即个人层面、国家层面和国际体系。这说明国际体系并不是唯一的分析层次。实际上体系分析亦有其局限性：只有基于理性和利己主义假设才最具有解释力。因此，单位层次的分析方法仍然重要。由于“个人层次的解释不够充分”，存在“预见力过大的缺点”[①]，因而本书将放弃这一层面的分析。同时，扩展单一国家这一假设，将国内政治列入考察范围。也就是说，本书将考察 Web 2.0 时代非国家行为体在国内政治、国际政治和国际体系三个层次的影响。

（三）演绎推理

对于社会科学而言，逻辑缜密的演绎推理一直是基础研究方法之

① ［美］约瑟夫·奈著，张小明译．理解国际冲突［M］，上海：上海世纪出版集团，2005：42 – 43.

一，也是较为常用和较易掌握的方法。本书将从 Web 2.0 技术的新发展入手，分析出其如何促进非国家行为体的变化，进而推演出这些变化又如何对国内政治、国际政治和国际体系三个层次施加影响，最终促使国际秩序的发展出现新的可能。

（四）定量分析

定量分析的优势是实证性、明确性和客观性，通过对数据的整理、分析以及建立数学模型得到能够支持论点的论据，有着较强的解释力和检验力。作为文科博士生，笔者的数理知识较为贫乏，在论述过程中必须大量使用定性分析。因此，只能在力所能及的情况下，有限度地使用一些定量分析，以为定性分析提供支持。

六、本书基本框架

在上述方法的指导下，本书将围绕“Web 2.0 时代，非国家行为体对国际关系的影响”这一论题展开详细论述。其中，导论主要包括研究目的、选题意义、文献综述、中心论点、研究方法等几个部分，并对一些关键性问题做简要说明。

正文部分由 5 章组成。第一章“Web 2.0：信息革命的新阶段”首先树立和归纳了互联网自 20 世纪 60 年代诞生以来的发展状况。由于互联网技术的进步基本每 10 年一个台阶，所以在归纳过程中本书选择以时间顺序为轴，以 10 年为一个阶段，简述每个 10 年中互联网技术的重大创新。如 60 年代阿帕网构建、70 年代 TCP/IP 协议达成、80 年代互联网域名确定及网络商业化、90 年代万维网和图形界面发明以及 21 世纪前 10 年社交网站和无线入网技术普及。在总结历史的基础上，本书重点分析了互联网进入 Web 2.0 阶段后所表现出来的新特征。这些特征主要集中于信息领域，包括信息的透明化、信息能力的对称以及信息传播的自由化。上述特征正是推动包括非国家行为体在内的世界政治各行为体、国际体系以及整个人类社会发展变化的动力。

第二章“Web 2.0 时代的非国家行为体”将目光集中在非国家行

为体层面，改变传统以国家为中心的研究视角，重点考察信息领域在 Web 2.0 时代展现出来的新特征对于非国家行为体的影响。这些影响最终转化为非国家行为体在新时代所具备的新面貌。首先，与过去相比，如今的非国家行为体更加专业化，信息整合能力（包括信息收集和信息分析能力）、电子动员能力和成员的个人技能均大幅提升；其次，非国家行为体出现分散化的趋势，不再如过去一般采用等级制的组织结构，而是构建起没有中心只有不同节点的网状结构，有利于其数量的增加和类型的多元化；第三，非国家行为体由城市和国家逐步走向地区乃至全球，其活动范围和影响范围都已经达到全球化的程度，一国之内的组织可以与世界各地的同类组织结成联盟以获得支持，某组织在一国或一个地区发起的活动能够得到全球范围内的广泛支持。

由于发生了上述变化，非国家行为体在世界政治中的地位、作用和影响力均出现质变，进而对整个世界政治造成了巨大影响。第三、四、五章将从世界政治的三个层次对其影响做出阐述和评价。第三章“非国家行为体与国内政治”重点阐述非国家行为体的变化对国内政治的影响。这种影响既表现在单元层面，即非国家行为体使公民社会更加完善，民众参与国家政治议程的热情得到激发，参与渠道也更加多元化，作为公民社会的重要指导者，非国家行为体在民众之中的认同也与以往不可同日而语，公民社会认同取向进一步多元。这无疑增加了政府对社会、经济的管理难度，其控制力和权威受到一定程度的挑战；同时，该影响还表现在体系层面，即在国内政治等级制结构未发生大的变化的前提下，国内政治各单元的功能定义和分配以及权力分配均出现改变，非国家行为体的地位上升，并对国家内政外交政策的制定有了更大的影响力。

第四章“非国家行为体与国际政治”将精力集中于世界政治的单元层面，分析国际政治在 Web 2.0 时代受非国家行为体的影响呈现出何种变化。变化主要体现在四个方面：一是国际会议、全球治理中的议题多元化，包括议题的参与主体、议题的客体、议题设定机制、设定和执行议题的目的；二是商业平坦化，包括生产经营平坦化、贸易自由化以及金融全球化；三是安全脆弱化，网络安全、社会安全和国家安全都有恶化的趋势，有组织犯罪团伙、恐怖组织、极端组织、黑客组织等的威胁迅速攀升；四是行为体呈现一体化和分散化的趋势，国家“之上”和“之下”的组织逐渐活跃，并吸收了大批成员和支持者，民众的国家认同被分散。上述变化改变了非国家行为体与国家在国际政治中的相对位置和力量对比，二者的合作、博弈和较量逐渐增多，一个新的权力域——网络权力产生，国际政治或将因此进入新的动荡期。

第五章“非国家行为体与国际体系”触及到了世界政治中最为关键的体系层面，具体分析非国家行为体给国际体系结构三要素：排序原则、单元功能和权力分配带来的变化。上述三要素中后两个的变化（单元功能的复杂化和权力的分散化）预示了国际体系的转型与演变。当前，学者们和政策制定者们提出了如单极体系、多极体系、无极体系等国际体系演变的未来。然而，信息技术革命、非国家行为体的变化或许会促使国际体系向着不同于以往的方向发展，地缘科技会成为与地缘政治、地缘经济相类似的推动力，全球治理会成为维持体系稳定和正常运作的主要方式，多中心的世界也许才是国际体系未来的景象。

最后，本书将在上述分析的基础上进行总结以得出全文的基本结论，给出前文所提四个问题的答案。即：在 Web 2.0 时代，非国家行为体走向了专业化、分散化和全球化；在这三重变化的作用下，国内政治中形成了新的博弈关系，非国家行为体在国家政策制定中的影响力上升；国际政治各行为主体间的竞争更加激烈，一个新的动荡期正在临近；随之而来的便是国际体系向着多中心结构的方向发展。世界政治将呈现多中心的特征，以往以国家为中心的理论也需要相应做出改变。由于 Web 2.0 技术仍处在发展变化之中，非国家行为体与国家的博弈也充满变数，所以本书最后将指出若干留待未来解决的问题。

第一章

Web 2.0：信息革命的新阶段

1990 年 8 月，伊拉克发动突然袭击，短时间内占领科威特并宣布科威特成为其第 19 个省。这一严重侵犯他国主权、违反国际法的行为几乎遭到全世界的反对。1991 年 1 月，以美国为首的多国部队开始对伊军发动进攻。经过 42 天的空袭和 100 个小时的地面进攻，科威特全境得以恢复。与以往不同的是，海湾战争是一场真正的“电视直播”的战争，全球的人们可以直接在电视机前看到战场前线的画面，连时任美国总统乔治·布什（George Herbert Walker Bush）也说，他每天都会通过 CNN 了解战况。2003 年，美军再度踏上美索不达米亚平原，以彻底推翻萨达姆·侯赛因（Saddam Hussein）政权为目标，展开了新的激战。与上次一样，美军凭借武力优势，短时间内即在战场上取得胜利，并成功抓捕了萨达姆本人。然而，这场战争却远未结束。美军占领期间，伊拉克成为极端分子和恐怖分子的“天堂”。他们通过手机、互联网等手段建立联络网，在各地发动恐怖袭击和游击战，并将其“战果”上传网络以提高声望、招募新成员。这种非常规的作战方式让美军付出了惨痛代价。2003—2013 年 10 年间，美军在伊拉克阵亡 4488 人，同时还有 3400 名美国商人、近 1.1 万名伊拉克警察、318 名盟军士兵以及

62 名人道主义者在各类袭击中丧生。[①]最终，美国在未完成其重建伊拉克任务的情况下，于 2012 年 10 月单方面宣布自伊拉克撤军。2011 年，一场令人意想不到的变局在中东地区突然爆发。突尼斯、埃及、巴林、利比亚、叙利亚相继陷入动乱，其中利比亚和叙利亚更是走向了内战。不过，此次变局并非由西方国家蓄意挑起，而更多的是由当地民众自发组织的。在变局中，主权国家依旧发挥着其应有的作用，但是民众、宗教团体、非政府组织（NGO）等非国家行为体也开始走向前台。他们利用社交媒体和无线网络技术进行组织、动员和制造舆论，不但在短时间内发动起大规模示威游行，而且成功迫使一些威权政府下野，甚至与西方国家合作赢得内战胜利。可以说，网络技术已经成为了“大规模动员武器”，通过对它的使用，民众在国内政治和国际政治中的影响力因此而大幅提升。

从上述三次事件中可以看出，短短 20 年间，战争形态已经发生了翻天覆地的变化。而变化背后的推动力量正是快速发展的互联网技术。海湾战争爆发正值 Web 1.0 时代，那时的互联网虽然已经开始提供电子邮件服务，但更像一个单向平台。用户在网上只能浏览和获取信息，却很难发出自己的声音，大多数信息均由国家、跨国公司等大型团体发布。而昂贵的硬件设备和复杂的操作系统，也使得用户数量极为有限。所以，海湾战争虽有独特之处，但依旧是一场主权国家间的战争。伊拉克战争处于 Web 1.0 与 Web 2.0 的交接之际。2000 年互联网泡沫的破灭使得信息技术进入一段相对低谷时期，但正是因为泡沫的破灭反而为新技术的出现提供了空间。与 Web 1.0 相比，Web 2.0 更加注重交流与互动，每个个体都可以成为信息的制造者和发布者，用户之间的交流也更为便捷。反映到伊拉克战争中就是恐怖组织通过手机、电子邮件等国家难以完全监控的方式相互联络，并以此建立起网状的组织结构。同时，他们利用上传技术将各种视频、录

---

① Neta C. Crawford, “The Iraq War: Ten Years in Ten Numbers,” *Foreign Policy*, March 20, 2013. http://mideast.foreignpolicy.com/posts/2013/03/20/the_iraq_war_ten_years_in_ten_numbers.

音散布于网络，不仅扩大恐怖袭击的影响力，还以此传播其信念和主张。伊拉克战争已经体现出非常规战争的特性。2011 年中东变局则是一件 Web 2.0 的“杰作”。在智能手机和无线技术的帮助下，民众随时可以将身边发生的事件录制下来并上传到网络，再经过社交媒体的传播，短时间内即可聚集一大批响应者。而维基揭密等网站则将以往难以为公众所知的信息曝光于网络，使公众成为知情者。至此，国家对于信息的垄断权被打破，民众真正获得了挑战威权的能力。所以，仅仅是一次突尼斯的暴力执法事件便可以掀起席卷整个中东的巨浪。以利比亚内战为例，西方国家仍发挥着提供武器、空中打击等重要作用，但是地面战争以及政权重建等任务则已经由非国家行为体接手。实际上，Web 2.0 所带来的影响并不仅局限于战争层面，其对于政治、经济、外交乃至人类社会都有着重塑之功。“上传正在不断拓展，因为使上传成为可能的平坦世界平台也在不断拓展，也因为上传回应了人们希望参与其中并使自己的声音被他人听到的渴望。”①那么，Web 2.0 是如何发展起来的？其带来了何种影响？

第一节　网络发展开启 Web 2.0

自 20 世纪 60 年代阿帕网（ARPA Net）诞生以来，网络已历经近半个世纪的发展。期间，无论是上网设备、接入方式、操作系统，还是工作流程、网络标准、网络服务都有了长足进步。最初服务于军事目的的阿帕网如今已经发展成为覆盖全球并集金融、贸易、学术、通信、娱乐等多功能于一体的互联网。全世界的人们从未像今天一样联系得如此紧密，也从未如此地依赖于互联网。可以说，人类个体、组织乃至国家的行为方式，都已经深深地打上了互联网的烙印，几乎没有一个人可以完全摆脱网络而正常生活下去。恐怕美国军方在组建

① ［美］托马斯·弗里德曼著，何帆，肖莹莹，郝正非译．世界是平的［M］．湖南：湖南科学技术出版社，2007：72.

阿帕网之初亦未料到会有今日之局。

一、20世纪60年代：阿帕网

阿帕网，全称 The Advanced Research Projects Agency Network，是美国高级研究计划署开发的世界上第一个运营的封包交换网络，也是互联网的始祖。其诞生过程颇具故事性。长久以来，科学家们一直希望制造一种机器，以代替人类从事数据计算等枯燥乏味的工作。为此，包括查尔斯·巴贝奇（Charles Babbage）、赫尔曼·何乐礼（Herman Hollerith）、克劳德·香农（Claude Elwood Shannon）、尼古拉·特斯拉（Nikola Tesla）、阿兰·图灵（Alan Mathison Turing）在内的许多优秀学者都付出了艰辛的努力。二战期间，为了完成破译敌方密码、训练轰炸机飞行员等任务，美英两国开始使用一些能够进行数据处理的设备。这为计算机的发明奠定了基础。1946 年，世界上第一台计算机 ENIAC 在宾夕法尼亚大学诞生，其设计者约翰·冯·诺依曼（John von Neumann）被推举为"电子计算机之父"。然而，此后十余年间，计算机都被作为主机系统使用，并未相互连接，程序设计也是耗时费力。1957 年，当东西方冷战如火如荼之际，前苏联发射了世界上第一颗人造地球卫星，使得美国大为震惊。其实，就综合实力而言，当时的苏联仍不及美国，但是出于对科技全面落后的恐惧，美国毅然决定接受苏联的"挑战"，投入巨资从事高新科技的研发。"阿波罗计划"便是在这样的背景下产生的，阿帕网亦然。

1958 年，负责研发阿帕网的国防高级研究计划署（Defense Advanced Research Projects Agency，简称 DARPA）正式成立，并获得了国会拨付的 2 亿美元项目预算。按照当时的货币体系计算，2 亿美元相当于 571.43 万盎司黄金。如此巨款既是项目参与人员始料未及的，也说明了美国保持科技优势的决心。根据美国军方的设想，阿帕网的作用是将多个主机系统连接起来以提高国家的监视能力和军事能力，进而抵御核战争。但是，参与项目的科学家却有自己的想法。1962 年，约瑟夫·利克莱德（J. C. R. Licklider）加入 DARPA。他是麻省理工学院的一名计算机专家，同时又是一名行为心理学博士。利克莱德认为网络能够建立起一种新的人机交互方式。因此，1964 年，在第二届信息系统大会上，他与同事提出了一条基本原则："我们目前在计算机领域面临的最重要的问题是网络，这也就是指一台电脑能够方便地、经济地连接到另一台电脑上，实现资源共享。"①在这一原则的指导下，拉里·罗伯茨（Larry Roberts）于 1967 年着手筹建"分布式网络"。1968 年，罗伯茨提交名为《资源共享的计算机网络》的报告，主张将高级研究计划署的电脑互相连接，以使大家分享研究成果。阿帕网正是根据这一报告的构想而建立，拉里·罗伯茨也就成为"阿帕网之父"。1969 年，阿帕网在美国加州大学和斯坦福研究院之间正式运行。一位参与阿帕网设计的专家曾作诗描绘阿帕网的出现："像远方的岛屿被海洋分开/ 没人想过能合在一起来/我们工作、生活都不在一道/哪知别人也在把我们找。……我们重建联系，把人和电脑共同修理/我们的障碍不再是距离/阿帕网将由我们制造、设计。"②1990 年，由于无法适应新的网络标准以及新网络的出现，阿帕网正式退役。

二、20 世纪 70 年代：TCP/IP 协议

阿帕网诞生之后发展迅速，至 1972 年便有 40 台计算机连接入网。然而，一个新的问题逐渐显现。即由于入网计算机型号和软件各异，彼此之间难以兼容，严重阻碍了信息传播和共享，使得阿帕网无法发挥应用的效力。于是，如何构建一个传输协议使得所有电脑"生而平等"成为当务之急。1972 年，罗伯特·卡恩（Robert E. Kahn）和文顿·瑟夫（Vinton Cerf）开始了对传输协议的设计。他们的基本理念是：

每个不同的网络必须代表它自己，当它介入互联网时不应该被要求进行任何内部调整。

---

① 郭良．冷战哺育阿帕网［J］．世界知识，2001（6）：35.

② 陈炎．Internet 回顾与展望［J］．电脑爱好者，1999（22）：63.

网络传输应该基于最小的努力的基础上。如果数据包不能抵达最终目标，那么这个数据包应从其来源之处迅速被再次传输。

以“黑盒子”来连接网络；这些“黑盒子”后来被称为网关和路由器。信息流动数据包通过网关时不应该有信息滞留，因此，要是信息数据包简单化，避免复杂匹配，能够复原各种失败信息。

在运行方面不应有全球层面上的控制。①

这一理念的基本特点是加强网络的灵活性和自主性，以数据传输的方便性而非安全性为第一考虑因素，同时消除各类接入设备之间的差异以实现网络的无限扩张。而取消全球控制的做法则使互联网成为一个去中心化的网络，只有不同的节点而非等级结构。这一方面有利于互联网的发展，另一方面削弱了国家权威在网络空间的控制力。

根据上述理念，卡恩与瑟夫于 1974 年制定出详细的 TCP/IP 协议说明：

TCP/IP 通讯协议采用了四层的层次结构：应用层、传输层、网络层和网络接口层。每一层通过呼叫其下一层所提供的网络服务来完成自己的需求。协议的安全分析主要可按层分为网络传输层和应用层两类，这其中针对不同的具体协议仍可细分。

TCP/IP 的最高层是应用层，负责把数据传输到传输层或接受从传输层返回的数据，这层中有很多使用频繁的协议，如 TELNET，JIT，SMTP 等。

再往下是运输层，主要是为两台主机上的应用程序提供端到端的通信。在这层可使用两种不同的协议。一种是面向连接的高可靠性传输控制协议 TCP，一种是无连接的用户数据包协议 UDP。运输层传送的数据单位是报文（messagc）或数据流（stream）。

第三层是网络层，主要是为数据包选择路由，核心协议为网际协议 IP。还有三个协议 ICMP、ARP、RARP 与 IP 配合使用。这层传送

① ［英］安德鲁·查德威克著，任孟山译．互联网政治学［M］．北京：华夏出版社，2010：55.

的数据单位是分组（packet）。

对于网络接口层，在设计时考虑协议与具体的物理传输媒体无关，因此只是将最低层设为网络接口层，并没有多少实际内容。该层在发送时将 IP 包作为帧发送，接收时把接收到的位组装成帧，提供链路管理和错误检测等。[①]

1975 年，TCP/IP 协议在斯坦福大学和伦敦大学之间测试成功。后经过多次测试和改进，至 1983 年，TCP/IP 协议成为所有主机间的共同协议。尽管 TCP/IP 协议在安全性方面存在问题，但是其为互联网的发展提供了一套适宜的标准并沿用至今，使得互联网在短期内实现大规模扩展成为可能。当然，在 20 世纪 70 年代，互联网领域还有其他的重要创新，如调制解调器和小型个人计算机，但相比之下，TCP/IP 协议无疑对于互联网发展产生的影响最大。

三、20 世纪 80 年代：NSF net

进入 20 世纪 80 年代，互联网的扩张速度明显上升，比之其后 20 年的发展虽略显逊色，但在当时亦是一派欣欣向荣的景象。这既是前 20 年发展所带来的成果，也与彼时的大环境密切相关。首先，TCP/IP 协议成为阿帕网的官方标准，不仅为互联网的发展确定了规范，也大大增强了互联网的包容性。一些更为便捷的数据传输方法出现，不同地区、不同型号设备间实现了兼容。这就使得全球网络的建立成为可能。同时，也赋予了互联网更高的自由度，使其不必受到国家疆界的约束和政府权威的控制。其次，计算机技术取得了新的突破。早期的计算机由于受到技术和材料工艺的限制，往往巨大无比而又性能不佳。到 80 年代初，随着微型芯片技术的成熟，计算机的体积大为缩小而运算能力显著提升。于是苹果公司和 IBM 公司相继推出了个人计算机 Apple II 和 IBM 5150。而微软公司同期推出的 MS－DOS 操作系统则为个人计算机注入了灵魂。该系统的设计主要针对

---

① 姚捷，朱磊明．TCP/IP 协议脆弱性分析［J］．安徽电子信息职业技术学院学报，2004（5－6）：67.

初学者并具有相对完备的人机交互环境，因而促进了个人计算机的普及，为互联网的扩张奠定了设备基础。再次，80 年代，东西方冷战态势再度紧张。美国于 1983 年提出了“战略防御计划”（即“星球大战”计划），并于 1985 年正式实施。该计划为美国尖端技术领域的发展提供了巨额资金，互联网亦在其中。为了防止在技术层面落后，欧共体于 1985 年启动了“尤里卡”计划，日本则确立了“科技立国”的方针。可以说，在整个西方，互联网的发展得到了国家层面的支持和扶助。

在上述几个因素的推动下，互联网扩张呈现出如下特点：第一，在阿帕网之外，新的网络不断出现。随着计算机数量的日益增加，阿帕网已经难以满足用户的需求。而且，阿帕网虽然接受了自由度较高的 TCP/IP 协议，但其本身依然是美国国防部承包的网络。因此，美国以及美国之外的其他机构开始设计自己的网络。例如，美国国家科学基金会建立了国家科学基金会网（NSFnet），该网后来成为 Internet 的骨干网。最终，出于安全考虑，美国军方建立了新的“军网”，阿帕网的剩余部分成为公开的互联网。第二，域名系统出现。最初，计算机在网络中只能用数字 IP 地址标明其在网络中的位置，这增加了信息检索的难度。在入网设备较少的情况下尚不明显，当入网设备增多时，特别是大批高校、科研机构以及欧洲国家入网以后，不便利感日渐强烈。于是，用域名系统分配地址的方法应运而生。如今我们所熟知的 . com、. gov、. net、. edu 等域名后缀便是在那时创立的。第三，互联网出现“商业化”的趋势。无论是阿帕网还是 NSFnet，其建立者大都是科学家和研究人员。他们建立互联网的目的是方便学术交流，并未考虑过商业用途。但是，互联网所蕴含的商机吸引了一些大型公司的注意，而互联网的高自由度也令建立者无法阻止商业利益的进入。例如，NSF 实施的提高网络性能的计划，“导致了由 Merit（密歇根州—网络普理组织）、IBM（美国计算机制造商）和 MCl（美国民途电话公司）合作创办的 ANS（Advanced Networks and Services，即高级网络和服务）公司的诞生。ANS 提供了全美范围的 T3 级主干网。以 44. 746Mbps 的速度传送数据，即相当于每秒传送 1400

页文本信息，到 1991 年底 NSFnet 全部主干网点同 ANS 提供的 T3 主干网相通，形成 ANSnet”。[①]也许，互联网商业化违反了专家们组建网络的初衷，但是，正是因为商业的介入才使互联网在全球范围内得以普及。

四、20 世纪 90 年代：万维网、图形浏览器与网络泡沫

经过 30 年的发展，互联网已经初具规模，但是仍未达到普及的程度，或者说它看起来更像一个属于政府机构、科研机构以及大学专业人才的“精致的玩具”。不过，进入 20 世纪 90 年代，随着商业机构的大举介入以及两项天才发明的出现，互联网最终成为了人们日常生活中不可或缺的一部分。当然，过快的商业化也引发了泡沫的产生。

第一项天才发明是万维网。80 年代末、90 年代初的互联网需要掌握一定的技术能力才可以“驾驭”，普通人面对如此复杂的技术只能望而却步。同时，互联网的数据传输能力也不能令人满意，大家只是把计算机连接起来，却不知道下一步该做什么。1989 年，蒂姆·伯纳斯 - 李（Tim Berners - Lee）向欧洲原子核研究会 CERN 提出：利用超文本技术（Hypertext）在 CERN 内部建立一个网络。在此之前，没有人想到将超文本技术应用到互联网领域。伯纳斯 - 李的这一设想大获成功，随后他于 1991 年在互联网上建立了第一个网址：http：//info. cern. ch，自此万维网时代到来。万维网的原理是“通过一种超文本方式，把网络上不同计算机内的信息有机地结合在一起，并且可以通过超文本传输协议（HTTP）从一台 Web 服务器转到另一台 Web 服务器上检索信息。同时，Web 服务器能发布图文并茂的信息，甚至在软件支持的情况下还可以发布音频和视频信息。此外，Internet 的许多其他功能，如 E - mail、Telnet、FTP、WAIS 等也都可通

① 刘宝旭，冉敏 . Internet 发展的历程、现状与展望［J］. 网上出版，1998（4）：23.

过 Web 实现”。[①]可以说，万维网兼具速度、实用、便捷、生动于一体，因而甫一问世便迅速传播开来，以至于后来许多人分不清互联网与万维网的区别。对此，伯纳斯－李解释说：“万维网是一种抽象的信息空间。在因特网（即互联网）上，你找到许多联网的计算机，而在万维网上，你找到各种文件、声音、录像等信息。在因特网上，通过计算机之间的电缆进行相互连接，而在万维网上，通过超文本链接进行相互连接。万维网之所以存在，是因为在因特网上的计算机之间需要进行交流活动。没有了因特网，万维网也就不存在了。而万维网使得因特网更为有用。”[②]

另一项天才发明是图形浏览器。早期的万维网虽然具备传输图像、声音等文件的能力，但是仍以文字为主，缺乏一个既简单生动又使用便捷的浏览工具。1993 年，马克·安德森（Marc Andreessen）与吉姆·克拉克（Jim Clark）发布了第一款图形浏览器，马赛克（Mosaic）。该浏览器以图像的方式呈现万维网，简单实用，可以使 5—85 岁的人轻松掌握。这一发明激活了原本有些低沉的互联网。与伯纳斯－李不同，安德森与克拉克决定将他们的发明商业化。1994 年，两人成立马赛克通信公司，随后又更名网景公司（Netscape）。1995 年 8 月 9 日，网景公司正式上市，“原本股票价值为每股 14 美元，但临近上市前公司决定将股价倍增至每股 28 美元。上市第一天，网景的股价飙升至每股 75 美元，几乎创下首日获利的记录。最终，在该交易日结束时，网景的股价为 58.25 美元，使得网景的市值达到 29 亿美元”。[③]浏览器市场显示出来的巨大价值令其他公司跃跃欲试。1995 年，微软公司将其开发的 IE（Internet Explorer）浏览器附着于其新推出的 Windows 95 操作系统之中，用户可以免费使用，一场“浏

① 王勇．万维网之父：蒂姆·伯纳斯－李［J］．软件世界，2007－7－5：94.

② ［美］托马斯·弗里德曼著，何帆，肖莹莹，郝正非译．世界是平的［M］．湖南：湖南科学技术出版社，2007：35.

③ David Sheff," Going Public as Netscape Did, before making a dime in profits," *Wired* 8.08（*Lycos*），July 14，2006. http：//www.wired.com/wired/archive/8.08/loudcloud.html?pg = 1&topic = &topic_ set =.

览器大战”拉开序幕。凭借人力和资金优势，微软的 IE 浏览器连续推出多个版本，并在性能上追上网景浏览器。到 IE4.0 版时，IE 浏览器的稳定性已经超越网景，而网景的收费浏览器与微软的免费策略相比也处于下风。1998 年，“美国在线”以换股的方式收购网景。随后，网景又推出了 Netscape 6.0 版，然而该版本并未取得成功。2003 年，收购了“美国在线”的时代华纳公司解散了网景，网景的大多数雇员被解雇，网景的标志也被拆除。毫无疑问，微软是这场环球第一商战的赢家。网景公司虽已不存在，但是马克·安德森发明的图形浏览器却成为如今所有万维网用户的标准配置，让全世界的人可以自由交流。

在网景与微软浏览器大战的背后，互联网经济的快速繁荣导致网络商业化的黑暗面开始显现，互联网泡沫形成。网景的前 CEO 吉姆·巴克斯代尔（Jim Barksdale）曾说：我们没有陷入网络泡沫，我们发起了网络泡沫。确实，网景公司的巨大成功使得许多人看到了互联网产业的丰厚利润，他们将大笔资金投入到网络基础设施、互联网工具软件和门户网站等行业之中。美国政府也提出“国家信息基础设施”（National Information Infrastructure）计划，准备出资 2000 亿—4000 亿美元打造“信息高速公路”。随后，大量互联网公司上市融资，投机者看到有利可图立即跟进，造成许多公司被严重高估。冲昏头脑的网络公司开始挥霍无度，花费巨款用于广告和赞助。德意英等欧洲国家的移动运营商也用大量现金购买 3G 牌照。“互联网泡沫在 2000 年 3 月 10 日纳斯达克指数到达 5132.52 的最高点时到达顶峰……股价的飙升和买家炒作的结合，以及风险投资的广泛利用，创造了一个温床，使得这些企业摒弃了标准的商业模式，突破（传统模式的）底线，转而关注于如何增加市场份额。”[①]好景不长，纳斯达克指数冲到最高点之后迅速跌落，大批互联网公司也因资金耗尽而破产，只有亚马逊（Amazon.com）、eBay 等少数公司得以存活。据估计，“2000 年 3 月—2002 年 10 月，因为互联网泡沫的破灭，IT 业界

---

① 吴国强，张仁玉．剖析美国互联网泡沫经济［J］．理论研究，2011（6）：25.

大约有 5 万亿美元市值蒸发”。[①]不过，这也并非完全是坏事。因为泡沫的破灭淘汰了互联网领域的过剩产能，使得浮躁的市场归于平静，以便研究人员能够继续专心从事新技术的开发。而泡沫时期建成的基础设施，如铺设的光缆，也为新一轮的发展做好了伏笔。

五、21 世纪：Web 2.0 时代

互联网泡沫破灭之后，整个业界陷入沉寂，但是在平静的水面之下暗流涌动。虽然互联网在商业领域遭受重创，但这并不意味着互联网本身已经走到尽头。相反，作为新科技革命的产物，其生命力依然旺盛，足以将信息革命推向新的阶段。因此，经过一段时间的蛰伏，自 2003 年开始，互联网再次走上了技术创新的道路。

首先，上网设备多样化。1965 年，英特尔公司创始人之一，戈登·摩尔（Gordon Moore）撰文预言：半导体芯片上集成的晶体管和电阻数量将每年增加一倍。这就是著名的“摩尔定律”。1975 年，摩尔将“每年”修正为“每两年”。现在较为流行的看法则是“18 个月”。该定律在互联网泡沫破灭之后依然有效。所以，在本世纪前 20 年，我们所使用的上网设备体积变小、价格更低廉而性能不断提高。2003 年，英特尔公司发布了新的笔记本电脑架构：迅驰平台。该平台使得笔记本电脑进入了高容量和高速时代。这为人们摆脱沉重的台式机、走向移动上网阶段打下了基础。随后，技术的进步使得手机上网成为可能。苹果公司、三星公司等用更加轻便的芯片打造出了多款智能手机。而这些手机的性能远远超越 90 年代的台式机。比如，苹果的 iPhone X 代手机拥有 3G 内存，而 1999 年的台式电脑的内存大多只有 128M 或 256M（1G = 1024M）。今天，人们不必再囿于一室之内使用台式机上网。智能手机、平板电脑、小型笔记本电脑等更加灵巧的设备成为人们的最爱。

---

① Chris Gaither, Dawn C Chmielewski," Fears of Dot - Com Crash, Version 2.0," *Los Angeles Times*, July 16, 2006. http://articles.latimes.com/2006/jul/16/business/fi - overheat16.

其次，入网方式便捷化。长期以来，互联网用户都是通过电话线接入网络。这种方式不仅数据传输速度慢，而且在上网的同时无法接打电话。为了解决这一问题，ADSL 和 ISDN 两种接入方式产生。二者依然通过电话线接入网络，但是数据传输不再经过电话交换机，因而费用和传输速度都有提升且不再影响电话接听。这样上网速度就提高到 56Kbps 以上，达到宽带水平。可这依然无法满足要求。因为下载速度虽有保证，上传速度依旧缓慢。于是，光纤接入和无线接入技术诞生。互联网泡沫期间，美国曾大规模铺设光纤。后来，以欧洲、东亚国家为主的世界其他国家也纷纷跟进。与铜线相比，光纤的传输速度更快，能达到 10Mbps、100Mbps 或者 1000Mbps。且光纤成本更低、传输损耗小、信号质量高。因而，光纤接入正在逐步取代 ADSL 等接入方式成为固定宽带的主流。另一方面，由于上网设备的小型化，实现无线接入的要求日益紧迫。最初，无线上网主要采用 GPRS 和 CDMA 两种方式，但是速度均不尽如人意。2009 年，3G 网络正式运营，使得无线上网的实际下载速度达到 200K/S－2M/S，不逊于固定宽带。2013 年 12 月，中国移动在广州率先搭建 4G 网络，至 2018 年，4G 用户已占移动用户的 73.5%。与此同时，速度超过 4G 网络数百倍的 5G 网络技术日趋成熟。因此，手机等无线设备的潜力得到更深入的挖掘，满足了人们随时随地接入互联网的要求。

再次，网站数量急剧上升。根据美国互联网调查机构 Netcraft 统计：截至 2017 年 10 月，全球共有 18.15237491 亿家网站，其中一半左右为活跃网站（Active Sites）。[①] 2000 年，全球有超过 500 万家网站；而在 1993 年，只有 511 家网站。可以说，20 年间，尤其是 2000 年以后，网站的增长速度达到了惊人的地步。而网站的类型也由单一变得多元。除了以往较为常见的门户网站之外，购物网站、社交网站、游戏网站、政务网站等相继登场，各类科研机构、大学、公司企业、民间团体、传统媒体乃至个人都可以开设属于自己的网站，以达

① Netcraft，“Web Server Survey，” October，2017. https：//news. netcraft. com/archives/2017/10/26/october－2017－web－server－survey－13. html.

到宣传、盈利、提供服务等目的。互联网已经成为一个平台，人们可以根据不同用户的需求开设不同类型的网站，而这些网站也不像20世纪90年代那样大多只有单一网页，它们往往经过精心的设计与维护，使用户可以在较短的时间内发现自身需要的信息和服务。这不但带来了新的商业模式，也提供了新的管理模式和交流方式。

在上述因素的影响下，互联网用户的数量大幅增长且无线上网用户数量上升明显。国际电信联盟的统计数据显示："截至2017年，全球共有35.78亿人在使用互联网，占世界总人口的48%，或者说全球47.6%的家庭已经接入互联网。移动宽带注册用户从2007年的2.68亿增长到2017年的42.2亿。手机注册用户则由2005年的22.05亿上升到2017年的77.40亿，超过同期全球人口总数（约75亿）。"①

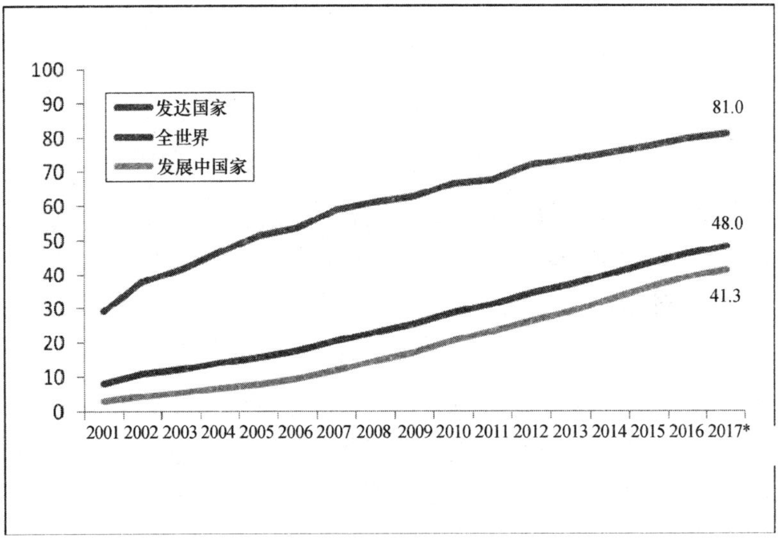

图1.1　互联网用户占居民总数比例变化（2001—2017）

数据来源：ITU，"ICT Facts and Figures **2017**，" https：//www.itu.int/en/ITU－D/Statistics/Pages/facts/default.aspx

备注：自上而下分别为发达国家、全世界、发展中国家数据。

① ITU. "ICT Facts and Figures 2017，" https：//www.itu.int/en/ITU－D/Statistics/Pages/facts/default.aspx.

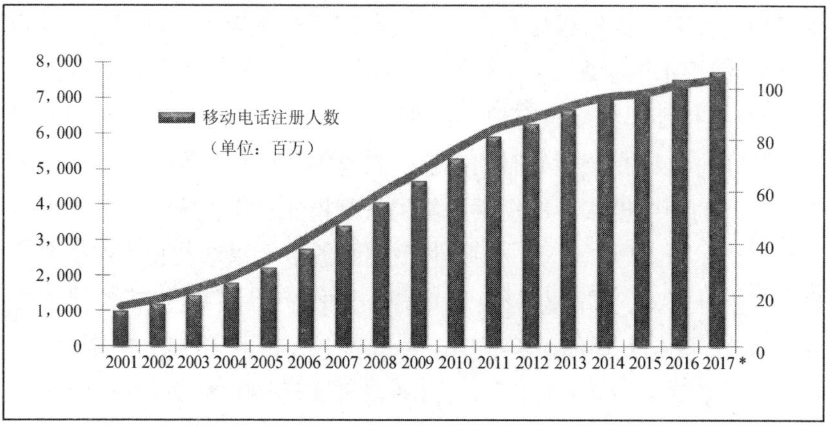

图 1.2　全球手机用户增长状况（2001—2017）

数据来源：ITU，"ICT Facts and Figures **2017**，" https：//www. itu. int/en/ITU – D/Statistics/Pages/facts/default. aspx

另一方面，上网方式也发生了巨大转变。人们接入互联网不再仅仅是发送电子邮件或者浏览门户网站。电子商务使得人们可以在网上进行购买商品、预订服务等商业活动；电子政务可以使人们更方便地查询政府信息或提出意见；社交媒体开创了自媒体时代，人们不再只是新闻的旁观者，而是新闻的发布者、制造者……"在一系列新技术的带动下，互联网将会是一个信息更加丰富的互联网；一个拥有大量用户更加信任的信息源的互联网；一个人类社会的信息和社会关系的镜像。"①世界自此进入 Web 2.0 时代，世界经济、世界政治、人类的行为方式和生活方式都在其影响下呈现出新的面目。

第二节　信息领域的三重变化

历经半个世纪的演进之后，网络进入 Web 2.0 阶段，那么何为

① 刘润达，李爽，卢鹤立. Web 2.0 及其对互联网的影响［J］. 现代计算机，2006（8）：59.

Web 2.0 呢？Web 2.0 这一术语由达西·迪努奇（Darcy DiNucci）于 1999 年在其文章《碎片化的未来》（Fragmented Future）中首先提出。但是将其作为一个完整概念阐释出来则是在 2004 年底 O' Reilly Media 公司和 Media Live 公司共同举办的 Web 2.0 大会上。蒂姆·奥莱利（Tim O'Reilly）对其的定义是："Web 2.0 对计算机产业来说是一场商业革命，起因于开始把互联网当作交易平台，并企图去理解在新的平台上通往成功的规则。"随后，IBM 的社交网络分析师达里奥·德·茹迪西布斯（Dario de Judicibus）提出了不一样的定义："Web 2.0 是一个架构在知识上的环境，通过人与人之间的交互而产生出的内容，经由在服务导向架构中的程序，在这个环境中被发布、管理和使用。"根据 Wikipedia 的总结，Web 2.0 的概念主要有三层含义：第一，丰富的互联网应用程序（Rich Internet application，RIA）；第二，以网络为导向的结构（Web - oriented architecture，WOA）；第三，社交网络（Social Web）。综上所述，Web 2.0 是一个通过网络协议将用户和服务器整合到一起的平台，使用插件和扩展软件为用户提供信息存储、信息创建以及信息传播的能力。因此，其特征包括：

（1）参与性：去中心化，互联网成为平台，用户作为开发者，通过用户的"自服务"而服务于"长尾"；

（2）松散耦合性：高互操作性组建按需联络，统一消息传递机制；

（3）协同性：自组织协同创作；充分利用集体力量和智慧；

（4）集成性：通过带动分散的、独立的开发者把各个系统和网站汇集、聚合；

（5）整合性：概念整合，技术整合，服务整合；

（6）平台独立性：不同应用平台具有通用的界面，服务和通信等开放应用程序接口；

（7）网络外部性：分享和参与的架构驱动的网络效应；

（8）轻量型应用：通过内容和服务的联合使轻量的业务模型可行，分享经济的模式；

（9）持续更新性：注重用户体验的持续的服务，不仅仅是少数重要用户，而是渗透到全体用户。①

正是这些特征，在信息领域掀起了一场新的风暴，改变了人们对信息的传统认识：第一，我们获取信息的途径更加多元化，信息变得随处可见、唾手可得；第二，我们不再是信息的被动接受者，而是摇身一变成为信息的制造者，蚂蚁撼动大象不再只是传说；第三，信息传播速度似乎达到以光速来计量的水平。下面让我们来具体探讨一下这三重变化。

一、第一重变化：信息的透明化

最初，人类与动物并无太大差别，都是依赖自身的感知器官收集外部信息。然而，无论是视觉、听觉、嗅觉、味觉还是触觉，都有其局限性。因此，在科技尚不发达的阶段，人类对于超出感知器官能力范围的信息所知甚少。文字、造纸和印刷术的出现改善这一状况，人们通过书写、印刷和阅读可以获知许多未曾亲身经历的事件或消息。不过，通过这种方式获取的信息依然有限。比如，美国独立战争时期，在大陆会议向英国宣战以后的很长一段时间，13 个州某些地方的民众甚至不知道自己已处在交战区。近代，大众报业、广播、电视的发明进一步扩展了人们的视野，可以获知远在大洋彼岸的信息。只是获取信息的形式仍是“一对多”，普通人了解到的信息大多是被告知的，自己很难主动去搜索、收集、整理信息。其实，即便是在 Web 1.0 时代，我们获取信息的能力依旧没有太大改善。因为那时接入互联网的电脑有限，门户网站提供的信息无论在质量还是数量上都不尽如人意。虽然能够即时收发的电子邮件技术已经较为成熟，但是限于每个人的交际范围，亦不能广泛互联。而且，尽管当时已出现信息爆炸的趋势，但是搜索手段不足，人们无法精准地找到所需要的信息，只能在一片信息的“汪洋”之中嗟叹。所以，在 Web 2.0 时代

① 王伟军，孙晶．Web 2.0 的研究与应用综述［J］．情报科学，2007，25（12）：1909.

到来之前，我们处在一片信息迷雾之中，能接收到的信息有限，对于未在身边发生的事件和较为专业化的信息，特别是那些被人为掩盖或者控制的信息，更是难以知其全貌。

那么，Web 2.0 是如何实现信息透明化的呢？首先，接入互联网的设备数量急剧增长，为信息透明化打下了硬件基础。1980 年，全球接入互联网（主要是阿帕网）的设备只有 1000 台；1992 年，该数字上升到 100 万台；至 2008 年，全球共有超过 10 亿台接入互联网的设备，基本是以指数速度增长。随着智能手机的普及，这一数据依然有着巨大的上升空间。大量的入网设备意味着参与信息发布、搜索以及传播的机构和个人数量巨大。这使得信息获得的渠道多元化。“兼听则明”，当人们能够从多个角度获取相关事务或同一事件的信息时，就能够更加接近事物的真相。其次，网页数量庞大且相互联系密切。Web 2.0 时代，个人和非国家行为体都获得了在网络中的发言权，通过网络文件发布信息。因此，全球网页数量达到惊人的 140 亿个。据估计，2010 年在互联网中产生的新资讯，比人类过去 5000 年积累的总和还多。而根据美国东北大学的匈牙利物理学家、网络科学家艾伯特·拉斯洛·巴拉巴西（Albert - László Barabási）的理论：从任意一个网页，平均只需经过 18.59 次点击，即可抵达互联网上任意其他一个网页。[①]即我们不仅可以在互联网中看到巨量的信息，这些信息彼此之间还有着密切的联系，类似一张密集的高速公路网，人们在上面驱车前行，理论上可以到达任何一点。因此，以往不易接触到的信息，如今人们也可一窥其貌。第三，搜索引擎让信息获取有的放矢。信息爆炸使得人们能够全方位、多渠道获取信息，促进了信息透明化的实现。然而，如何快速有效地提取信息却是一个新的问题。即使一个网页只需大约 19 次点击便可连接其他任意一个网页，这依旧有些浪费时间。搜索引擎的发展提供了解决方法。现今包括 Google、

---

① Joseph Stromberg, “Any Two Pages on the Web Are Connected By 19 Clicks or Less,” *Smithsonian*, Feb. 18, 2013. http://blogs.smithsonianmag.com/science/2013/02/any - two - pages - on - the - web - are - connected - by - 19 - clicks - or - less/.

百度等在内的知名搜索引擎都能够将搜索结果按照链接网页的多少进行排序，将所包含相关信息更多的网页排在前列，并过滤掉一些虚假链接。这大大提高了搜索的准确性，不仅可以使用户获取信息和知识，还可以找寻朋友、支持者甚至反对者。

至此，信息透明化的任务已经完成。在 Web 2.0 的支持下，互联网拥有了能够满足用户各类要求的充足信息；而用户能够通过搜索引擎迅速找到自己亟需的信息和服务。例如，用户可以在世界银行网站找到各国政府的对外投资、经济增长、教育状况等数据；可以在 WTO 网站查询不同国家和地区间的贸易情况；可以登录跨国公司的网站了解其业务和业绩；可以通过透明国际的网站看到世界各国的清廉指数。维基揭密事件则将这种透明化的趋势推向了一个高峰。2010 年，“维基揭密”网站公布了近 7.7 万份美军阿富汗战争日记、40 万份有关伊拉克战争的文件以及 25 万份美国外交电报，引起轩然大波，令美国颜面扫地。英国《金融时报》在社评中称：“与信息自由相比，丢面子只是一个微小的代价。如实了解当政者的言行，可以使民众在选举时做出更妥善的决定，并时刻监督当政者。由于当政者总是文过饰非，因此将其过错公开符合公众利益。维基揭密曝光的许多内幕，如在伊拉克枪杀手无寸铁的平民，就属此类。”①面对这一状况，许多国家开始积极应对，他们主动在互联网上公布相关信息，以使民众及时了解真相，避免失去民众的信任，同时还可压缩虚假信息的空间。这样一来，信息的透明化程度进一步提高。就像 Google 创始人之一、赛吉·布林（Sergey Brin）所说：“如果一个人可以通过宽带、拨号方式上网，那么不管他是柬埔寨的小孩子、大学教授还是像我这样管理搜索引擎公司的人，他都可以跟其他人一样获取同样的信息。这是完全平等的。”②

---

① *Financial Times*, “WikiLeaks opens the diplomatic bag,” Dec. 1, 2010. http://www.ftchinese.com/story/001035800/en.

② ［美］托马斯·弗里德曼著，何帆，肖莹莹，郝正非译．世界是平的［M］．湖南：湖南科学技术出版社，2007：102.

二、第二重变化：信息能力的对称化

信息透明化是 Web 2.0 时代的一个重要进步，但是其本质上与 Web 1.0 的差别并不大，依然体现了一种单向的信息发布和传播方式，只是在信息数量、质量以及搜索精准度上有了较大提升。其可以说是信息革命的一个新变化，但还不是最重要的变化。相比之下，信息能力的对称更能体现 Web 2.0 的特点。长久以来，非国家行为体和个人在信息获取方面相较国家处于弱势境地，信息制造能力就更加落后。然而，信息技术的发展改变了这一状态：

第一，是信息收集和分析技术的对称。信息制造并非单指全新资讯的创作，还包括在对大量原始信息的收集和分析的基础上整合出复杂、高级信息的能力。以往，这种能力主要为国家以及国家支持的机构所拥有。因为，收集和处理原始信息需要大量专业人才和设备，一般机构和个人难以负担得起。但是，在 Web 2.0 时代，这一问题得以解决。一方面，Web 2.0 加快了社会流动性，使得大量专业人才不再固定为某一或某几个机构工作。他们凭借自身专长，更加自由地在不同机构间流动，或者自己组织相关资讯服务公司，从事信息收集和分析工作。比如，几个著名的信用评级机构便是由专门的经济、财务、法律专家组成，定期分析相关对象的经济和财务状况，发布评级结果，以引导投资流向。另一方面，Web 2.0 带来的信息透明令更多的非国家行为体能够以较低成本完成原始信息的收集工作。他们可以通过互联网直接获得由国家发布的信息，而不必再亲自去收集；也可以通过网络调查的方式收集不同国家、不同地区居民的具体状况，而不必再耗费大量成本去开展实地调查。同时，世界著名的调研机构，如盖洛普、政治与经济风险组织等也为非国家行为体提供了大量可靠的原始信息。

第二，信息发布能力的对称。在这一方面，Web 2.0 的两大代表性技术产品：智能手机和无线接入贡献巨大。智能手机（包括平板电脑）赋予了个体随时拍照、录音和摄像的能力。而且，随着智能手机功能的逐渐提升，用户可以直接对所拍摄或录制的影音文件进行简单处理，如剪辑、美化、转换格式。因此，人们可以随手记录身边的人和事。其中，既可以是普通人和日常琐事，亦可以是较有影响力的人和重大事件。无线接入则使得互联网用户能够即时将记录的影音文件上传到互联网。当然，这也得益于无线宽带网速的进步。因为以往缓慢的上传速度限制了容量较大的影像文件的传输。上述两项技术创新在很大程度上使得自媒体的受关注度不断上升，个人在新闻传媒中的作用正在向传统媒体看齐。比如，在埃及变局期间，一名普通的埃及公民戈宁（Ghonim）“在 Facebook 网站开设了一个叫做‘We Are All Khaled Said’的网页，并倾注了大量心血。由于戈宁经常发布图片、影像和新闻，该网页迅速成为一个抗议埃及警察暴力执法的强大阵地。同时，戈宁的交互式风格以及网页信息的准确性和及时性促使其网页成为埃及最活跃的网站”。[①]所以，当《外交政策》（Foreign Policy）杂志于 2011 年做互联网调查时，有 45% 的受访专家认为互联网将会使得传统的新闻媒体瓦解。[②]实际上，如今许多传统媒体为了获得第一手信息，甚至要求助于个体用户。因为他们往往能更及时、更深入现场而且不易被发现。

第三，信息承载平台的对称。由于传统媒体，如报纸、广播、电视等受到一些客观条件的限制，其受众无法按照自身的喜好和需要选择信息。而且，这些传统媒体的创办和维持往往要耗费很大的精力和财力，一般公众难以承受。也就是说，即使公众想要发出自己的声音，也没有可用的平台。在 Web 2.0 社会，这却不是问题。Web 2.0 强调开放、共享和参与，每个用户都可以成为信息生产的中心，信息载体多元化、个性化和富有吸引力。而网页的创建和维护费用却非常低廉。社交媒体则是这种全新媒体形式的典型代表。如前文提到戈宁，他只需要在社交网站 Facebook 开设自己的主页，然后定期发布真实且有冲击力和感染力的信息，即可获得大量关注，成为网络媒体

① Mike Gigilo, “The Facebook Freedom Fighter,” *Newsweek*, Feb. 21, 2011, p. 23.

② “The FP Survey: The Internet,” Foreign Policy, Sept/Oct 2011, p. 21.

中的焦点。Web 2.0 衍生出的以社交网站为代表的新媒体，使一般公众以及财力不足的非国家行为体具备了与国家、政府间组织、跨国公司等强大行为体相差无几的信息承载平台，“社交媒体可以帮助人们组织起来并传播自己的意识……在世界范围内给普通人注入力量，使其拥有公共话语权”。[①]“得益于群体性交互平台的发展和移动通信技术的推进，社会大众正日益广泛地参与网络信息的创建和组织，网络信息组织朝着组织主体多元化、组织对象泛化和集成化、组织内容揭示深入化和语义关联化、组织方式人机智能综合化和组织结果传播社会化等方向发展。由于大众信息发布与交流平台和移动媒体的兴起，网络信息的组织正处于从传统的以少数专业信息人员为主、多方参与向去中心化的信息组织转型之中，更加体现出以用户参与为基础的信息自组织特征。”[②]

三、第三重变化：信息传播的自由化

曾有人做过一个有趣的计算：不同媒体形式达到 5000 万客户群所花费的时间：收音机需要 38 年，电视机 13 年，互联网 4 年，iPod 3 年，Facebook 则只用了 2 年。这组数字完美诠释了信息传播在不同时代的速度。其实，电报发明以后，信息在洲际间的瞬时传播就已经实现，但是在相当长的一段时间内，信息传播的广度并不理想，因为并非所有人都能够掌握传播信息的工具，传播内容也有限。如今，全球每天收发的文字信息已经超过全球人口总和，几乎所有人都参与到一张信息高速公路网之中。信息传播不仅速度快，而且覆盖范围广，内容多元，不同个体在传播信息时拥有自主选择权，真正实现了信息传播的自由化。这主要得益于 Web 2.0 带来的传输成本下降。“20 世纪 80 年代末的时候，人们用铜线传送电话信号，每秒钟可以传输 1

① David Kirkpatrick, “Does Facebook Have A Foreign Policy,” *Foreign Policy*, Dec. 2011, p. 55.

② 倪龙敏，汪祖柱．论 Web 2.0 环境下的信息组织发展趋势［J］．情报探索，2013（2）：108.

页纸的信息；今天，一根细细的光导纤维每秒钟就可以传输 9 万册书籍的信息。按照美元币值计算，每 3 分钟跨越大西洋的电话费用，已经从 1930 年的 250 美元，下降到 21 世纪初的不足 1 美元。”①当然，这远未达到极致。2012 年，日本 NTT 公司研发出一种新型光纤，传输速度可达现行光纤的 1000 倍，即 5000 部 HD 画质的电影可在一秒钟内传输完成。而光纤本身的制作成本远低于铜制导线，这将使得未来的传输成本进一步下降。

实际上，目前网络通讯的费用已经远低于固定电话或者手机，特别是在跨国通讯方面。因为互联网用户只需缴纳一定的网费即可利用 skype、QQ 等程序进行免费的语音或视频聊天，而这是电话或者手机所难以做到的。除了传输成本下降，上网设备的费用也在下降。以往价格不菲的台式电脑或者笔记本电脑将相当一部分人挡在了互联网之外。随着入网设备的不断小型化、低廉化，越来越多的人成为互联网用户，甚至可以随时随地接入网络。根据国际电信联盟（ITU）的数据，到 2017 年，全球互联网用户已达到 35.78 亿，占全球总人口的 48%。为了能够满足如此庞大的用户群的要求，计算机专家开发出了“云服务器”。云服务器主要基于“云”计算技术，是一个向各类互联网用户提供综合业务的服务平台。服务提供者集成大量资源供多个用户使用，用户因此可以获得更多资源，并可以随时调整使用量，不需要因为短暂尖峰的需求就购买大量资源，仅需提升租借量，需求降低时便退租。云服务器中有着数不清的软件和应用程序，用户只需通过简单的终端设备接入互联网便可购买这些应用程序。云服务为用户解决了技术层面的事情，使其不必拥有专业知识和技能即可轻松掌控信息传播。“尽管‘云’服务还在襁褓之中，但是由于它的出现，仅 2009 年一年，全球数据流动规模就增加了近 50%。”。②于是，一个虚拟社区在互联网上逐渐形成。

---

① ［美］约瑟夫·奈著，张小明译．理解国际冲突［M］．上海：上海世纪出版集团，2006：260.

② ［美］托马斯·弗里德曼，迈克尔·曼德鲍姆著，何帆 等译．曾经的辉煌［M］．湖南：湖南科学技术出版社，2012：66.

在互联网的虚拟社区中，每个人都可以成为信息的生产者和消费者，可以分享图片、音乐、视频、文字、软件，可以发出自己的评论，可以与志同道合者共同讨论……信息的流动不再只是单纯的线状，而是没有中心节点、没有固定方向的网状。而 Facebook、Twitter 等大型社交网站则是各类信息的集散地，人们可以在其中轻易找到自己喜欢的人或者事物，并发出自己的信息。“使用电子终端和互联网的人越多，使用它们的成本就会越低，渗透力越强。扩散范围越广……无论如何偏远，任何信息都能瞬间传递到世界各个角落……在叙利亚边境沙漠小城达拉，居民大都拥有手机，同时无线网覆盖范围较广……达拉的居民和其他地区的叙利亚人民上传了当局残杀本国人民的手机视频。接着，这些视频又被上传到 YouTube。突然间，具有全球影响力的媒体，如半岛电视台和 CNN，都在自己的频道播放了这些视频。”①可以说，信息传播自由化是 Web 2.0 带给信息领域的最重要的变化。其将互联网中的各要素真正整合到了一起，从而引发了用户间的自组织效果，使整个世界进入一个高度互联的状态。但是，“互联网的自由应当是：创作的自由、表达的自由以及分享的自由，而不是为了一己私利侵犯他人隐私的自由”。②因此，信息传播自由化引发的负面效应，如侵犯个人隐私、泄露商业机密、威胁国家和公民安全，将是国家、非国家行为体以及民众在继续推进 Web 2.0 发展时所要解决的一个重要问题。

小　结

互联网仅用半个世纪的时间便由一个处在试验阶段的小型局域网发展成将全世界紧密联系在一起的、无处不在的网络。这种发展速度

---

① ［美］托马斯·弗里德曼，迈克尔·曼德鲍姆著，何帆 等译．曾经的辉煌［M］．湖南：湖南科学技术出版社，2012：68.

② Adriane Lapointe, “WikiLeaks and Free Flow of Information on the Internet,” CSIS, Dec 16, 2010. http://csis. org/publication/wikileaks - and - free - flow - information - internet.

在科技史上是罕见的，要知道，印刷术用了几百年的时间才传遍全球。在这几十年中，传输方式由铜线变为光纤再发展为无线接入；终端设备由笨重的主机到小型化的个人机到可移动的笔记本电脑再到小巧的智能手机；网络内容由简单的电子邮件和 BBS 演进到门户网站再到购物网站、社交网站等纷繁复杂的网络服务。人类的行为方式和生活方式被彻底改变了。我们不必再为寻找一点蛛丝马迹而埋首于浩如烟海的纸堆中，不必再为一封回信而等待数月，不必再为一通越洋电话支付高额的费用，甚至不必再亲自出门购物或者将分散在各地的员工召集到同一个地点开会。当然，这些还只是表象，其背后是 Web 2.0 对于世界政治、世界经济的潜移默化的影响。本书并不坚持绝对的技术决定论，但是却承认某些关键技术的发展会改变世界政治、世界经济等领域中的某些因素，而这些因素的变化将会推动整个结构发生改变，是一种连锁反应。作为信息革命的新阶段，Web 2.0 改变了世界深层结构中的某些要素。具体到在世界政治领域，主要表现为国家所面临的的安全压力逐渐增大，对内主权和对外权力均在不同程度上受到限制；而非国家行为体乃至个人的作用逐步上升。即“国际权力从国家层面向非国家尤其是商业和社会层面、从大国向中小国家转移和扩散，导致‘两降两升’：一是国家行为体尤其是大国的地位和影响力下降，非国家行为体的地位和影响力上升；二是现实社会中的行为体的地位和影响下降，虚拟世界中的行为体的地位和影响上升”。[①]也就是说，国家在其领域内不再能够随心所欲地行事了，因为非国家行为体这个“不速之客”闯了进来；现实社会与虚拟社区交织在一起，难以区分谁主谁次，于是新的权力域开始形成。总之，“两降两升”的趋势意味着国内政治中的权威结构正在受到冲击，国际政治中的博弈关系变得更为复杂，国际体系中的权力分配开始重新调整。世界政治迎来了一个新的时代。

---

① 高祖贵．国际战略与安全环境发展的三大趋势［J］．国际问题研究，2010（4）：28.

第二章

Web 2.0 时代的非国家行为体

传统国家关系研究一直将国家视为最主要的研究对象。因为大多数学者们认为主权国家是世界政治中最基本和最重要的行为体，其他行为体在实力、行为能力、国际法地位、延续时间等诸多方面皆不及国家。而且，将国家作为体系的主要行为体可以减少干扰要素，更易于构建理论。经典现实主义、新现实主义和部分新自由主义流派都持类似观点。比如，肯尼思·华尔兹曾指出："国家不是，也从来不是唯一的国际行为体。但是结构是根据系统的主要行为体，而非活跃于其中的所有行为体来加以定义的……只要国家依然是主要行为体，国际政治的结构就是根据它们来定义的。"①然而，随着世界政治日益商业化和社会化，主权国家的地位和作用正逐步被削弱，非国家行为体的权力则日渐上升。正如苏珊·斯特兰奇所说："世界市场上的客观力量在战后时期更多地被金融、工业和贸易领域的私人企业而不是政府的合作决策整合到一起，它们如今比起国家来更强大……国家权威的衰落反映在其权威日益流散到其他机构和联合体，以及地方的和地区的实体上去，而且还表现为拥有结构性权力的较大国家和没有结构性权力的较弱国家之间越来越大的不对称性。"②因此，如果继续坚持以国家为唯一研究对象，那么理论的解释力将越来越弱，难以反映世

---

① ［美］肯尼思·华尔兹著，信强译．国际政治理论［M］．上海：上海世纪出版集团，2008：99－100.

② ［英］苏珊·斯特兰奇著，肖宏宇，耿协峰译．权力流散［M］．北京：北京大学出版社，2005：4.

界政治现实。

当世界进入 Web 2.0 时代，信息革命的进一步发展促使信息领域发生了三重变化：信息透明化、信息制造能力对称和信息传播自由化。这三重变化激发了非国家行为体的潜力，使其呈现出新的特征，国际权力向非国家行为体转移和扩散的速度也随之加快。因此，本书将对非国家行为体的新特征及其对国内结构、国际政治和国际体系的影响加以分析和论述，以发掘以往世界政治视角中的盲点。在进入论述之前，本书将首先对非国家行为体的内涵作出界定。国际政治中的行为体主要分为主权国家和非国家行为体两大类。主权国家的概念比较清晰，而非国家行为体的内涵则相对模糊。根据苏长和教授的定义："非国家行为体是与国家行为体相对的一个概念，它由一定的成员（个人或国家）构成，是拥有一定的财政资源（捐款或经营利润）、在全球或地区范围内活动并足以对全球社会产生影响的组织。"①以往，学者倾向于将其分为政府间国际组织和非政府间国际组织两大类。然而，全球化的深入使得各种全球性问题凸显，一大批跨国公司、恐怖组织、分离组织等随之涌现，原有的分类就略显粗糙。于是，国家关系领域的专家相继提出了各种不同的分类方法：

一种非常容易理解的分类方法，是依据其成员性质、地理范围和功能范围这 3 项标准。按照成员性质，它们可以分为政府间组织和非政府组织；这两类组织又可各自按照全球的、区域的和次区域的再作内在划分；由此划分出来的各个种类还可进一步区分为政治、经济、军事、社会、宗教、教育、科学、文化和技术等类别。

另一种分类方法看似比较简单，实质上界定得更加深入。它将非国家行为体分为三类：政府间组织、领土性非国家行为体、非领土性跨国组织。所谓"领土性非国家行为体"，指目的带有领土性质、或至少部分地可用领土来定义的非国家行为体，如民族解放运动和分离主义组织。"非领土性跨国组织"的特征在于：同时在一些、而非单一国家进行有组织的活动；其目的并非限于在某一块领土内的利益；

① 苏长和．非国家行为体与当代国际政治［J］．欧洲，1998（1）：5.

其组成部分是、或大体上是非政治性的。

还有一种分类方法，应被认为兼具了清晰简要和逻辑精当的长处。它依此出发的基本前提，在于确认大量非国家行为体的出现，大多反映了领土和权能有限的传统民族国家无法较充分地“呼应、处理或压制变化着的大众要求”。这“大众要求”被认为涉及四大具有很高概括性的功能范畴：（1）物质保护（physical protection），即安全；（2）经济的发展和调控；（3）其他公共利益；（4）群体地位（group status），即基于种族、民族、宗教、阶级或阶层、党派、职业等等的群体认同之集合象征。可以归纳为 5 类形态的许许多多非国家行为体分别在这四大功能范畴内活动。①

为了便于研究、减少干扰变量，本书在综合多种分类方法的基础上，决定采用一种较为直观和简便的分类方法。根据成员性质和活动范围先将非国家行为体划分为三大类，然后再根据组织纲领和目的在每一大类中进行细分：第一类是政府间国际组织，即政府间为解决某一问题或建立某种机制而通过协议建立的组织；第二类是跨国家行为体，主要包括以营利为目的的组织（如跨国公司、具有国际影响力的中介机构），以公益目的为主的国际非政府组织（如透明国际、绿色和平组织）以及具有政治目的的组织（如极端组织、国际恐怖组织）；第三类是次国家行为体，主要指有直接国际联系的地方性权力实体和组织，此类行为体亦可再细分为营利目的、公益目的和政治目的的三种类型。

第一节　专业化的非国家行为体

相对于资源丰富、机构设置齐全的主权国家，非国家行为体在专业程度上给人的印象往往是参差不齐。对于政府间国际组织、跨国公司等高度组织化的行为体来说，这并非一个难题，其掌握的资源足以

① 时殷弘．全球性交往、相互依赖和非国家行为体［J］．欧洲，2001（5）：4－5.

维持较高的专业水平。但是，轻度组织化的行为体则因资金不足、信息匮乏、成员能力低下、组织松散等天然缺陷显得不够专业。这对非国家行为体参与“国内—国际”事务、拓展影响力以及提高可信度都造成了负面影响。不过，这一问题因 Web 2.0 的出现得以缓解。

一、信息整合能力增强

信息在世界政治博弈中占据着重要地位，因为“如果一个集团控制了关于某一议题的所有相关信息，那么将回到一个相对等级制的结构”。[①]然而，“多数情况下，政治行政部门被视为相对其他行为体具有信息优势。尤其在外交事务中，行政部门，包括官僚体系，可能掌握更多关于外国、国际谈判和外交政策选项的私人信息”。[②]如今，借助 Web 2.0 的力量，非国家行为体扭转了这一局面。

（一）信息收集能力

首先是信息获取的常规渠道增多。Web 2.0 所带来的信息透明化使得非国家行为体可以利用优秀的搜索引擎自如地搜寻自身需要的信息。这些信息既有国家公布的各类数据，也有个人上传的图片和视频。同时，不同组织间的信息共享也十分便利。在这一背景下，更多提供专业化信息服务的公司和组织出现，它们有些以营利为目的，有些则以公益为目的。比如，穆迪、惠誉等评级机构会利用其专业知识提供相关信用评级和数据以供客户在投资时做参考，这些数据有些可以通过付费在网上取得，有些可以在网上免费下载；《外交》（Foreign Affairs）、《外交政策》（Foreign Policy）等专业期刊也开始提供网络付费下载业务，非国家行为体只需缴纳一定费用即可获得 PDF 格式的期刊，而不必订购实体刊物；透明国际、大赦国际、皮尤中心等公益组织则免费提供各种排名和调查数据，非国家行为体乃至个人

---

① ［美］海伦·米尔纳著，曲博译．利益、制度与信息［M］．上海：上海世纪出版集团，2010：10.

② 同上，19.

可以透过数据了解一国的营商环境、居民状况等信息。另一方面，非国家行为体获得原始信息的能力也较以往有了长足进步。由于全球网络的高度互联和互动性，非国家行为体可通过互联网直接与不同国家、不同地区的个人建立联系，实现点对点交流。这样，非国家行为体可以通过调查问卷的方式收集信息（相对传统的调查方式，这种方式耗费成本更低）并加以处理，以得出更为科学的结论，也可以通过上传、分享等方式获取当地的即时信息，从而在第一时间做出应对、取得先机。当然，信息获取渠道的增多也有负面影响，如谷歌公司的谷歌地球软件可以提供几乎全球各地的高清卫星图片，支付大约30美元则可升级为更为专业的版本。这在给民众提供便捷服务的同时，无疑给国际恐怖组织和极端组织制造恐怖袭击提供了便利。

其次，信息获取非常规方式浮出水面。所谓“非常规方式”其实大都是违反法律或者游走在法律边缘的信息获取方式。这些非常规方式之所以“受人青睐”主要原因在于互联网的设计是基于便利而非安全，有大量漏洞可以利用；Web 2.0 的发展太快，各国立法速度难以适应；而此类方式能够获得大量机密信息且效率较高。比较有代表性的非常规方式主要有黑客行为和间谍行为。早在20世纪70年代，黑客在互联网上便已初露峥嵘。进入 Web 2.0 阶段，由于计算机知识和网络知识的普及，大量掌握黑客技能的人进入互联网。他们凭借自身技能通过互联网窃取大量重要信息和情报，然后出售给非国家行为体和主权国家。“著名的黑客组织，如 Anonymous 和 LulzSec 能轻易进入美国国务院、CIA 及其他安全部门、银行和网络公司的网站，获取他们想要的信息。”①除了窃取信息，他们还会对网站和局域网发动恶意攻击，使其瘫痪。间谍行为则有所不同，主要是非国家行为体通过网络寻找能够接近重要信息的人并建立点对点联系方式。利用小型终端设备、移动存储设备以及无线入网技术，其便可将信息转移给相关组织或机构。这些人有的是为了报酬，有的则怀有其他目

① Eugene Kaspersky, “4 Digital Threats to Worry About,” *Foreign Policy*, Dec. 2012, p. 78.

的。如“美国陆军情报分析员布拉德利·曼宁在巴格达基地内，依靠外交与军事系统的联网，每天可接触大量外交、军事秘密文件。文件记载的血腥事实及‘令人沮丧’的战争进程令他对美国的外交、军事政策感到不满。他常常带着标有美国著名歌星 Lady Gaga 的 CD，在盘上写压缩分卷文件，一边做出听音乐和哼歌的样子，一边进行大规模秘密文件下载，后将涉秘光盘转交‘维基解密’网站”。[①]虽然非常规方式对于改善非国家行为体与国家间的信息不对称状况有所贡献，但是其负面作用和破坏力也不可小觑。“2009 年，仅美国便发生 34 万起网络犯罪，造成经济损失高达 5500 亿美元。2010 年，德国发生包括网络攻击、窃取信息、网络欺诈、伪造数据等在内的网络犯罪 11.7 万起。”[②]这些数据不过九牛一毛，却也足以显示出非常规方式对网络安全和秩序的威胁。

（二）信息分析能力

与信息收集能力相比，信息分析能力更显重要。如果无法对所收集信息进行有效分析并得出结论，那么信息获得者的信息权力将大打折扣，面对庞大的信息流望洋兴叹。因此，信息分析能力的强弱是造成权力差距的重要原因之一。不过，这一差距正随着外包和云计算服务的发展而日渐缩小。“‘外包’（Outsourcing），英文一词的直译是‘外部寻源’，指企业整合利用其外部最优秀的专业化资源，从而达到降低成本、提高效率、充分发挥自身核心竞争力和增强企业对环境的迅速应变能力的一种管理模式。企业在内部资源有限的情况下，为取得更大的竞争优势，仅保留其最具竞争优势的功能，而把其他功能借助于整合，利用外部最优秀的资源予以实现是十分必要的。”[③]这一企业经营模式后来因 Web 2.0 的出现而逐步扩展，由资源和人力的外包逐

---

① 王锦．“维基解密”引起的震动［J］．世界知识，2011（1）：35.

② Neil Robinson，Emma Disley，Dimitris Potoglou，Anaï s Reding，Deirdre May Culley，Maryse Penny，Maarten Botterman，Gwendolyn Carpenter，Colin Blackman，Jeremy Millard，“Feasibility Study for a European Cybercrime Centre，” RAND，2012，pp. 36 – 39.

③ 李布．“外包”：企业经营新模式［J］．经济纵横，2000（12）：51.

步变成思想的外包。比如，美国公司可以将一些复杂编程工作通过互联网交给印度的程序员；印度程序员完成工作后再经由互联网将“产品”传输给美国公司并获得报酬。整个过程双方并不见面，只是通过网络进行联系。也就是说，缺乏信息分析人员和设备的非国家行为体可利用互联网寻找具备相关技能和设备的人员或者机构，通过外包的方式将待分析的信息交给对方，最后双方各取所需。这样，即便是人力资源不足、组织结构松散的非国家行为体，只要有一定的资金基础，就能够通过互联网获得不逊于其他组织甚至一些主权国家的技术力量。

云计算服务是随着宽带网络、应用软件等技术的进步而出现的，即便在 Web 2.0 阶段的诸项技术创新中也属新生事物。“云计算将计算、存储等资源集中起来，通过虚拟化的方式，为用户提供方便快捷的服务。所谓‘云’就是个虚拟化的存储与计算资源池，互联网是最大的一朵‘云’。云计算则是这个资源池基于网络为用户提供的数据存储、网络计算等各种服务。云计算的模式通常包括基础设施即服务（IaaS）、平台即服务（PaaS）和软件即服务（SaaS）这三种类型……从技术角度来看，云计算是一种动态的、可扩展的、通常基于 IP 网络并利用虚拟化技术为多用户提供服务的计算方式。云计算不仅仅意味着一项技术或一系列技术的组合，它所秉承的核心理念是‘按需服务’，这也是它对于 ICT 领域乃至于人类社会发展的最重要意义所在。”①某种程度上，云计算服务可以说是 IT 外包的一种高级形式，其按需服务的特征与 IT 外包类似，但是其拥有更为庞大的服务器集群，资源更为丰富，可以为用户提供更多类型的服务，如软件服务、硬件租借、数据存储、计算分析。于是，非国家行为体在进行信息分析时便有了一个新的选项，而其强大的计算和存储能力以及更低廉的价格可以使非国家行为体不必花费太多资金和精力即可完成信息分析工作。未来，云计算服务的优势和潜力将更多地被发掘出来，进而成为非国家行为体提升自身专业水平的一柄利器。

除此之外，另一项新技术的出现进一步提升了非国家行为体的信

---

① 刘越．云计算综述与移动云计算［J］．信息通信技术，2010（2）：19.

息分析能力，即大数据（Big Data）。所谓“大数据”，主要指的是如今存储在所有网络终端设备中的数字化的信息。大数据技术就是通过分析这些数字化信息找出各种相关性，从而为组织决策提供依据和建议。之所以能够取得巨大效果，一个重要原因是人类社会信息的大规模数字化。2000 年，全世界只有大约 25% 的信息采用了数字化的形式；而到 2013 年，全球只有不到 2% 的信息未实现数字化。因此，大数据甚至可以叫做“全数据”。在大数据技术的支持下，各类组织和机构可以在庞大的数字信息中进行检索和分析，找到各类有价值的甚至匪夷所思的关联性。这类检索和分析不但所花费的成本比原始的问卷调查之类要低得多，而且所选样本覆盖面广并能够排除调查样本的主观干扰，使结果更加准确。“大数据并非创造出什么而是尽可能地驾驭现存数据并加以研究。”①数据的另一个特异之处在于以关联性取代了因果性。通过大数据分析得出的结论往往只能利用，无法证明。比如沃尔玛公司通过该技术发现气温越高、三明治的销量越好，飓风天气蛋挞卖得多，下雨天蛋糕更受欢迎……按照这些关联性进行销售调整，沃尔玛的利润确实增加了，但是要调查出每一个关联性背后的原因却无法实现。总之，大数据为非国家行为体提供了一个高效可靠的工具，可以较轻易地找到各类关联性以为自己的行动提供指导，进而达到专业团队的水平。

二、电子动员能力形成

1999 年 11 月，世贸组织在西雅图召开第三次部长会议。会议期间，包括工会人员、宗教人士、环保主义者、人权主义者、自由职业者等在内的大约 5 万人组成庞大的示威游行队伍，在西雅图街头表达对全球化的抗议和不满。而在西雅图发生抗议活动的同时，其他国家和地区的 80 多个城市也举行游行活动，声援西雅图。示威运动最终在西雅图引起了大规模骚乱，西雅图市长宣布进入紧急状态并出动警

① Kenneth Cukier, Viktor Mayer – Schoenberger, “The Rise of Big Data,” *Foreign Affairs*, May/June 2013, p. 31.

察驱散骚乱人群。世贸组织部长会议因此而受到冲击。这次事件后来被称作“西雅图战役”，成为世界范围内反全球化运动的序章。其实，其还有一个更重要的意义：向世界展示了电子动员的力量。运动的发起者主要利用手机、BBS、电子邮件、聊天室等互联网通讯工具进行组织和协调，在短时间内即组织起数量巨大的游行队伍，并与其他几十个城市的示威者遥相呼应，这在以往的时代几乎无法可想。电子动员主要指利益集团和社会运动等非国家行为体使用互联网用于政治招募、组织和竞选活动。非国家行为体电子动员能力的形成与互联网的发展密不可分。Web 2.0 所带来的信息制造能力对称和信息传播自由化构成了电子动员的基础，使得非国家行为体能够以较低的成本、在短期内组织起大规模的运动，从而促进自身理念的表达与目标的实现。

那么，Web 2.0 是如何推动非国家行为体电子动员能力形成的呢？

第一，Web 2.0 提供了更加便捷、低廉的通讯方式。“越南战争时期，筹划一次示威活动需要花费数个星期或者数月的时间，以便准备小册子、标语以及电话联系，从最初只有 2.5 万人参加的游行示威，发展到 1969 年出现的人数达到 50 万人的示威活动，这就经过了 4 年的时间。与此形成鲜明对比的是，在 2003 年 2 月的一个周末，就有 80 万美国人和 150 万欧洲人上街抗议即将发生的伊拉克战争”①，因为组织者不再需要耗费大量时间准备实体材料和开展街头宣传，一切都可以数字化的形态在虚拟空间快速传播。而且，社交媒体、电子邮件等互联网通讯工具的费用极低，因而可以让更多志同道合的机构和个人参与进来，扩大动员规模。所以，在“阿拉伯之春”运动中，“信息技术让游行的效率和规模远远大于传统游行……呈现出网络结构，具有独特的‘雪崩’特性”。②

第二，新媒体影响传统媒体，令非国家行为体的可信度上升。由

---

① ［美］约瑟夫·奈著，张小明译．理解国际冲突［M］．上海：上海世纪出版集团，2006：268.

② 李绍先，乐颖．埃及事件：一种全新政变模式［A］，马晓霖主编．阿拉伯剧变：西亚、北非大动荡深层观察［C］，北京：新华出版社，2012：65.

于小型化终端设备和无线接入技术的出现，人们接触新媒体的时间和机会大大高于传统媒体。而新媒体的自由度和互动性也比传统媒体更具吸引力。“以埃及为例，Facebook 在埃及的使用人数超过 500 万，Twitter 约 200 万。与此同时，截至 2011 年 5 月，埃及手机用户达到 7477 万，而埃及总人口约 8800 万，手机在埃及人中已经相当普遍。Facebook 和 Twitter 都是年轻人手机上网时的最爱。”①一些重要的信息、新闻线索、事件等往往先通过新媒体发布，再经由传统媒体报道。这无疑会提高非国家行为体特别是草根集团的影响力和可信度，使其得到更多民众的认可，进而打破主权国家的信息垄断。“在整个中东北非地区，56% 的年轻人每天都在使用互联网，54% 的年轻人只相信卫星电视转播的信息，而 70% 的卫星电视频道又不在政府的控制之下。”②这种信任和认可会转化成稳固的社会基础，使非国家行为体发出的声音得到更多响应。

电子动员能力的形成提升了非国家行为体的灵活性和效率，以往较为复杂的等级制组织结构甚至已经不再需要。除了政府间国际组织、跨国公司等大型组织以外，众多非国家行为体开始出现去中心化趋势，演变成类似互联网的网状结构。有些社会运动甚至体现出无组织、无领导、无纲领的特点，参与者只是因为对某个议题有着共同的观点即可通过互联网快速动员起来，造成巨大声势，向政府、企业或者其他大型机构施压。而且，这种动员有时候不会局限于某一个国家或地区，而是在全球多个地点同时发动或者一地的运动会即刻得到多地声援，产生全球效应。在运动过程中，参与者还可以借助信息技术的便利及时沟通并做出调整，以应对情势的变化。由政府主导思想宣传和社会动员、由精英人物掌控信息交流和知识传播的时代正在逐渐被改写，非国家行为体在国内政治和国际政治中变得愈发活跃。

---

① 李来房．社交媒体在埃及扮演重要政治角色［EB/OL］．新华网，2011 年 8 月 16 日．http：//finance. qq. com/a/20110816/004507. htm.

② *Time.* “Class of 2011,” Feb. 28, 2011, pp. 16 – 25.

三、成员个人技能提升

无论是一个公司、组织、机构或者国家，人力资源都是重要的基础。如果没有足够的人力，则组织难以正常运转；如果人力资源质量不高，则组织难以取得发展。在人力资源方面，大多数非国家行为体与主权国家相比处于弱势。原因在于，国家有能力向人才提供更加优厚的资源。当然，像跨国公司等经济实力强大的非国家行为体在这方面并不逊于国家。近年来，受益于 Web 2.0，非国家行为体成员的个人技能有了大幅提升，在一定程度上弥补了自身的短板，主要表现为以下方面。

第一，互联网信息爆炸与信息传播自由化使得个人学习新技能的途径多元化。如今，人们不再只有进入学校或者培训机构这一种学习途径。借助远程教学、视频文件等手段，非国家行为体的成员足不出户即可接受自世界各地的技能培训，而且其中相当一部分技能可能是在数月前刚刚出现的（语言差异不是问题，因为许多外语人才自发组织起来为各类视频添加翻译字幕）。不过，这种便利条件具有两面性。因为人们既可以通过互联网获得诸如经济学、管理学等知识，也可以找到炸弹制作方法、恐怖分子培训等信息。

第二，信息革命创造新的交流方式，使非国家行为体找到专业人才的机会增加。在 Web 2.0 时代，越来越多的非国家行为体可以发出自己的声音，让自己的理念为更多人所知。于是，持有相同理念的专业人才便有可能通过互联网接触到相关组织并与其建立联系，进而为其提供专业知识或者加入该组织。也有一些志同道合的专业人才，他们借助互联网相互交流，然后为了某种共同目的建立起一个全新的组织或者机构。当然，也会有一些专业人才因某种理念而为极端组织或者恐怖组织服务，从而增大了其破坏力。

第三，云计算服务出现，成为非国家行为体的特殊“成员”。云计算服务的特点是将服务器和人力资源集中起来统一管理和调度，以完成客户的要求。由于其资源优势明显，因而问题解决能力较强。而且，云计算服务是一种“按需服务”，无论是机构还是个人，只要支付相关费用即可获取所需资源和服务。因此可以说，云计算服务用一种独特的方式提升了非国家行为体成员的能力。

虽然多数非国家行为体不能像政府间国际组织和跨国公司那样大量招募优秀的专业人才，但是 Web 2.0 技术却为其提供了多种提升组织成员技能水平的渠道，从而为其向更加专业化方向的发展奠定了基础。非国家行为体的专业化改变了普通民众对其“民间团体”“草根组织”的刻板印象，使其在公众中的认可度和影响力大幅上升。另一方面，专业化水平的提升也促使非国家行为体涉足更多领域和更多问题，话语权也由弱变强，日渐成为一个活跃在世界舞台上的重要角色。

第二节　分散化的非国家行为体

二战前，主权国家尤其是大国是国际事务的主导者，国际体系中的行为体类型较为单一，运作方式也并不复杂。然而，二战后各种非国家行为体逐步兴起，在不同问题领域、不同国家和地区发挥着重要作用，成为全球治理中不可或缺的角色，国际政治和国际体系开始出现分散化的趋势。随着全球化的发展，非国家行为体的外延和内涵亦有了分散化的迹象，而这一迹象因信息革命的推动日渐明朗，日渐体现出 Web 2.0 时代的特点。

一、总体数量激增

1648 年签署的《威斯特伐利亚和约》将国家主权、国家独立和国家领土完整确立为世界政治的基本原则，并开创了以国际会议解决国际问题的先例，国际社会开始形成。进入 19 世纪，为了解决贸易、航运、通信等问题，各国频繁召开国际会议进行协调。这些国际会议逐步制度化和固定化，成为最初的国际组织。当时，由于民族主义方兴未艾，国家被视为最重要的行为体，国际组织的发展速度较为缓慢。根据国际协会联盟（Union of International Associations，UIA）的统计，1909 年，全球各种类型的国际组织一共只有 213 个；至 1951 年，达到 955 个，42 年内增加了约 3.38 倍，平均每年新增 17.67 个国际组织。[①]二战后，为了维护世界和平、促进区域经济发展以及建立稳定的贸易和金融秩序，大批类型各异的非国家行为体涌现。至 1989 年，全球国际组织的数量已达到 24131 个，与 1951 年相比增长 24.27 倍，年均新增国际组织 609.89 个，远超过二战前的增长速度。[②] 但是，这仍未达到非国家行为体数量增长的高峰。当信息技术发展到 Web 1.0 以及 Web 2.0 阶段，非国家行为体迎来了新一轮爆发。截至 2009 年 4 月，全球国际组织的数量超过 6 万个，其中 IGOs 为 6782 个，INGOs 为 53218 个，仅用 20 年时间便增长 1.49 倍，年均新增国际组织 1793.45 个。[③]这一时期，不仅各类 IGO 和 INGOs，其他非国家行为体，如跨国公司、宗教组织、民间团体乃至互联网空间内的虚拟组织亦发展迅速。为何 Web 2.0 会带来非国家行为体的大爆炸呢？

首先，Web 2.0 使建立和运营非国家行为体的成本大幅下降。以往，一个 IGOs、NGOs 或者跨国公司的建立需要耗费大量人力、物力以及时间；组织建成后的日常运营也所耗不菲。比如，关税与贸易总协定（GATT）在建立之时便遭遇重重困难。美英两国“都希望现存的过高的贸易壁垒能被降低，但是都希望降低那些最能保护对方利益的壁垒”[④]，而由于当时缺乏便利的沟通方式，使得两国花费了 5 年时间才最终达成妥协。类似的，过去一家跨国公司的成长一般要经历

---

① 王玲．世界各国参与国际组织的比较［J］．世界经济与政治，2006（11）：47－48.

② UIA，“Year Book of International Organizations：1989/1990，” 1989. http：//www. uia. be/studies.

③ UIA，“Year Book of International Organizations：2008/2009，” 2009. http：//www. uia. be/studies.

④ ［美］海伦·米尔纳著，曲博译．利益、制度与信息［M］．上海：上海世纪出版集团，2010：141.

产品出口、建立海外子公司、建立海外研发机构等 6 个阶段，每个阶段都需要相应的时间与财力的投入，才能够将影响力扩展到其他国家。如今，一个国际组织的建立则要方便许多。Web 2.0 提供了廉价、及时的通信方式，不同国家的组织和个人能够有效地相互沟通，在较短时间内了解对方的立场并达成妥协。同时，Web 2.0 促进了信息、资本和人员的全球流通，非国家行为体较以往可以获得更多的外部支持，可利用资源的增多降低了自身在建立和运营中的投入，也减轻了其对主权国家的依赖。许多组织甚至不需要实体机构，它们完全通过互联网聚集成员、传播理念、组织线下活动。例如，“阿拉伯之春”运动爆发时，埃及青年瓦伊勒·厄尼姆通过 Facebook 网站上的网页即建立起一个名为“4 月 6 日运动”的组织，并在一周内获得 44 万人的支持。成本的下降实际上是一种进入门槛的降低，越来越多的普通民众可以利用 Web 2.0 技术建立中小规模的跨国家组织或者次国家组织，新建非国家行为体的数量因而大幅上升。而已有的 IGOs、NGOs、跨国公司等组织也开始将 Web 2.0 技术应用于日常工作之中，以保证自身的生存能力和竞争力，从而降低了非国家行为体的“死亡率”。

其次，Web 2.0 与全球性问题相互作用，扩大了全球治理对于非国家行为体的需求。一方面，由于 Web 2.0 技术引发了全球信息爆炸并实现了信息传播自由化，许多原本不太引人注目的全球性问题成为大众舆论的焦点。这些问题的解决自然也就成为人们关心的重点，比如气候变暖、人口老龄化、粮食危机等。于是，一些主权国家开始组织政府间国际组织以期共同应对这些单靠一国难以解决的问题；而众多有识之士和民众也自发组织各类非政府组织，为问题的解决奔走呼号、献计献策。另一方面，Web 2.0 在客观上加剧了一些全球性问题，推动了非国家行为体数量的增加。比较典型的是恐怖主义和极端主义问题。恐怖组织和极端组织利用互联网传播思想、招募成员，并通过网络视频开展恐怖活动的训练和教学。这不仅使已有的恐怖组织和极端组织实力壮大，还促使大量新组织出现。为了应对这一问题，针对反恐、消除贫困等的非国家行为体逐步建立起来，进一步增加了非国家行为体的数量。其他如非法移民、走私贩毒等问题亦是类似情况。随着 Web 2.0 的发展，“政府间国际组织无法满足人类交往的目标和需要，越来越多的非政府组织（NGOs）发展起来，填补市场失灵和政府失灵的空白，并成为促进市民社会和国际治理（Global Governance）的重要图景，也代表了国际交往平民化的价值趋向。随着越来越多的国际组织出现在国际舞台上，国际组织的重要性也逐渐体现出来，并成为国际关系的重要参与者”。[①]

二、类型逐步多元化

第一，针对不同的问题和领域，更多专门化组织出现。“一战前，国际非政府组织多为学术性或理想主义的，两次大战期间，经济和救济领域的组织十分突出。冷战期间，人权、环境、妇女、发展领域出现了许多国际非政府组织。如今，在人类生活的各个领域，都有国际非政府组织的存在。”[②]与国际非政府组织类似，以联合国、欧盟为代表的政府间国际组织、大型跨国公司以及一些次国家行为体，也开始向多个领域扩展。于是，一批更加专门化或者区域化的非国家行为体诞生，比如，国际危机组织（ICG）、弥迦网络（Micah Network）、科威特行动计划（Kuwait Action Plan）。这些专门化组织的出现，除了为应对全球性问题所带来的压力之外，与 Web 2.0 技术亦密不可分。一方面，Web 2.0 促进了信息和知识的传播，从而使世界各地的人们联系越来越密切。这些人通过互联网搜寻志同道合者并逐步建立起一个针对某一问题或领域的团队或者组织。他们在各自的城市或社区内也许只是一个非常小众的群体或者孤立的个人，即使拥有理念或技能也难以施展。互联网为他们提供了一个平台，将他们相互连接起来，以从事共同关注的问题领域。另一方面，已有的非国家行为体也可通过互联网招募到具备相关知识或对相关问题感兴趣的成

---

① 门洪华．国际组织与国际社会［N］．学习时报，2002－03－04.

② 王杰，张海滨，张志洲主编．全球治理中的国际非政府组织［M］．北京：北京大学出版社，2004：165.

员，进而将其聚集起来成立一个新的分支机构，以涉足某一领域。这些领域包括维护和平、核裁军、军控、难民救济、贫困援助、开发合作、人权保护、环境保护等诸多方面。

第二，民间团体大量出现。20 世纪 80 年代以来，经济发展和技术进步将公民社会由相对沉寂推向一个新的蓬勃发展阶段。其中，“技术进步对公民社会的发展有重要的意义。通讯技术革命为大众组织、联络和行动提供了技术方面的支持”。[①]公民社会的发展推动了公民自治意识的觉醒，他们通过组织各类团体和组织介入政府职能无法覆盖的领域。一般而言，民间团体大多关心非政治性的议程，他们在互联网上建立社区网络，讨论当地面临的一些问题如交通问题，达成一致后便向相关商业和政府部门施加影响以实现自身的目标。在美国，共有超过 150 个社区网络，其中有代表性的如西雅图、博尔德、黑堡等。在这种示范效应下，其他国家的公民也开始组织自己的民间团体，而且通过互联网学习和交流经验，促进了全球公民社会的形成。随着民间团体和社区网络的发展，一些组织开始涉及政治议程。比较著名的是美国“茶党”运动。“兴起于 2009 年的美国‘茶党’（Tea Party）运动指的是一系列地方性或全国性的社会活动。它没有统一的党纲和组织，没有统一的领导人，活动的组织策划主要通过网络。茶党虽不是真正意义上的党，但其能量却不可低估。”[②]在 2010 年的中期选举中，茶党的出现对共和党造成了一定冲击，导致多名老牌议员落马。当然，也有一些民间团体为了寻求推翻现政府或建立独立国家而存在，如车臣、库尔德、巴斯克等地区的组织。

第三，临时性运动初露峥嵘。以往的非国家行为体都具有相应的组织机构、资金基础、人员配置以及纲领理念等。然而，进入 Web 2.0 时代，出现了一种临时性运动。该类运动并没有固定的活动场所、人员机构，甚至没有自己的纲领和主张。其活动方式主要是一部

---

① 王杰，张海滨，张志洲主编．全球治理中的国际非政府组织［M］．北京：北京大学出版社，2004：105.

② 赵敏．美国“茶党”运动初探［J］．现代国际关系，2010（10）：31.

分人针对某一问题或某一事件在互联网上发出观点和号召，得到大批响应之后便约定在某一时间、某一地点开展线下活动。活动并无特定的组织者，参与人员完全出于自发自愿，他们虽然会出于便利起见建立某种组织，但是这类组织并非等级结构且组织松散，也不会推选领导人。到达一定阶段之后，如活动结束、话题降温或事件解决，参与者就会退出，组织也自动解散。当出现新的问题或事件时，一个新的临时性运动又会产生。2011 年 1 月 25 日，在埃及“4 月 6 日青年运动”等几个组织的号召下，4.5 万人自发在开罗市中心举行集会，亚历山大、阿斯旺、伊斯梅里亚等几个城市也同时出现示威人群。随后，示威人群不断增加并在 18 天内迫使穆巴拉克下台。整个运动期间并未出现固定的核心组织或领导，对于参与者来说，“他并不一定只从属于某个组织，而是在 Facebook 或者 Twitter 上和若干组织建立联系。甚至没有组织核心成员的指导，几个年轻人就可能通过社会媒体建立联系，自发行动”。①严格说来，临时性运动与非国家行为体的定义有一定差异，但是其影响力和出现频率却不断上升。或许，我们可以将其视为非国家行为体在 Web 2.0 时代的一种新类型。

三、网状组织结构确立

由于国家经历了一段较长时间的发展，因而形成了一套较为系统的组织结构，也是一种为人们所熟知的结构。所以，当代建立的国际组织等非国家行为体大多借鉴主权国家的组织结构，形成一种“三级体制”：“一是权力机构，即由全体成员国代表组成的大会，其职能是议事和决策，如联合国大会。它通过会议和投票的方式讨论和决定组织的重要事项。二是执行机构，负责执行权力机构作出的决议，一般为委员会、理事会、执行局等，如联合国的安全理事会、欧洲联盟的执行委员会、联合国教科文组织的执行局。三是管理机构，处理行政和日常事务，提供各种服务，通常称秘书处，秘书处负责人往往

① 秦轩．埃及：18 日政权倾颓［A］，阿拉伯剧变：西亚、北非大动荡深层观察［C］，北京：新华出版社，2012：12.

是组织的行政首脑……此外，一些国际组织往往视具体情况设立一些直属机构、辅助机构和外延机构，如联合国系统和阿拉伯国家联盟系统。”①后来，“随着专业人员与技术专家重要性的上升，组织成员越来越习惯于接受技术专家们的意见，并感到他们理应接受这些意见……在决策上依赖对信息的收集与专家对问题的分析……于是，依据组织内部居于主导地位的权威类型，国际组织的行政模式又分为行政权威主导型与专业权威主导型”。②但是，无论哪种类型，其本质上都是一种与国家权威结构类似的等级制结构。直到信息革命到来以后，新的组织结构才逐渐形成。

信息技术的发展改变了传统的通信模式、社会分工以及组织方式，许多旧有的屏障和藩篱被打破，世界进一步平坦化。在这种更加强调灵活性、及时性的环境之中，等级制的结构已经不能满足非国家行为体生存和发展的需求。一些非国家行为体转而效仿互联网的组织方式，建立网状结构，其中开始转变较早的是跨国公司。“在信息革命的影响下……跨国公司的组织结构形式从金字塔式的等级制不断向网络型的模式转变，由此应运而生了网络管理体制。在网络管理体制下，跨国公司采取了全球一体化的经营方式，将研发、生产、销售等环节根据不同的区位优势分布于全球各地，把所有分支机构联结成统一的一体化经营网络，这样使分散于世界各地的研发、生产、销售等活动能够服务于企业的全球发展战略……扁平化的组织结构彻底改变了原来由上而下的纵向信息传递方式，大大加强了横向联系，使组织更具弹性和灵活性。”③跨国公司的改制成功为其他非国家行为体树立了典范，众多组织和团体纷纷构建网络化的组织结构，较为典型的当属恐怖组织和极端组织。恐怖组织和极端组织正日益形成一个全球网络，这种网络没有权力中心，只有不同的节点，形成松散和分权式的

---

① 张贵洪．国际组织的行政体制初探［J］．世界经济与政治，1999（6）：50－51.

② 汤蓓．试析国际组织行政模式对其治理行为的影响［J］．世界经济与政治，2012（7）：49－52.

③ 王立新．跨国公司组织结构模式变化及其对我国企业的启示［J］．中山大学学报，2002，42（4）：86.

组织体系，对各国构成了更大的挑战。以“基地”组织为例，“在所有已开设网站的恐怖组织之中，‘基地’组织是第一个充分利用互联网的。这是‘基地’组织独有的特征。它将自身定位为一个全球运动，并利用全球通讯网络达到其目标。”①

与传统的等级制结构相比，这种源于互联网的网状结构有以下三个优势：第一，扩展迅速。互联网的构建标准 TCP/IP 协议规定：每个网络接入互联网时不应该被要求进行任何内部调整。这实际上是一种无限扩展理念，即任何一个节点或节点集合都可以成为互联网的一部分。具备网状结构的非国家行为体也有此类特征，可以随时吸收新的节点入网而不必做出太大调整。例如，网状化的“基地”组织“可以轻易与其他地区的组织建立联系并将其激进化。逐渐地，这些组织会接受‘基地’组织的意识形态、采用其战术，最终成为其分支机构”②，进而使其在北非、西亚、南亚、撒哈拉以南非洲建立起一个巨大的网络。第二，灵活性强。网状结构将以往纵向传递信息的方式改变为横向传递，大大节省了信息传递的时间，密切了组织内部各节点间的联系，实现了信息共享，提高了组织的决策速度。同时，这种结构赋予了节点更高的自主性和自由度，能够充分挖掘其潜力以起到独当一面的作用，进而在整体上增强了组织对于不同事件的应对能力。第三，生存能力提高。在等级制结构中，过长的信息传递时间可能降低组织高层对于危机和变化的敏感度，以致无法做出正确应对。如果处于较高层的部分出现问题，那么很有可能导致整个组织瘫痪。对于网状结构来说，如果某一部分出现问题，尽可将其舍去，因为余下的部分仍能正常运转并能在短期内恢复。因此，这类组织的生存能力大为提升，而且不容易被主权国家控制，客观上促进了权力的分散。

---

① Brian Michael Jenkins, “Is Al Qaeda’s Internet Strategy Working?” RAND Testimony, Dec. 6, 2011, p. 1.

② Brian Michael Jenkins, “Al Qaeda in Its Third Decade,” RAND Occasional Paper, 2012, p. 3.

第三节　全球化的非国家行为体

1500 年地理大发现时代到来之后，人类社会便开始了全球化进程。不过，这一进程并非匀速展开，而是一个伴随技术进步持续加速的过程。进入 21 世纪，由于 Web 2.0 技术的出现，全球化进入了一个新阶段。几乎所有国家和地区、组织、城市、村镇乃至个人都被高度互联起来，形成纵向、横向互动并在互动之中表现出新的特征以及行为方式。在这场浪潮之中，非国家行为体抓住了契机，展现出了前所未有的活力和行动力，不断拓展自身的活动范围和影响范围，成为国际舞台上一个极为活跃的角色。

一、活动范围的全球化

由于不同类别非国家行为体之间的差异较大，因而在活动范围上也颇有不同。具体来说，如国际货币基金组织、世界银行等政府间国际组织，通用、微软等跨国公司以及一些基础坚实、建立时间较长的非政府组织，其活动范围早已超出一国国界之外，具备跨国性的特点。而其他一些规模较小的非政府组织等，活动范围可能仍限于一国甚至一省（或一州）之内。因此，进入 Web 2.0 时代以后，虽然它们的活动范围都扩展到全球，但是却有着不同的表现：

第一种是在全球范围内建立分支机构。采用此种方法的大多是 IGOs、跨国公司和实力较强的 NGOs。虽然上述组织在之前已经在不同国家和地区拥有众多分支机构，但是信息革命却给其带来了新的发展。首先是覆盖范围更加广泛。由于历史原因，多数非国家行为体产生于西方国家，它们在较长一段时间内主要活跃于市场经济较为完善的国家和地区，向第三世界的扩展比较缓慢。冷战后，随着国际环境的改善和技术的进步，非国家行为体迅速扩张，“许多非政府组织，特别是西方发达国家的组织，将它们的活动范围扩展出了国界，有的甚至是专门面向国外的”。[①]以大赦国际（Amnesty International）为例，1961 年成立之初仅在7 个国家有分支机构，到2003 年，在56 个国家和地区设有分会、23 个国家和地区设有协调机构，另在 33 个国家和地区有活动团体。[②]其次是机构间的关系更加平等。过去，多数非国家行为体采用等级制的结构，自上而下有着严密的分级。机构间更多的是一种领导和管理的关系。这一点在国际组织的“三级体制”以及跨国公司的母公司和子公司之间十分明显。而在采用互联网式的网状结构之后，这种上下级的关系变得更加平等。领导与管理的关系也逐步演变成指导与合作的关系。分支机构因获取信息的能力提升以及更加专业化而具备了更强的独立性。有些分支机构甚至并非其组织总部参与建立，而是自身发展起来后因认同某组织的理念而直接加入。

非国家行为体的扩张除了受益于冷战后市场经济和民主制度在全球范围内的确立，还与信息技术的发展密不可分。一方面，互联网促进了非国家行为体理念和价值观的传播，使其获得了更多的支持者和追随者。原本，非国家行为体的主要职能便包含了“维护公民的基本权利，发展社会公益性服务，填补政府与市场在社会服务方面的不足……同时还一直发挥着督促的作用。一旦政府的行为和民众的利益发生冲突，可以发挥公民的自我保护功能，通过组织谈判、罢工和游行抗议等形式直接影响政府决策”。[③]加之跨国公司、妇女组织、环境组织、人权组织等直接关系到公民的生存、就业、发展等切身利益，因此一旦这些组织通过互联网为民众尤其是社会经济落后国家和地区的民众所知，立即会产生巨大的吸引力，获得众多支持者，进而在短期内建立起分支机构。另一方面，Web 2.0 为非国家行为体提供了一种新的组织方式，保证了其行动效率。一般情况下，一个组织发展到

① 范士明．国际关系中的非政府组织浅析［J］．现代国际关系，1998（3）：34.

② 王杰，张海滨，张志洲主编．全球治理中的国际非政府组织［M］．北京：北京大学出版社，2004：405.

③ 王运祥，甘燕飞．西方非政府组织解读与启示［J］．国际观察，2008（4）：27－28.

一定阶段之后，其内部结构会变得庞大而复杂，管理人员不得不花费大量精力用以维持组织正常运转，这无疑会降低组织的行动力。由于新的信息传递方式与决策方式的出现，非国家行为体的内部结构得以改变，如“IBM 公司毅然废除了由 13 个事业部经理参加的经营委员会决策体制，高层主管通过公司内部电子邮件系统，并跨越组织等级链直接与项目负责人和低层人员沟通和协调”。[①]新的组织方式充分发挥了 Web 2.0 技术的特点和优势，在组织内部和组织之间确保了信息的畅通并将管理工作简化，使得非国家行为体在建立众多分支机构的情况下，仍能保持较高的行动力和活力。

第二种是不同国家、不同地区间的多个非国家行为体相互“结盟”，形成集聚效应。对于大多数非国家行为体来说，即使在互联网技术的支持下，广泛建立分支机构所耗费的资金、精力和管理成本也使其难以承受。而且，有些非国家行为体在主观上也不愿意建立太多分支机构，以避免行动自由的弱化。在这种情况下，不同组织开始尝试利用信息技术建立某种同盟。这种同盟可以是基于某一个议题，也可以是基于共同利益。其特点在于既能够形成集聚效应，增强非国家行为体的行动力和影响力，同时保持各参与主体的灵活性和自由度，不会被过多的机制所束缚。其实，这种方法在信息革命爆发前已经为一些非国家行为体所采用。如“意大利两个重要的犯罪联盟组织——‘卡萨布里亚的恩德兰尼塔’（Calabrian’Ndrangheta）和坎帕尼亚地区的‘克莫拉’（Camorra）与意大利境外的华人三合会及哥伦比亚毒品卡特尔组织有联系并有生意往来……毒品、武器及非法移民常常要经过 10 至 12 个分属不同国家的团伙组织才最终抵达目的地”。[②]进入 Web 2.0 时代，在网络高度互联以及信息传播自由的影响下，这一集聚的趋势日益明显且规模有所扩大。“1999 年，美国环境保护协会推出一个新网站，建立一种基于网站的信息搜集和

---

① 刘海云．现代西方大型跨国公司组织结构调整与启示［J］．世界经济研究，1998(3)：26.

② ［英］苏珊·斯特兰奇著，肖宏宇，耿协峰译．权力流散［M］．北京：北京大学出版社，2005：97.

传播策略。这一策略产生了一个副作用：与其他组织建立联盟的新开放性。后来，该协会发起一个‘拯救环境联盟’，共有 16 个全国性环境组织汇合到一起。”[①]美国环境保护协会的案例说明：通过互联网进行集聚，可以使非国家行为体在付出较低成本的前提下获得将自身行动扩展到其他国家和地区乃至全球的能力以及参与更多国际事务的机会，而非国家行为体本身不必具有雄厚的基础和庞大的组织机构。

非国家行为体集聚效应的形成主要依赖于 Web 2.0 提供的两个条件：一是信息革命促使不同国家、不同地区、不同问题领域出现了大量新生非国家行为体。冷战后，除了非国家行为体起步较早的西方国家，“在亚洲和拉美的新兴工业化国家，非政府组织的队伍也迅速扩大：到 1995 年左右，印尼有 4000—6000 个，泰国和菲律宾超过 1 万个，智利约 2.7 万个……印度、肯尼亚等发展中国家也出现了一些类似组织”[②]，到 2010 年左右，上述数字又翻了一番。在这些组织中，地区性组织和特殊形式的组织分别占了 47.59% 和 39.11%，同时以国际事务为责任的国内组织达到 6906 个。[③] 大量新生的非国家行为体由于实力不足，因而更加倾向通过互联网建立联盟以提升自身发言权、参与国际事务。这为集聚效应提供了物质基础。二是及时、低价的通讯方式出现。以往，无论是电报、电话、信件，都需要花费一定费用，且及时性和覆盖范围都不尽如人意。以至于有些评论家说：缺乏资金的团体甚至无法组织起来最基本的运动。而互联网的发展，特别是社交网络的出现使这一问题迎刃而解。与其他通讯方式相比，电子邮件不但迅速而且几乎没有费用；社交网络则为各类团体和个人提供了一个讨论、交流、分享信息的开放平台。

---

① ［英］安德鲁·查德威克著，任孟山译．互联网政治学［M］．北京：华夏出版社，2010：158－159.

② 范士明．国际关系中的非政府组织浅析［J］．现代国际关系，1998（3）：34.

③ 王玲．世界各国参与国际组织的比较［J］．世界经济与政治，2006（11）：49.

表 2.1 不同地区入网费用占国民总收入（GNI）比例（2013 年）

网络类型/带宽	欧洲	阿拉伯国家	独联体	美洲	亚太地区	非洲
预付费移动网络（500 MB）	1.1%	5.7%	5.7%	5.9%	5.9%	38.8%
后付费移动网络（500 MB）	1.1%	2.2%	5.6%	5.0%	3.5%	36.2%
预付费固定网络（1 GB）	1.9%	7.4%	7.6%	11.1%	12.6%	58.3%
后付费固定网络（1 GB）	1.2%	2.5%	7.4%	8.0%	10.6%	54.6%

数据来源：ITU，"The World in 2013：ICT Facts and Figures，" http：//www. itu. int/en/ITU – D/Statistics/Pages/facts/default. aspx.

众多草根团体借助网络建立联盟，共同发起运动以解决某一问题或声援某一地区的某些团体，从而将活动范围扩展到本地区之外。一些老牌团体也借助信息技术改变传统的行为方式，与其他老牌团体和草根团体建立合作关系，在帮助草根团体走向国际的同时，强化自身在世界各地的存在。

二、影响范围的全球化

以往，众多非国家行为体中能够参与国际事务、拥有跨国影响力的组织仅是少数，大多组织主要关注和从事本国或本社区内的议题。由于信息传播等因素的限制，这些议题并不为外界所知或不会引起外界的兴趣，因而其影响范围也就有限。当互联网发展改变了信息传播方式、组织模式以后，上述情况产生了变化，具备跨国元素的政治运动逐渐增多，一些规模较小的组织开始在更大范围内掀起波澜。20 世纪 90 年代初，墨西哥为刺激经济发展、为加入北美自由贸易区做好准备，决定将该国的农业市场对外开放，使其加入全球市场的竞争之中。为此，墨西哥政府通过法令剥夺了拉坎墩地区土著居民对土地的使用权，并取消了农产品保护价格。当地的印第安居民不仅丧失了对土地的所有权，还被迫面对来自其他国家和地区的低价农产品的冲击。这对于严重依赖农产品出口的当地经济来说，无异于沉重的打击。1994 年，恰帕斯州的 3000 名居民发起武装暴动以反抗政府当局没收土地权的政策，维护自身权益。再被政府军逼退之后，其领导人副司令马科斯转而利用互联网继续维权斗争，从而使这个地方性议题一夜之间成为全球关注的事件。反抗人员自称萨帕塔主义者，他们在网上发表关于全球化、新自由主义等议题的文章，很快在欧美国家和其他发展中国家的民众中引起广泛响应，关注人权、环保、发展等问题的非政府组织也给予声援。在强大的舆论压力下，墨西哥政府最终做出巨大让步。萨帕塔运动的成功经验后来为许多非国家行为体借鉴和采纳，“网络与社会运动组织之间形成一种融合战略：组织间的松散联盟使用互联网进行同步动员，并关注不同层次的政治，实现了由国内层次向国际层次的自然转变”。①

萨帕塔运动之后，互联网技术的进步将其开创的草根运动形式推进到了一个新的阶段。草根运动组织通过互联网向世界展示其理念、主张以及遭遇，聚集关注者和支持者。与以往主要采用文字页面和电子邮件的方法不同，如今的互联网为包括草根运动组织在内的非国家行为体提供了更多元化的平台。各组织和团体除了在网上发布文章和评论之外，还能够上传图片和视频，以增强吸引力和可信度。社交媒体便捷的分享、转发、评论功能及其庞大的用户群和无线上网技术的成熟则加快了非国家行为体传播信息的速度。原本实力和影响力有限的草根组织通过互联网可以吸引全球舆论的关注，进而将其影响力扩展到国际层面。而一些大型的、老牌的组织也可以利用网络的新特性强化其全球影响力。“2010 年 12 月中旬，突尼斯街头，一次因城管暴力执法而引发的自焚事件，成为席卷整个大中东地区的‘阿拉伯之春’的导火索。一时间风云变幻，突尼斯总统本·阿里、埃及总统穆巴拉克、利比亚领导人卡扎菲、也门总统萨利赫相继被流放、下台受审或被击毙，巴林和叙利亚也出现国内动荡。”②这场中东剧变之所以有如此大的威力，与非国家行为体以及 Web 2.0 密不可分。那

① ［英］安德鲁·查德威克著，任孟山译．互联网政治学［M］．北京：华夏出版社，2010：165.

② 周意岷．影响中东国家转型的内在因素［J］．亚非纵横，2012（4）：50.

些被当政者视作“乌合之众”的草根组织借助 Web 2.0 技术成功聚集起大规模反政府民众，短时间内获得了足以抗衡政府的力量。而互联网的扩散效应也使得一国示威运动的情况迅速传到他国，发挥了激励和示范作用。当然，上述所说的非国家行为体影响范围的扩大只是一种表象，其背后的本质是非国家行为体全面、深入地参与全球事务。

其实，非国家行为体最初建立的目的便是参与全球事务，而后来的事实证明，其在国际政治和全球事务中确实发挥了重要作用。“第三部门发挥作用和影响的领域是常常被国家和政府忽视的问题领域。第三部门是志愿团体，是来自一国或多国的、具有相同兴趣、要求和愿望的公民、为了共同的公益目的而组织起来的具有专业知识的独立组织。它们比国家更善于发现问题，更热衷于对公益问题的曝光、处理和解决。不管是低级政治问题，还是高级政治问题，几乎都有相应的非政府组织愿意进行调查、研究，投入它们的关注和努力。作为一个整体的第三部门俨然像一个庞大的、具有复杂职能的‘全球治理’机构，活跃于众多为国家所忽略的国际问题领域，在国际政治实践中具有不可低估的作用和影响。”①以非洲冲突管理为例，非国家行为体在其中起到了早期预警与冲突预防、参与冲突调解、人道主义援助、冲突后的重建、人权保护与改良②等重要作用。然而，由于非国家行为体受到自身条件的限制，较长时期内能够参与国际事务的组织数量有限且在许多问题上要依赖于主权国家。这在客观上限制了非国家行为体在全球范围内的影响力。最近 20 年来，信息技术的成熟提升了非国家行为体的专业化程度，世界各国、各地区新建组织和团体的数量也因为互联网所带来的低成本和网状结构而大幅上升。上述变化为非国家行为体在更多领域和更多地区参与全球治理，提高自身独立和可信度，进而为扩展影响范围奠定了良好的基础，非国家行为体参与全球事务的方式因此而体现出新的面貌与特点。

---

① 吕有志，张淑锵．第三部门与国际政治［J］．现代国际关系，2004（2）：26.

② 罗建波．非政府组织在非洲冲突管理中的角色分析［J］．国际论坛，2008，10（1）：9.

首先，非国家行为体涉及的问题领域增多。早期，非国家行为体主要涉足无核化、人权、女权、环境保护等几个领域；如今则扩展到国际安全、和平、裁军等高级政治的问题，并开始参与一些国家的国内事务。比如，非国家行为体“积极地为第三世界国家的经济发展和社会问题提供自行解决的办法，并通过对政府的宏观政策施加影响去推动各种社会问题的解决。在这一领域，非政府组织成为政府的合作伙伴，协助政府行使了社会救济功能，并成为国际社会向第三世界提供发展援助的重要渠道”。[①]其次，非国家行为体与联合国的合作日益密切。冷战结束后，“被列入经社理事会咨询地位名单的非政府组织在 90 年代初达到 969 个，近几年，这个数字仍在急剧增长，几乎占了全部非政府组织总数的五分之一。另一方面，非政府组织在联合国体系内突破了机制上的限制，几乎进入了联合国的全部主要机构。除了托管理事会和国际法院，非政府组织与经社理事会、安理会、大会及秘书处发生联系，展开合作……联合国是国际法的主体，是巨大的国际网的协调中心。非政府组织进入联合国体系，从而借助了联合国的普遍性、权威性更有效地发挥自己的作用”。[②]第三，非国家行为体开始参与国际规则的制定与修改。国际体系的运行以及全球治理的实施都离不开国际规则。而以往参与国际规则制定和修改的基本是主权国家以及政府间国际组织。如今，“非政府组织倡导了新的价值观和行动规范…积极参与国际规则的制定，努力建立自己的话语体系、价值标准和行动规范，以影响全球治理规则的形成。非政府组织出于全人类利益的责任感和事业心致力于解决全球问题。它不断地向国际社会提出新的思想、专业性知识和实践经验，是许多新思维的倡导者”。[③]综上所述，在信息革命的影响下，非国家行为体参与全球事务和全球治理的方式发生了重大变化，从而使其进一步深入到世界政治

① 刘清才，张农寿．非政府组织在全球治理中的角色分析［J］．国际问题研究，2006（1）：48.

② 王文．论非政府组织在联合国体系中的地位和作用［J］．国际论坛，1999（6）：10.

③ 刘清才，张农寿．非政府组织在全球治理中的角色分析［J］．国际问题研究，2006（1）：50.

各层面之中，影响范围遍及全球。

小 结

进入 Web 2.0 时代，在互联网技术创新的推动下，非国家行为体发生了三个方面的变化，即：专业化、分散化和全球化。专业化意味着非国家行为体有了更强的信息整合能力和制造能力以及更多的专业人才；分散化意味着非国家行为体在数量和类型上较以往大幅增加，并且逐步形成了网状化、节点化的组织结构；全球化意味着非国家行为体不仅活动范围超出一国国界，影响力也开始遍及各个问题领域以及世界各地。另一方面，随着全球性问题的日益突出、国内—国际事务界限的逐步弱化，仅仅依靠主权国家已经无法妥善处理许多矛盾与冲突，国家的地位、作用和能力也出现了某种程度的下降。因此，全球治理对于非国家行为体的需要和要求不断提高。在上述两个因素的作用下，非国家行为体在世界政治中的地位和作用上升到前所未有的高度，主动参与国内事务、地区事务和全球事务的能力也走向成熟，成为国内政治、国际政治乃至国际体系中的一个重要变量，与主权国家一道构成了世界政治的主体。“大量非国家行为体和所有国家各自在各功能领域的存在与活动，连同它们互相之间纵横交错、形式繁多的合作、抵触和冲突，形成一个远比过去时代广泛和丰富的世界政治构造——当代全球‘复杂聚合体系’（the complex conglomerate system），非国家行为体在其中起着先前难以比拟的重要作用。作为在国家‘之上’和‘之下’的角色，它们的存在、增生和作用联系使得世界政治大大地复杂化了。”①

① 时殷弘．全球性交往、相互依赖和非国家行为体［J］．欧洲，2001（5）：8.

第三章

非国家行为体与国内政治

随着时间的演进，非国家行为体在 Web 2.0 时代所产生的变化逐渐映射到世界政治之中。即便是最保守的现实主义学者也不得不承认，非国家行为体在国际舞台上表现愈发活跃（他们并不一定承认非国家行为体的地位）。那么，世界政治因此而产生的变化该如何考察呢？肯尼思·华尔兹（Kenneth N. Waltz）在分析战争起因时曾经提出三个意象：个人、国家和国际体系。他认为："第三意象描述了世界政治的体系，但是如果没有第一和第二意象，就无法了解决定政策的各种力量；第一和第二意象描述了世界政治中的各种力量，但是如果没有第三意象，就不可能评估这些力量的重要性，或是预测它们将导致的结果。"[①]由于国际政治的性质并非由个人决定，因而个人层面有解释力偏小、预见力偏大的缺陷。于是，华尔兹后来将分析层次修正为单元层次和结构层次，并强调"只有在传统现实主义单元层次的解释以外再加上结构效果，才能理解国际政治"。[②]这样的划分方法是否已经完美呢？有学者提出了异议，认为世界政治研究不应把国家视作单一行为体，而应考察国内政治对世界政治的影响。如海伦·米尔纳（Helen V. Milner）提出："国家是单一行为体的假设会导致极为严重的后果……尽管国家可能执行很多相同的任务，但是它们并

① ［美］肯尼思·华尔兹著，信强译．人、国家与战争［M］．上海：上海世纪出版集团，2012：188.

② ［美］肯尼思·华尔兹著，张睿壮，刘丰译．现实主义与国际政治［C］．北京：北京大学出版社，2012：56.

不执行完全一致的任务……国家间内部偏好和政治制度的差异对国际政治具有重要影响。"[①]因此，本书将综合几派学者的见解，从国内政治、国际政治和国际体系三个层次探讨非国家行为体的变化对世界政治的影响。

在第三章中，本书将集中阐述经历信息革命洗礼的非国家行为体如何推动了国内政治的变化。米尔纳在《利益、制度与信息》一书中研究国内政治对国际合作的影响时，重点分析了两类政策偏好：政治行为体的偏好与社会行为体的偏好。在此基础上，其设定了三种行为体：行政机构、立法机构和利益集团。但是，由于政体差异，不同国家的政府机构划分并不相同，如英国的行政机构和立法机构较为统一，而美国的则是分离的且在许多方面彼此对立。在威权国家中，行政与立法机构的统一就更为明显。因此，本书更倾向于集中考察政治行为体，即广义政府的行为，而非将不同部门区分开来。在面对社会行为体时，也不会仅限于利益集团。因为，利益集团仅是社会行为体的一部分，而随着公民政治意识和权利意识的觉醒，公民社会更具有广泛代表性。综上所述，本书将通过探讨非国家行为体与公民社会以及广义政府的关系，分析其如何通过公民社会影响政府决策以及如何与政府直接合作与斗争。在这一过程中，非国家行为体是否进一步摆脱了政府的控制，获得了更高的地位和更强的独立性？国内政治是否发生变化，或者发生了何种变化？也是本章将要试图回答的问题。

第一节　非国家行为体改变公民社会运作方式

公民社会（civil society）的概念最早出现于 17—18 世纪的欧洲，经过黑格尔、托克维尔、葛兰西等思想家的发展，在 20 世纪 80 年代以后，该理论走向兴盛。一般来说，"公民社会是一个独立于国家和

① ［美］海伦·米尔纳著，曲博译．利益、制度与信息［M］．上海：上海世纪出版集团，2010：8.

市场的结社和行动的领域，在此领域中，公民可以组织起来，追求对于他们来说重要的目标……通常具有组织性、民间性、非营利性、自治性和志愿性等特征”。[①]后来，在公民社会理论的基础上，又出现了全球公民社会的概念。非国家行为体与公民社会有着千丝万缕的关系：一方面，大量次国家行为体本身就是公民社会的组成部分（或者说是主体部分），另一方面，跨国家行为体又被视作全球公民社会的先导。因此，当非国家行为体在 Web 2.0 时代发生一系列变化之后，公民社会的运作方式将发生一系列改变。

一、参与国家政治议程

《左传·庄公十年》曾有记载：十年春，齐师伐我，公将战。曹刿请见。其乡人曰：“肉食者谋之，又何间焉?”这位“乡人”的话很好地体现了在前现代社会中，民众对于政治参与的态度：既无必要、亦无能力。因而，在人类社会的历史中，大多数时间民众并不会参与国家政治议程。“传统的社会里，政治参与在村落范围内可能是广泛的，但在高于村落的任何范围内，它都局限于极少数人。规模巨大的传统社会，也许能够获得相对来说高水平的权威合理化和结构离异化，但同样的政治参与仍然局限于相对来说一小部分贵族和官僚上层人士的范围内。”[②]导致这一状况的原因一是信息传播和大众教育的落后使得民众的公民意识和议政能力不足，二是传统的威权国家制度不可能向民众提供一个畅通的政治参与通道。因此，亨廷顿认为：区分现代化国家和传统国家最重要的标志就是公民通过大规模的政治组合参与政治并受到政治的影响。需要注意的是，“亨廷顿将政治参与主体限定为‘平民’，排除了职业政治人士。在亨廷顿看来，政治参与指的是充当平民角色的那些人的活动，不包括作为角色行为的政府

① 王杰，张海滨，张志洲主编．全球治理中的国际非政府组织［M］．北京：北京大学出版社，2004：105.

② ［美］塞缪尔·亨廷顿著，王冠华，刘为 等译．变化社会中的政治秩序［M］．上海：上海世纪出版集团，2008：28.

官员、政党骨干、政治候选人和职业院外活动分子的活动。但是必须指出，若参与活动并非一个政治职业者的职业角色范围，则该活动也应视为政治参与。比如，美国一名高级文官在政府机构中制定政策的活动并非政治参与，而其在选举中的投票活动或在市镇会议上的演讲活动则属于政治参与范畴”。[①]

因此，在经济、社会、教育、文化等内政领域，威权国家公民的参与程度远不及民主国家。比如，20 世纪 30 年代，沙特国王伊本·沙特（Ibn Sa‘ūd）决定引入外国投资发掘本国石油资源时，整个谈判过程基本是由沙特国王本人以及其财政大臣阿卜杜拉·苏莱曼掌控，其他上层官员尚无法深度介入，普通民众更是只能接受美国公司在沙特取得租借地并从事石油勘探和开采的既成事实。不过，在这一点上，民主国家的情况也好的有限。“在多数民主国家，议会具有的资源很少，国会委员会和职员即使存在，其规模也是很小并且实力不强。所以议员严重依赖于利益集团和政党来决定如何投票。”[②]议会议员尚且如此，普通民众与政府间的信息不对称更是可见一斑。如果将视线转移到外交领域，我们就会惊讶地发现，无论是威权国家还是民主国家，其民众在这一领域的话语权同样少得可怜。因为相对于国内政治，民众对于国外情况的了解更少，大量相关信息均由官僚部门掌握，外交政策自然也就只能是在一小部分人中间决定。当然，这种小范围决策的方式亦有其优势。古巴导弹危机期间，肯尼迪政府便是通过这种方式在短期内制定出合适的行动方针，迫使苏联做出让步、撤走导弹并避免了核战争的爆发。也就是说，在信息革命之前，威权国家和民主国家民众的政治参与程度都不算高（民主国家的公民在内政领域的参与情况要好得多），能够发起社会运动的非国家行为体也是凤毛麟角，那么他们对于国家政治议程的影响力自然也就比较低。

很明显，民众政治参与度较低与信息获取和发布渠道不舒畅、缺

---

① 陈振明，李东云．“政治参与”概念辨析［J］．东南学术，2008（4）：105.

② ［美］海伦·米尔纳著，曲博译．利益、制度与信息［M］．上海：上海世纪出版集团，2010：81.

乏合适的领导组织和团体有关。所以，当非国家行为体以 Web 2.0 的面貌出现时，政治参与的问题迎刃而解。掌握了信息技术的非国家行为体，充分利用了信息制造能力对称化和信息传播自由化的优势，推动公民政治参与表现出新的特征。

第一，大批民众投身电子竞选。在西方国家，大选投票率近年来总体持下降趋势，而在威权国家，多数政治势力无法取得足够的政治资源，难以保证竞选公平。不过，互联网提升了各政党和政治势力的竞争力。信息革命所发掘的潜能“使以前被边缘化的或是新的党派出现并与老党派展开竞争，也有助于无党派甚至反党派的政治运动，从而形成一个更加多元化、更具竞争力的政党体系，公民将更容易被发动，投票率也会上升”。①而一些老党派通过引入互联网运作，也重新焕发活力，获得了更多支持。2007—2008 年美国大选期间，“奥巴马阵营对网络政治宣传投以了高度的重视，而数以百万计的普通网民聚合起来的潜力也给了奥巴马最有力的支持。在‘无处不在的奥巴马’理念的引导下，奥巴马的新媒体团队除了为他建立官方网站，还在最热门、最聚集人气的 Web 2.0 网站树立直接代表奥巴马的虚拟主体，让选民以自己最方便的互联网应用方式连接到‘奥巴马’，在自己最熟悉的网络社区与其他奥巴马的支持者建立联系，展开互动”。②在激发公民参政兴趣和热情的同时，各党派和政治势力还通过新技术手段维护竞选的公正性，防止暗箱操作，以确保民众的政治权利。“如果在选举中发生恐吓、暴力事件，或者出现干预选民、操纵投票的情况，他们都会通过互联网及时报道，从而引起国内/国际观察员、地区监督机构以及媒体的干预。选举结束后，他们则将结果通过包括互联网在内的多种渠道散播开来，压缩更改结果的空间。”③当参选势力符合民众口味而选举结果能够得到保证时，参与竞选投票的

---

① ［英］安德鲁·查德威克著，任孟山译．互联网政治学［M］．北京：华夏出版社，2010：199.

② 王蓓茹．网络时代的政治传播策略及效果［J］．新闻记者，2010（6）：82.

③ Robert I. Rotberg, Jenny C. Aker, “Mobile Phones: Uplifting Weak and Failed States,” *The Washington Quarterly*, Winter 2013, p. 120.

公众数量自然会上升。

竞选活动只不过是公民政治参与扩大的一个方面，单一议题运动、各类志愿活动、线下活动也逐步兴盛起来。而这一点体现出公民政治参与的第二个新特征：社会运动和街头政治日益普遍。受益于Web 2.0 技术，非国家行为体获得了电子动员能力，其发起社会运动的频率显著上升：一是因为这类动员的成本很低，一些较小组织和团体也能够承受得起；二是因为通过互联网的动员能够在短时间内获得大范围的支持。参与1773 年“波士顿倾茶事件”的“波士顿茶党”（Boston Tea Party）成员也许预料不到，美国立国200 多年后，其“茶党”的名号会再度传遍新大陆。2009 年，为了应对金融危机，奥巴马政府出台了一系列经济刺激计划，加强了政府在经济活动中的作用。然而，上述动作引发了保守派民众的强烈反对，认为联邦政府对于经济生活干预过多。2009 年初，西雅图、芝加哥、纽约等地开始出现抗议活动。2 月 27 日，一些茶党运动的参与者通过脸谱（Facebook）网站成功组织起第一次全国范围的抗议活动，共计有 40 余个城市的数万人参加[1]，而“茶党”这一名称也正式确定。以此为开端，茶党运动在全美迅速蔓延开来，多次成功举行联合抗议活动。盖洛普的调查结果显示：至2010 年3 月，已有28% 的美国成年人声称自己是茶党的支持者。[2]随后，茶党运动开始利用推特（Twitter）、脸谱（Facebook）和优兔（Youtube）等社交媒体宣传自身的主张，扩大影响力，而“草根性”和“保守主义政策”则是其极具吸引力的两大标签。在2010 年的美国中期选举中，茶党凭借其广泛的选民基础将多名老牌议员掀落马下；另一方面，众议院选举中，新当选的83 名共和党众议员有60 人获得了茶党的支持。参议院选举中，茶党

---

① Beth Rowen, "History of the Tea Party Movement," *Infoplease*, 2014（6）. http://www.infoplease.com/us/government/tea-party-history.html.

② Lydia Saad, "Tea Parties Are Fairly Mainstream in Their Demographics," Gallup, April 5, 2010. http://www.gallup.com/poll/127181/Tea-Parties-Fairly-Mainstream-Demographics.aspx.

支持的6名参议员候选人，有3人当选，2人赢得共和党预选。[①]茶党运动之后的“阿拉伯之春”“占领华尔街”等运动也属于相似的类型。非国家行为体通过发起这些社会运动和街头政治表达自己的主张和理念，推动自身目标的实现，同时也进一步促进了公众的政治参与、扩大其影响力。

如果说电子竞选和社会运动扩大了民众政治参与的广度和频度，那么对于议题设置和议题走向的影响则加深了民众政治参与的深度。民主制度形成之前，一国议题的设置、讨论和解决往往是在一个小范围人群中展开，一般大众几乎完全没有知情权和参与权，只是被动接受和执行。当民主制度逐步成熟以后，民众开始参与议题的讨论，而这时大众媒体扮演了重要角色。“有助形成共同议题是大众传播媒介建设社会的最重要的功能之一，传播媒介通过下面两条途径形成高度一致的公众议题：1. 把议题列入公众议程；2. 提高社会不同群体对议题的认同来形成优势议题……媒介议程中的中心社会议题在达成社会舆论时还有三大途径：第一，设置中心议题，帮助社会大规模设立议题；第二，使社会集合，使社会群体在一些议题上达成共识；第三，媒介唤起公众对议题的关注，利用不同的方式形成议题，影响公众对议题的期望。”[②]然而，大众媒体在议题设置中的作用亦是受到限制的，“一是报道时间的长短。议题设置效果不是短时间内刺激受众的结果，至少要两个星期到一个月，有时需要几个月的连续报道才能取得一些效果；二是受众对媒介持有的需求态度。这种态度是指对某个问题怀有极大兴趣的同时，又对这个问题不太了解的受众的心理状况。另外，媒介的报道中也有易于产生和不易于产生议题设置效果的内容”。[③]相比之下，利用社交媒体开展活动的非国家行为体在影响议题设置和议题走向方面更具优势。一方面，与专业媒体相比，大多数

① Amy Gardner, “For Tea Party, Victories May Trigger Identity Crisis,” *The Washington Post*, November 4, 2010.

② ［美］麦斯韦尔·麦考姆斯著，顾晓方译．制造舆论：新闻媒体的议题设置作用［J］．国际新闻界，1997（5）：62－65.

③ 张宁．试论大众传播媒介的议题设置功能［J］．国际新闻界，1999（5）：54.

非国家行为体关注的议题较为单一，因而可以在较长时间内保持专注，形成持续的影响力，并借助 Web 2.0 的社会动员能力引起广泛关注、向政府施压，最终促使某一议题成功设置或者顺利解决。另一方面，大众传媒的议题设置作用在民主国家能够较好发挥，但在威权国家或者过渡型国家中，由于传统媒体多少会受到政府当局的操控，因而难以体现民众的态度和意志。不过，非国家行为体却可以利用互联网的草根性和自由性，将民众的要求表达出来，影响政府的决策。

在上述三个新特征的共同作用下，公民社会对国家政治议程的参与程度和影响力都达到了前所未有的水平，几乎在所有议题运动、内政/外交政策讨论中都能见到民众力量的体现，政府在制定政策、设置议题时不得不将民众以及各类非国家行为体列入变量之中。于是，一种强势民主逐步形成。“强势民主理论的倡导者美国学者本杰明·巴伯（Benjamin barber）教授指出：‘强势民主被界定为参与模式中的政治：从字面上讲，它是公民的自治政府而不是冒用公民名义的代议制政府。在这里，积极的公民进行直接的自我管理，他们并不必要在每个层次和每个事件上进行具体管理，但是，在作出基本决策和进行重大权力部署的时候他们必须经常充分地和详尽地参与’……强势的民主应当是所有公民的直接的、充分参与公共事务的决策的民主，从政策议程的设定到政策的执行，都应该有公民的参与。借助于社交媒体，公民不再受选举周期的限制，随时可以就与自身密切相关的公共问题发表意见和建议，对具体的政策问题形成影响，将参与行为和自身的实际利益联系起来，享受到更加充分、有效的民主权利，使潜在的权利转化为现实的利益。”[①]因此，目前许多国家高度重视民意和民间运动，注意听取其意见并加强沟通与合作，以保证经济社会的稳定与发展。如美国白宫在奥巴马政府任内开设“白宫请愿网”（we the people），美国公民可根据自己关心的议题提交请愿书，传达自己对政府政策和行为的意见与建议，满足一定条件后奥巴马政府必须回应该请愿书。特朗普总统则通过个人 Twitter 账户发布相关决策

① 马小娟．论社交媒体对公民政治参与的影响［J］．中国出版，2011（12）：24.

信息、点评时局，进而与美国公民直接互动。不过，从历史上看，公众对于国家政治议程的参与和影响有时候也会带来负面效果。伯罗奔尼撒战争时期，“伯利克里告诫雅典人说，如果雅典静待时机，关注自己的海军，不再去征服新的领土，并且在战争中不使雅典城发生危险的话，雅典是会赢得这场战争的”。①然而，当时的雅典民众为了改善经济状况而极力主张远征西西里，主政者为了巩固地位而迎合了民众的呼声，最终导致惨败。类似的，两次世界大战之间，充斥民间的和平主义思潮对于英法绥靖政策的形成负有不可推卸的责任。因此，在这场非国家行为体、公众与政府的博弈之中，如何协调好各方关系和利益，达到能够既能为各方接受又符合国家和公民利益的最优结果，是一个需要长期研究的课题。

二、影响公民认同取向

当人类进化到产生“自我”意识时，“认同”（Identity）便成为一个萦绕人类社会的重要问题。这一问题首先体现为对自我的定位，即如何描述自我、建构自我。于是，人们开始以身份作为区别“彼此”的标准。身份包括了种族、社会等级、权力、性别等要素。不过，“Identity 远远不仅是个关于事物和人的身份的问题，它在更大规模的事情上甚至是个更严重的问题。国家和文化层面上的 Identity 问题也自古有之，如‘异教徒’‘正统和异端’‘东方和西方’，诸如此类，人们自己按照偏好和想象，划分着各种集体，论证各自的精神优越性和利益根据”②，个人认同也就逐步升级为社会认同。对于二者的区别，泰弗尔（H. Tajfel）和特纳（J. C. Turner）作了说明，他们“认为个人认同是指对自我的认同作用，或通常表现为对自我特征的描述，是个人独有的自我参照；而社会认同则是指社会的认同作

① ［古希腊］修昔底德著，徐松岩译．伯罗奔尼撒战争史［M］．上海：上海世纪出版集团、上海人民出版社，2012：168.

② 赵汀阳．认同与文化自身认同［J］．哲学研究，2003（7）：17.

用，或是由某一类别的群体得出的群体性描述或身份”。[①]社会认同的构建主要有三种形式：一是合法性认同，即产生一套组织和制度，以及一系列被结构化和组织化的社会行动者；二是抗拒性认同，即以历史、地理或者生物学界定的边界为基础，建构出集体的、抗拒压迫力量的认同；三是规划性认同，即构建一种新的、重新界定其社会地位并因此寻求全面社会转型的认同。上述三者分别产生出公民社会、共同体和主体。[②]一般来说，某种社会认同一旦形成，往往进入一种较为稳定的状态，在可预见的时期内不太会发生大的变动。毕竟，个人需要一种归属来摆脱霍布斯所描述的“所有人反对所有人的自然状态”，因而便产生了群体行为。“这包括群际区分与歧视，内群偏好，感知到内群具有相对于外群的优越性，对内群、外群和自我的刻板化感知，对群体规范的遵从，情感上对内群的偏爱，等等。”[③]而群体行为实际上会成为一个群体的规范，将其范围内的每个心理归属个体紧密联系起来。当然，个体的社会认同有时候并不是唯一的，可以存在交叉或者转变的情形。

根据曼纽尔·卡斯特（Manuel Castells）的总结，人类社会较为常见的社会认同主要有四种：宗教原教旨主义认同，如伊斯兰原教旨主义、基督教原教旨主义；民族主义认同，绝大多数民族国家以及有独立或自治意识民族都属此类；种族、阶级认同，如非洲裔美国人；地域认同，即地方共同体，如城市运动。虽然这些文化共同体在内涵、目标、群体特征等方面有着诸多不同，但在总体特征上却有相似之处：第一，都是对社会普遍趋势的反映；第二，具有庇护和团结功能的防卫性；第三，围绕一系列独特的自我认同符码的记号的独特价

① H. Tafel, J. C. Turner, “The Social Identity Theory of Intergroup Behavior,” Psychology of Intergroup Relations, ed. S. Worchel, W. Austin, Chicago: Nelson Hall, 1986, pp. 7 –24.

② ［美］曼纽尔·卡斯特著，曹荣湘译. 认同的力量［M］. 北京：社会科学文献出版社，2006：6 –9.

③ ［澳］迈克尔·A·豪格，［英］多米尼克·阿布拉姆斯著，高明华译. 社会认同过程［M］. 北京：中国人民大学出版社，2011：30.

值而组织起来。[①] 在民族主义出现之前，基于宗教的、种族的、地域的认同更加普遍，人们对于国家的认同往往低于对某一地区、某一组织或者某一教派的认同，因为国家往往被视作一个君主或一个家族所有，与臣民的直接关系并不密切。比如甲午中日战争期间，“在日军占领下的金州，中国人组成的车队不但给日军运输军需物资，还运输武器弹药、转运伤员。在百姓看来，这些外来入侵者不像清国官吏那样凶神恶煞，所劳所得一切合情合理”。[②]当民族国家出现以后，情势发生变化。以往基于意识形态的认同走向世俗化，更多地以语言、文化等来界定国民身份，国家主权制度大大降低了国家的“死亡率”，“国家最终通过把实际主权作为进入国际社会的惟一标准使之制度化，把达不到这一标准的行为体排斥在国际政治游戏之外”。[③]于是，国家成为人们认同感最高的组织，对更大或更小范围的组织则认同感较低。较为例外的是伊斯兰世界，穆斯林最为认同的一是家族或部落，另一则是伊斯兰教及所属教派，而对国家的认同较弱。不过，这种基于民族国家的认同“非常容易形成排他性情感，因为人们对自己所属集体的表述总是建立在对其他集体的特性描述之上。各个民族对其他民族、各个国家的人对其他国家的人、各个地方的人对其他地方的人的气质、性格和民俗都有着各种俗套的、并无充分证据的偏见，比如说，德国人永远机械地遵守纪律，法国人永远陷入轻浮爱情，犹太人永远吝啬和狡诈，中国人永远喜欢两可之辞，等等”。[④]

当民族主义在20世纪发展到顶峰时，公众对民族国家的认同度也上升到一个峰值。不过，经历过两次世界大战的困难之后，人们开始对民族主义进行质疑，反思狂热的民族主义情绪和盲目的爱国热情给全人类带来的灾难和伤害，许多新的理念因此进入视野，如超国家

① ［美］曼纽尔·卡斯特著，曹荣湘译．认同的力量［M］．北京：社会科学文献出版社，2006：70.

② 宗泽亚．清日战争［M］．北京：后浪出版社，2012：274.

③ ［美］亚历山大·温特著，秦亚青译．国际政治的社会理论［M］．上海：上海世纪出版集团，2008：284.

④ 赵汀阳．认同与文化自身认同［J］．哲学研究，2003（7）：19.

主义、多元主义、地区主义等等。同时，“现代化、经济发展、城市化和全球化使得人们重新 思考自己的身份，从较狭窄、较亲近、较社群的角度重新界定身份和特性。国民层次以下的文化身份和地区身份比广泛的国民身份更受关注。人们认同于那些最像他们自己的人，那些被认为有着共同的民族属性、宗教信仰和传统以及传说的共同祖先和共同历史的人”。[①]于是，各类次国家行为体在民众中的认同度迅速上升，包括宗教/教派组织、社群组织、种族/民族组织、黑帮组织等等。在美国，由于本国人口出生率的下降和大量移民的涌入，对移民的同化过程变得缓慢甚至近于停滞，加之政府在社会管理和移民管理方面的不足，导致相当数量移民仍对其本民族或本教派保持认同。2000 年，57% 的穆斯林移民和 32% 出生于美国的穆斯林表示：愿离开美国去一个伊斯兰国家生活；而 66%—85% 的拉美裔移民认为保持西班牙语的熟练运用很重要。在俄罗斯，“受到国内社会政治和宗教环境的驱动、宗教全球化和激进化的影响，伏尔加河地区的伊斯兰势力不断上升。伊斯兰主义势力和非官方伊斯兰势力（nonofficial Islam）相互勾结，各类激进组织在当地居民中间大肆扩张，每个组织都对政府存有不满并宣称伏尔加河地区是伊斯兰教的传统区域”。[②]在沙特阿拉伯，居住在东部省（The Eastern Province）的 150 万—200 万什叶派穆斯林对于逊尼派掌权的沙特政府在宗教、就业、社会政策等方面有着诸多不满。当 2011 年中东局势发生动荡时，东部省的什叶派也组织起大规模示威游行，但随后遭到镇压。然而，“这一镇压行动反而成为抗议运动的动力，年轻的反抗者表明：即使杰出的领导者被关押，他们依旧有能力维持有组织的示威运动并逐步回归到 2011 年街头斗争的战术”。[③]类似的情景，其他许多国家和地区也在

---

① ［美］塞缪尔·亨廷顿著，程克雄译．谁是美国人？［M］．北京：新华出版社，2010：11.

② Sergey Markedonov, “The Rise of Radical and Nonofficial Islamic Groups in Russia's Volga Region,” CSIS, Jan. 2013, p. 31.

③ Toby Matthiesen, “Saudi Arabia's Shiite Escalation,” *Foreign Policy*, July 10, 2012. http://mideast.foreignpolicy.com/posts/2012/07/10/sable_rattling_in_the_gulf.

上演。

另一方面，“在出现这种身份狭窄化的同时，又出现身份广泛化的现象，这是因为文化和文明背景很不相同的人们如今日益增多其相互交往，而现代通信联络手段又让那些虽然相距遥远但却有类似语言、宗教或文化背景的人得以彼此认同”。[①]这种广泛化的社会认同，或者说在国家“之上”的认同与跨国家行为体密切相关。其中，历史最为悠久的当数宗教组织。世界上传播较为广泛的宗教，如基督教、伊斯兰教，几乎在每个国家都有信众，他们彼此在语言、国籍、民族等方面或许差别巨大，但是相同的信仰将其汇聚到一起。在现代化的过程中，虽然多数宗教都停止了对世俗事务的干预，政教分离也成为大多数国家的共识，但是 Web 2.0 带来的便捷化、低廉化的传播和沟通方式进一步将分散在世界各地的信众联系起来，从而强化了宗教在公民社会中的影响力以及公众对其信仰宗教的认同。2011 年，马里兰大学泰尔哈米（Shibley Telhami）教授在埃及、阿联酋、摩洛哥、黎巴嫩和约旦做的民调显示：33% 的受访者将国家公民作为最重要的身份认同，31% 的人则将穆斯林作为最重要的身份认同（2009 年的比例分别为 38% 和 27%）。[②]与宗教相比，跨国公司的历史要短得多，但是其扩张速度却毫不逊色。尤其是二战后，交通/通讯技术的进步、全球贸易和金融体制的建立、相对和平的全球环境都为跨国公司的发展提供了良好的条件。他们通过并购、合作、建立子公司等形式，将业务范围扩展到全球。因信息技术革命而出现的内包、外包等手段则丰富了跨国公司的业务内容。据说截至目前，全球跨国公司内部的贸易总和已超过世界贸易总额的 25%。如果说一家跨国公司是一个商业国家，那么其雇员就是这个国家的民众。雇员为公司工作，公司则向雇员提供薪水、福利、培训等。二者之间因为经济利益而密切联系在一起。在民族主义情绪降温、公民更看重个人权利的今

---

① ［美］塞缪尔·亨廷顿著，程克雄译．谁是美国人？［M］．北京：新华出版社，2010：11.

② Shibley Telhami, “2011 Annual Arab Public Opinion Survey,” The Brookings Insitution. http://www.brookings.edu/reports/2011/1121_arab_public_opinion_telhami.aspx.

天，“总的说来，给予国家的忠诚与给予雇主的忠诚在程度上并没有差异”。①除了上述两种组织，其他因某种共同理念而联系在一起的组织，如环境组织、人权组织、和平与安全组织等，其被认同度也在不断上升，公民社会的认同取向朝着多元化的方向发展。

严格来说，公民社会认同取向的多元化是在包括现代化、信息化、民主化、多元化等多重因素的共同作用下完成的。其中，非国家行为体只是众多因素中的一个。不过，其作用和影响力却是不可轻忽的。首先，非国家行为体发挥了引导和推动的作用。虽然信息革命大幅提升了公民的个人技能，使个体的影响力几乎超越了以往任何一个时代，但是个体在政治和社会运动中的影响力终究有限，若没有一个合适的组织引导，只能是一盘散沙，难以形成持久的凝聚力。同样在信息革命中受益良多的非国家行为体很好地承担起引导的角色。由于实现了专业化和多元化，非国家行为体一方面具备了发起和解决议题的能力，在民众中的信任度增强；另一方面将能力范围扩大到国内政治的各个方面，能够在不同领域发挥组织作用，因而民众便会自觉将其视为引导者和推动者。其次，非国家行为体能够在公民社会认同的形成和转变过程中起到规范作用。认同的形成和转变过程中，个体会通过调节自身的特征和行为以符合内群的规范，进而融入某个社会群体之中。同时，这种规范行为也会来自于外部，即由非国家行为体提供，目的是使群内个体能够保持目标和行为的一致性，进而维护某一认同的稳定性。不过，这种规范行为并非完全是正面，在某些情况下，如在恐怖主义和极端主义组织中，会对社会产生负面效应。

如果公民社会参与国家政治议程的扩大和深化使得公民社会有了一个强健的“身体”，那么公民社会认同取向的多元化则使其“头脑”更加灵活。二者相结合，共同构建起一个更为完善的公民社会。在这个过程中，非国家行为体不仅是一个重要推动者，而且是一个主要受益者。一个完善的公民社会将为非国家行为体提供一个更坚实的

---

① ［英］苏珊·斯特兰奇著，肖宏宇，耿协峰译．权力流散［M］．北京：北京大学出版社，2005：62.

社会基础，促进其地位和影响力的提升。不过，公民社会的完善和非国家行为体权力的提升对于国家政权也造成了不利影响。当公民社会更加广泛地参与国家政治议程，一般意味着民众和非国家行为体与政府讨价还价的能力加强，而政府在立法和施政过程中所面临的阻力和需要考虑的因素增多。公民社会认同取向的多元化则在某种程度上对于传统的国家认同构成了“威胁”，这也引起了一些国家的警惕。比如，“在欧洲一体化进程中……从马约到欧盟宪法草案，其中都有要求‘尊重各国民族认同’的条款。提倡‘新安全观’的哥本哈根学派认为，民族作为一个社会结构和安全单位，是关于‘认同’、共同体的自我观念和个体确定他们自己作为某共同体一员的一个概念。在社会领域，最基本的概念就是‘认同’。他们提出了‘社会安全’(social security) 的概念。认同被当作社会安全的指涉对象，即当‘认同’遭到威胁的时候有必要采取措施使之安全化。”①虽然其他一些国家也采取了类似措施，但是在信息革命的大趋势下，公民社会的完善以及非国家行为体的发展却是难以阻挡的。

第二节　非国家行为体削弱政府权威

有学者称：非国家行为体的上升并不意味着主权国家的衰弱。这是有一定道理的。无论是在国内社会还是在国际舞台，非国家行为体与国家之间都是一种多重变数博弈的关系，而非“一方所得即另一方所失”。二者在许多领域可以实现双赢与共存，主权国家依旧保持着与过去相仿的地位和影响力，在世界政治中出任“主角”。不过，非国家行为体的上升也是不争的事实，这种上升使得非国家行为体与国家之间的天平更加平衡。即或许不是国家真正衰弱了，而是非国家行为体变得更强。但是从现象来看，政府权威的削弱却也是不争的事实。

---

① 李明明．试析欧洲认同与民族认同的关系［J］．欧洲研究，2005（3）：86.

一、社会管理难度增加

对于现代国家，无论采用民主体制、威权体制还是其他，社会管理都是一项重要职能，只是在社会管理的介入程度上有所不同，即小政府—大社会还是大政府—小社会。当日历翻到21世纪时，信息革命的发展却给国家的社会管理职能带来了新的挑战。首先是网络犯罪来势凶猛。进入 Web 2.0 阶段，互联网用户的爆发式增长和各类网络公司的成立使得人类的经济活动、社会活动等都打上了网络的烙印。这在给人们带来便利的同时也不可避免地催生了网络犯罪。“网络犯罪指的是为满足经济、个体或者心理需求而采取了一系列涉及盗用数据、攻击计算机和服务器、侵犯网络空间的行为。具体包括黑客行为、攻击基础设施、传播恶意软件、网络欺诈等等。”①网络犯罪出现的时间虽短，但是发展却极为迅速，给各国造成了巨大损失。2001年，美国因网络犯罪损失数十亿美元，到2005年该数据增长到近200亿美元，2009年更是高达5500亿美元。②根据卡巴斯基实验室的分析，“2012年上半年，北美和西欧地区的互联网用户至少有33.4%曾受到攻击，攻击方式包括 Sinowal 攻击、SpyEyes 攻击以及 Zbot 攻击”。③当年，全球每秒就有18名成人遭受网络犯罪的侵害，平均每位受害者蒙受的直接经济损失总额为197美元；全球遭受过网络犯罪侵害的成人多达5.56亿；其中，中国有2.57亿人，直接经济损失为2890亿人民币。④2013—2017年，网络犯罪进一步爆发，美国共收到142万件网络犯罪报案，涉及金额55.2亿美元。⑤而且，多数网络犯

---

① Neil Robinson, Emma Disley, Dimitris Potoglou, Anaï s Reding, Deirdre May Culley, Maryse Penny, Maarten Botterman, Gwendolyn Carpenter, Colin Blackman, Jeremy Millard, “Feasibility Study for a European Cybercrime Centre,” RAND, 2012, p. 17.

② Ibid., p. 36.

③ 2012年上半年西欧和北美地区每三台计算机中就有一台遭到网络攻击［J］. 计算机与网络，2012（18）：70.

④ 中国网络犯罪损失达2890亿［J］. 微电脑世界，2012（10）：122.

⑤ “Internet Crime Report 2017,” Internet Crime Complaint Center (IC3), https://www.ic3.gov/preventiontips.aspx#item-9.

罪均有非国家行为体即各类犯罪组织的身影：一方面许多黑客或者诈骗分子结成各类团体，协同作案；另一方面传统的犯罪集团，如黑手党开始利用互联网拓展其“业务”。

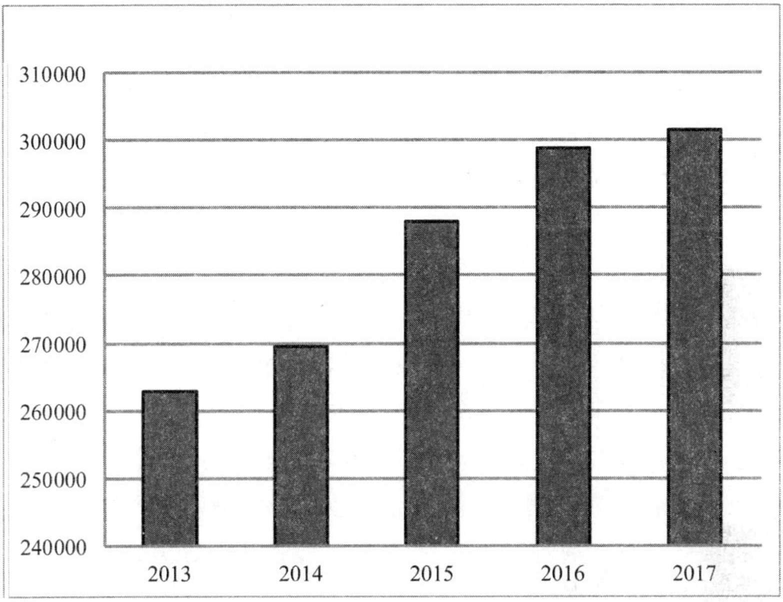

图 3.1　美国网络犯罪数量（2013—2017）

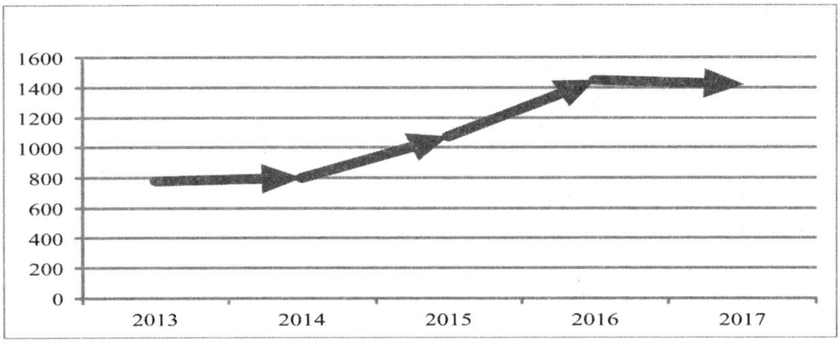

图 3.2　美国网络犯罪经济损失（百万美元）

数据来源：Internet Crime Complaint Center（IC3），“Internet Crime Report 2017,” https://www.ic3.gov/preventiontips.aspx#item-9

为了遏制网络犯罪的蔓延趋势，各国都出台了相应的法律和政策。美国早在1975年便出台了《联邦计算机系统保护法》，后又于1986年制定《防止计算机诈骗和滥用法案》（1996年该法案更名为《国家信息安全保护法》）；日本制定了《因特网事业伦理准则》；欧盟于2013年1月正式启动欧洲网络犯罪中心；2001年，26个欧盟成员国以及美国、加拿大、日本、南非等30个国家在布达佩斯签署世界上第一部针对网络犯罪的国际公约：《网络犯罪公约》。然而，上述法律和公约以及其他的政策、措施均未能产生明显的效果。导致这一状况的原因比较复杂：一是互联网的开放性。互联网的基础，TCP/IP协议在制定之时以便利实用为首要目的，对于安全性并未多做考虑。于是，互联网发展成为一个巨大的开放平台，任何个体和组织都可以自由进入。但也同时造成了大量安全漏洞。随着互联网的日益复杂和个人技术的提升，众多黑客不断利用这些安全漏洞发起网络攻击，令用户和政府应接不暇。二是互联网的隐蔽性。互联网的开放性也就意味着互联网具有隐蔽性。因为每个用户如同大海中的一滴水，想要查清其归属难于登天。“互联网犯罪是不分国界的，罪犯可以从地球的另一端发起攻击，而相关司法机构却只能在其狭窄的管辖领域内开展工作。”①即使采用实名制也无济于事。“2012年7月29日晚9点45分，犯罪嫌疑人在大阪市政府的主页上发布了‘8月上旬将在大阪市内日本桥无差别刺杀并最后自杀’的恐怖留言，大阪警方随即展开搜索，发现留言者的无线IP户名是北村真咲。大阪警方于8月26日逮捕了北村真咲。9月14日本警视厅和大阪警察局通过联合调查发现，北村的电脑感染了一种难以被发觉的新型电脑病毒，被其他人冒用其IP地址散布恐怖消息。”②可以预见，政府与网络犯罪组织的博弈还将继续下去，但最后结果尚未可知。

其次是社会运动此起彼伏。前文在论述中曾经提及：信息技术的

① Eugene Kaspersky, “4 Digital Threats to Worry About,” *Foreign Policy*, Dec. 2012, p. 78.

② 彭永清．日本：网络犯罪让警方难以招架［J］．检察风云，2013（3）：57－58.

发展赋予了非国家行为体电子动员的能力，使其能够通过互联网和社交媒体就某一议题发起社会运动，向政府或其他机构施压。非国家行为体的这一变化又促使了公民社会出现新的特征，即开始倾向于通过社会运动和街头政治的方式参与国家政治议程。这便导致了在 Web 2.0 时代社会运动逐渐增多的趋势。总的来看，这些运动主要涉及两个方面的议题：一是经济问题，包括对政府某项经济政策或财政政策的反对、对于社会福利和就业状况的不满、对于国家经济发展方向的异议等。世界上第一次电子动员：墨西哥的“萨帕塔运动”实际上就是因为经济问题而起（对土地所有权的争夺）。后来的“西雅图战役”亦是反对经济全球化的运动。2012 年爆发的“占领华尔街”运动则更为明显，运动的直接原因是美国政府在金融危机中救援大企业、大银行，“广大普通民众则由于政府的赤字压力而被削减了福利开支，失业率长期徘徊在 8%—9% 之间；深层原因则是贫困人口的数量持续增加，中产阶级家庭财产缩水，贫富差距也在不断拉大以及工资性收入在财富分配比例中的份额持续下降”。[①]二是政治问题，包括对国家对外政策、国内政治体制等的不满。以往，社会运动的主体一般是政治议题，如 1968 年西欧、北美、日本的大规模抗议运动，只是大都发生在民主国家或过渡型国家，因为威权国家的社会控制比较严格。进入新世纪，此类社会运动开始向威权国家扩散，较为典型的就是中东变局中的突尼斯、埃及、利比亚、巴林、叙利亚等国（当然，这些国家的动荡亦有经济因素）。除了上述两种议题之外，因其他类型的问题如环境、裁军、人权等而出现的社会运动亦有所增加。

对于政府来说，社会运动的增多却并不是一件值得高兴的事。第一，这意味着国内政治稳定受到挑战。时下的社会运动基本都是通过互联网和社交媒体进行组织和动员，因为“网络媒体是传播舆情、动员民众最为便捷而有效的途径……网络媒体通过揭露政府腐败、暴

① 周琪，沈鹏．“占领华尔街”运动再思考［J］．世界经济与政治，2012（9）：81－84.

力执法等问题激化矛盾，激发民众的反抗意识、权利意识和民主意识。通过发布行动指令，动员民众、号召民众参与抗议示威活动，将舆论诉诸行动”。[①]也就是说，社交媒体的存在无形中提升了非国家行为体的行动力和号召力，而变相削弱了政府的威信，使得政府维护社会稳定的能力受到影响。第二，政府的社会管理成本上升。社会是一个复杂的集合，政府的每一项政策不可能完全满足所有人的需求。如今社会运动频发的状况，迫使政府在出台每一个政策时都必须小心谨慎、多方斡旋，这必然增加时间和资源的消耗。而一旦出现抗议游行，政府的应对工作和善后工作也所耗不菲。另一方面，如今的社会运动都是以高科技为手段，因而政府不得不以相应的手段应对。但是，“用技术手段防范和化解风险、危险和灾难的风险预警和控制机制可能会牵扯出新的进一步的风险，可能会导致更大范围更大程度上的混乱无序，可能会导致更为迅速更为彻底的瓦解和崩溃……而且，作为执行和完成确定性判断的专业系统程序因其所具有的极端复杂性，可能会将更多更大的风险及更多更大的不确定性带入这个世界”。[②]

二、经济权力受到侵蚀

经济活动与国内政治的关系一直处在一种比较微妙的状态，特别是市场经济成熟以后，市场往往被视为社会中一个相对自治的领域，根据自身的经济法则来运行。1776 年，亚当 · 斯密（Adam Smith）出版了《国富论》一书，分析了国民财富分配原则、资本的性质和积累、国家收入的使用方式等问题，并在历史上首次提出市场经济主要由“看不见的手”进行调节，政府在经济活动中的作用是有限的，更多的是充当“守夜人”的角色。自此，经济自由主义理论逐步发

① 王林聪．埃及政治变局中的公民社会［A］．马晓霖主编．阿拉伯剧变：西亚、北非大动荡深层观察［C］，北京：新华出版社，2012：222.

② ［英］斯科特·拉什著，王武龙 编译．风险社会与风险文化［A］．李惠斌．全球化与公民社会［C］，广西：广西师范大学出版社，2003：314 –315.

展起来，并在20世纪初达到一个顶峰，其标志便是曼彻斯特主义的出现。然而，20世纪30年代的大萧条使许多国家认识到单纯依靠市场进行调节并不十分可靠，政府应该适当发挥作用，凯恩斯的政府干预市场经济宏观调节的方法开始受到重视。于是就有了二战后初期关贸总协定、世界银行、国际货币基金组织等一系列机构的出现。到了20世纪70年代，世界经济进入两种周期性波动的转折点，即康德拉基耶夫B阶段。也就是说由于主导产业竞争加剧以及过度生产，利润率下降到一个重要程度，各国经济普遍出现"滞涨"。政府干预市场的凯恩斯主义受到质疑。于是，自20世纪80年代起，以里根主义、撒切尔主义为代表的新自由主义崛起。达伦多夫在《历史重新开始》中认为新自由主义与一战前的曼彻斯特为特征的老自由主义异曲同工，是一种"市场原教旨主义"，重视通过消费拉动经济，主张开放金融市场、利率自由化、削弱政府的作用。由此可见，政府在经济领域的角色处于一种摇摆状态，时而强化、时而弱化，但总体上还是取决于政府自身的决策，即采用何种经济模式。不过近年来，受到全球化、信息革命等因素的影响，政府在国内经济中的权威出现弱化的迹象。

表现最为明显的是跨国公司。20世纪90年代，当跨国公司顺应信息技术的发展方向进行一系列内部改革之后，其规模和实力迅速增长。"根据世界银行发表的《2000/2001世界发展报告》：1999年所能采集到数据的全球206个国家和地区中，仅有69个国家的国民生产总值超过100亿美元。与此形成鲜明对照的是，1995年全球就有440家跨国公司的年销售额超过100亿美元。"①拥有"富可敌国"的实力，自然便可同政府抢夺经济话语权。根据苏珊·斯特兰奇的总结，跨国公司在四个方面削弱了政府的经济权力：一是在产业、服务、贸易、技术研究等领域，跨国公司的参与度逐步超越国家，国家对于生产什么、如何生产、由谁生产以及在哪儿生产的决策权变小

① 孙辉，江乃兵．如何看待跨国公司与民族国家权力的消长［J］．国际论坛，2003，5（5）：52.

了；二是跨国公司在创造新工作机会、提高民众生活水平方面的贡献比国家更大；三是在劳资关系领域，跨国公司已经取代政府在解决利益冲突，至少是对利益冲突进行管理方面担当起重要角色；四是跨国公司通过分支机构间的内部贸易等手段逐渐规避了政府对其利润施加的征税，并在某些方面成为税款包收人及征收者。同时，由于自身规模的不断扩大，跨国公司制造出一种“太大而不能失败”（too big to fail）效应：跨国公司（或其分支公司）在一国所占市场份额太大，即使遭遇经营不善或经济危机等状况，国家也要出资帮其渡过难关，以保证国家经济不会彻底崩溃。这一点在 2008 年金融危机期间表现得尤为明显。当然，在不同国家，跨国公司争夺政府经济权力的表现也有所不同。比如，“在发达国家，跨国公司更多地是利用公司可以用游说、施加压力等方式，说服立法部门和行政部门取消或放宽向某国商品出口的限制、或要求给予某国贸易优惠待遇等……在一些实力较弱的发展中国家，跨国公司则会通过联合起来以撤资、大批解雇工人、停止生产甚至以武力相威胁等方式干预或抵制东道国政府制定的不利于它们发展的政策、规定，迫使东道国政府改变政策”。[①]“总之，尽管跨国公司还没有完全从国家政府手中接管权力，但它们肯定已经对国家的权力领域构成了侵害。在经济管理的事务上，这些跨国公司所行使的权力与国家的相应权力是并驾齐驱的，并且公司的权力在上升。”[②]

除了跨国公司之外，其他一些非国家行为体也在逐步侵蚀政府的经济权力，其中比较突出的是有组织犯罪团伙和环境非政府组织。有组织犯罪团伙对于社会经济的渗透由来已久。早在 20 世纪初，纽约市的服装加工、运输、鱼市等行业便处在几大“家族”的控制之下。到 20 世纪 90 年代，时任纽约市长的朱利安尼大力清理有组织犯罪，情况才有所好转。不过，Web 2.0 的出现为有组织犯罪团伙提供了高

① 刘鸣. 经济全球化条件下国家与非国家行为体的关系［J］. 世界经济与政治，2012（11）：50.

② ［英］苏珊·斯特兰奇著，肖宏宇，耿协峰译. 权力流散［M］. 北京：北京大学出版社，2005：56.

流动性和高隐蔽性的技术手段，从而增强了其生命力，使其得以继续存活并发展。“在美国大约有 25 个‘家族’（family）分布在芝加哥、纽约、佛罗里达、新不列颠、拉斯维加斯和大西洋城，共约 1800 名成员……在哥伦比亚主要有两大卡特尔，领导着 2000 个犯罪组织，控制了世界可卡因产量的 70%—80%……在意大利，‘我们的事业’有成员 4—5 万人，由 130 个大小不等的‘家族’组成，是意大利黑社会组织中的‘老大’……日本各类组织共有约 6 万名犯罪分子，他们加入了约 3500 个犯罪集团，最大的三个组织是住吉会、山口组、稻川会。”[①]同时，上述团伙还利用信息技术的便利性不断向外扩展，将触角延伸到社会经济的不同领域。原本，有组织犯罪团伙的业务主要集中在赌博、色情、枪支买卖等暴利非法行业。近年来，其“开始向合法经济领域转移，以往那种直接以犯罪行为来追求经济目的的方式逐渐被秘密潜藏于社会深层的、以合法身份和职业做掩护的形式所替代，犯罪组织更多地以公司、企业和其他经济组织的身份出现，犯罪活动逐渐向合法经营领域渗透。在渗透进某个合法行业之后，则以非法手段进行经营。如以暴力威胁等手段进行垄断，谋取暴利”。[②]无论是从事暴利非法行业，还是采用暴力手段在合法行业谋利，有组织犯罪团伙都对正常的社会经济构成了负面影响，有些情况下甚至会阻碍国家经济政策和财政政策的实施。而其隐蔽性以及对于政府部门的渗透又令政府难以搜集到足够证据或者迫于各方面压力而不得不“网开一面”。

相比之下，环境非政府组织对于政府经济权力的抑制要平和得多，或者从某种程度上说是一种积极的抑制。工业革命以降，人类社会的高速经济发展往往伴随着生态环境破坏的沉重代价。经过几个世纪的发展，人类文明取得重大进步的同时，环境污染的范围扩大、类型增加、程度也不断加深，最终成为一个事关人类生存的全球性问

---

① 李芳晓．国外有组织犯罪的现状与防范对策［J］．国外社会科学，2009（4）：118－119.

② 许靖，杨丽，邢菲菲．对有组织犯罪查处中的疑难问题研究［J］．政治与法律，2010（5）：111－112.

题。于是，各类环境非政府组织应运而生，为生态环境的保护与恢复而奔走。渐渐地，各地的环境组织以及国际环境组织开始注重相互合作、协调立场，并利用互联网技术建立全球网络。“世界自然保护联盟、世界自然基金会与绿色和平国际等处于网络体系的中心点，支点则是各个区域环境非政府组织，通过它们将触角伸至各个国家的环境非政府组织……而国际环境非政府组织中的研究型组织，如罗马俱乐部、世界资源研究所等则担当思想库的角色，提供思想、理念和战略措施。”[①]结成全球网络的环境非政府组织具备了与主权国家博弈的实力，特别是许多地方性环境非政府组织获得了来自国际环境组织的支持和指导。逐步成熟的环境非政府组织首先将目标对准了国民经济中的高污染行业，通过游说、倡议、社会动员等方式向政府施压，要求政府转变发展方式、建设环境保护工程并停止对高污染行业的支持。相当一部分国家的中央政府和地方政府面对这一压力不得不改弦更张，加大对环保事业的投入并放弃一些项目的建设。如 2011 年日本福岛核电站事故发生后，出于安全考虑和环保人士的压力，德国政府关闭了一部分核电机组并考虑永久放弃核电项目；2013 年，中国云南省的 PX 项目因为当地环境非政府组织“绿色流域”“绿色昆明”以及民众出于环境考虑的反对而暂时搁置。

三、安全风险上升

在世界政治中，国家安全一般是指国家所面临的外来威胁，这种威胁主要针对国家主权、独立和领土完整，又被称为传统安全问题。随着国际环境的日益复杂，国家安全的内涵亦有所变化，除了传统安全问题以外，涉及经济、金融、环境等诸多领域的安全问题渐次显现，这些则被称作非传统安全问题。由于本章主要论述非国家行为体对国内政治的影响，因此在安全方面主要涉及国内安全问题，一般意义上的国家安全问题将在第四章加以阐述。当然，目前国内—国际事

---

① 王杰，张海滨，张志洲主编．全球治理中的国际非政府组织［M］．北京：北京大学出版社，2004：306.

务的界限已不如以往明确，行文中二者有所交叉在所难免。有一点可以确定，当今国家面临的国内安全问题越来越多，导致这些问题产生的因素也复杂多元，但在相当程度上都与 Web 2.0 以及非国家行为体有着某种联系。如果按照这一线索追寻下去，那么便可梳理出目前较为棘手的几大安全问题。

首先是社会认同多元化带来的社会分裂问题。前文曾提及，互联网技术与非国家行为体促进了公民社会认同取向的多元化。虽然这种情况尚未彻底改变民族国家在公民认同中的地位，但对于以往的国家认同却起到了稀释作用，并由此引发出安全隐患。一方面，国家内部出现新的民族自决和民族独立浪潮。截至目前，世界上共有 195 个主权国家，但是现有的民族数量却远多于这一数字。这就意味着多民族国家以及跨国家民族大量存在。一般认为，现代民族国家的建立与民族主义的发展密切相关。因此，在民族主义思想进入成熟的 19 世纪，民族国家数量的增长达到一个峰值；而在民族主义从欧洲传入第三世界的 20 世纪中叶，出现了第二次大增长。不过，在民族主义由欧洲向外传播的过程中，特别是以互联网为传播途径时，"混淆了人民的自决和民族的自决。把某些西欧的原则机械地移植到非欧洲的土壤，往往产生出各种怪胎。其中之一就是无法分辨出极其重要的'人民的主权'（sovereignty of people）、'民族的主权'（national sovereignty）和'种族的权利'（rights of ethnos）等概念"。[①]所以，在世纪更替之际，当民族主义再次爆发时，更多地是以民族分裂的形式呈现，公民身份与民族属性不再等同，且民族认同从以长期的共同历史为前提转变为信息时代下的以地域、语言为前提。于是，许多国家内的少数民族开始要求独立或自治，一些跨境民族则要联合建立国家。这些无疑都使得国家分裂的风险上升。

另一方面，极端主义思潮暗流涌动。"社会认同理论认为，个体除了要获得积极的个人认同，也尽力想得到积极的社会认同，当这种

---

① ［美］曼纽尔·卡斯特著，曹荣湘译．认同的力量［M］．北京：社会科学文献出版社，2006：32.

需要不能满足时，便会产生社会认同威胁。社会认同理论指出，社会认同威胁指，个体通过与外群体相比较，不能得到肯定、积极的评价，无法确定自己处于一定的社会群体、社会类别或社会范畴（social category），对个体社会认同的威胁。”[①]当社会认同取向多元化时，许多小众认同者便面临认同威胁的问题。以往，应对社会认同威胁的方法是留在原群体之中，设法改变群体评价。但是，信息时代下，社会流动性变高，许多个体便选择离开原群体而加入新的、更适合的群体。在这一背景下，极端主义者更容易集合起来组成极端主义组织，“而互联网为其提供了教学和指导。一些极端组织从互联网上学习包括使用武器和编写恶意代码在内的各种技能，以“基地”组织为代表的老牌组织则利用互联网为新组织传授理念和活动经验，可以说互联网已经成为其‘虚拟的训练营’”。[②]得到“全副武装”的极端主义组织更加倾向于保持自身的认同，防止被同化，因而其攻击性日益增强，逐渐形成对国家安全的威胁。

其次是有组织犯罪对社会安全的威胁。非法行业一直是有组织犯罪团伙的重要经济来源之一，其中包括贩毒、走私、非法移民、武器买卖等。这些行业本身是暴利行业而且会严重影响正常的社会经济秩序，无论对公民的人身财产安全还是国家安全都是一个威胁和隐患。虽然有些有组织犯罪团伙开始转入合法行业的领域，但其在经营过程中依然有着使用暴力解决问题、打败竞争对手的倾向。比如，“2008年10月，美国最大的药房福利管理公司之一，快捷药方公司（Express Scripts）收到恐吓：若不按时付清相关款项，数百万美国人的个人和就医信息将被公之于众”。[③]到了21世纪，当有组织犯罪团伙与互联网结合以后，其危害性进一步扩散。“进入网络空间的有组织

---

① 王沛，刘峰．社会认同理论下的社会认同威胁［J］．心理科学进展，2007，15（5）：882.

② Paul Cornish, “Cyber Security and Politically, Socially and Religiously Motivated Cyber Attacks,” *Foreign Affairs*, Feb. 2009, p. 12.

③ Karen Evans, Franklin Reeder, “A Human Capital Crisis in Cybersecurity,” CSIS, Nov. 2010, p. 1.

犯罪团伙一方面保持着其传统特征，另一方面则迅速适应了新的环境，并发展出新的特征。此时的有组织犯罪团伙逐步分裂为两种形态：一是传统的有组织犯罪集团；二是有组织的网络犯罪集团……他们通过互联网继续从事敲诈、洗钱、贩毒等活动，而网络空间的隐蔽性和高流动性则是其在短期内获得巨大财富。”[①]随着经济实力的增长，有组织犯罪团伙的野心膨胀，开始向政治领域渗透。他们通过政治献金、院外游说、控制选票等手段与政府高层或者议会议员建立关系，进而影响政府的政策和行为。在意大利，黑手党甚至一度像影子政府一样发挥作用，代替政府进行社会调解、仲裁、提供保护和维持秩序。

第三，网络化的社会导致安全脆弱。计算机和互联网为人类的工作、生活提供了巨大便利，越来越多的机构和设施因其便利性而接入网络并切实获得了效率的提升。然而，互联网自身的安全隐患也因此扩散到社会的各个领域，导致国家和社会安全进一步脆弱。其一是接入互联网的大型基础设施面临威胁。为了便于管理，许多大型工厂及其他设施都引入的信息管理技术，却也将自己暴露在网络攻击的威胁之下。而这些设施由于本身规模巨大且与经济社会生活密切相关，若因网络攻击而瘫痪必然影响正常的社会秩序。以电厂为例，“如果一个电气公司没有建立基于 IP 系统的、更有效的安全系统，它的脆弱性将大幅增加。根据爱达荷国家实验室的测试：利用远程访问发送命令，完全可以使大型发电机损伤或者自毁……中央情报局（CIA）曾经确认，发生在巴西的一次停电事件源于网络攻击”。[②]其二是机密信息的泄露。与以往保存信息的方式不同，如今各种档案、信息、资料大都以数字文档的形式保存在计算机和服务器之中。这种方式节省空间、便于查询，但同时也易于泄露。对于黑客来说，充斥着个人信息、商业机密和国家机密的互联网无异于巨大的宝库，他们凭借自身

① Paul Cornish, “Cyber Security and Politically, Socially and Religiously Motivated Cyber Attacks,” *Foreign Affairs*, Feb. 2009, p. 9.

② James Andrew Lewis, “The Electrical Grid as a Target for Cyber Attack,” CSIS, March 2010, p. 1.

的技术侵入各类机构的网络之中窃取信息，然后满足自己的利益或者心理需求。时至今日，“黑客们甚至已经不再满足于窃取信息或者瘫痪网站。2012 年 8 月，匿名黑客攻击了沙特阿拉伯阿美石油公司的网络，并且摧毁了该公司 3 万台电脑。这是一个令人不安的预兆”。①

四、合法性危机显现

政府的合法性，“就是人们普遍接受的那套道理。这套道理，可以是民主的，也可以是不民主的，但起码要自圆其说。例如，在王朝统治下，完全可以强调世袭。这个国家属于皇帝，皇帝当然要掌权，当然有权决定谁来帮他行使方方面面的权力，包括各级政府的权力，当然可以堂而皇之地把最高权力传给他的兄弟姐妹，传给下一代，这和家庭财产继承是一样的道理。在民主政治下，你要强调人民是权力的主人，那就真的要让人民感觉到自己在选择掌权者，决定大事，能就那些重大问题表明自己的意见”。②因此，当今世界上的威权国家或者过渡型国家，由于制度设计和构建存在缺陷，权力不受制约也没有合理的更迭机制，整个国家的权力长期把持于几个家族或少数势力手中，下层民众不仅无法参政议政，个人合法权利也难以得到保障，如中东地区的埃及、叙利亚、沙特等国，撒哈拉以南非洲的众多国家以及拉丁美洲的部分国家皆属此类。虽然许多威权国家的执政者凭借其高度集权的体制保持了数十年的政权稳定，但是这种情况却不太可能继续维持下去，技术的发展和社会结构的变化使其日渐陷入合法性危机之中。危机的具体来源主要包括以下几个方面：

第一是社交媒体。与传统媒体不同，社交媒体是一个可供全员参与制作和分享信息的平台，因而具备披露内幕、实时传播信息的功能，能够击破威权政府营造的迷雾和高墙，让民众了解真相，进而发起社会动员。2010 年，维基解密披露的一份秘密报告中，记录了本

---

① Eugene Kaspersky, “4 Digital Threats to Worry About,” *Foreign Policy*, Dec. 2012, p. 78.

② 王长江．靠什么化解干部任用上的社会质疑［N］．学习时报，2013－06－10.

·阿里家族的奢华生活，“只要是总统家族成员看上的，无论现金、土地、房屋甚至游艇，最终都落入他们手中。与此形成鲜明对比的是，突尼斯政治体制僵化，改革严重滞后，失业率连年攀升”。[①]这份报告的曝光，激起了民众的愤怒和不满，最终走上街头，终结了本·阿里政府。

第二，如果说社交媒体是造成威权政府合法性危机的工具，那么非国家行为体就是制造危机的组织者。在社会中，个体是松散而弱小的，即便有社交媒体的存在，若不能有效整合而形成一定的规模，也无法发挥出其潜能和力量。非国家行为体恰好扮演了这一角色。在Web 2.0 时代，非国家行为体并不需要庞大的组织、精密的计划和高深的理论亦可组织起社会动员。有时候只是几个人组成的小网站就能完成宣传、发动和组织的工作。这无形中降低了社会运动的门槛，只要有合适的时机和足够的火星，非国家行为体就能够通过社交媒体迅速将抗议民众组织起来。

第三，逐步觉醒的公民社会。从根本上说，民众尤其是政治觉醒的民众才是威权政府合法性危机的真正根源。现代社会，“主权在民”的思想深入人心，民众除了经济需求以外，对于自由、平等、安全的需求也日渐强烈。如果政府不能创造一个良好的社会环境满足民众的上述需求，不能给予民众更多的自主权和更大的自由度，那么民众的不满情绪便会累积以致失控，并将怒火集中到政府身上。比如，2013 年，土耳其民众反对加济公园拆迁的示威活动几天内演变成反对埃尔多安政府的活动并引发大规模冲突。

第三节　国内政治结构的演变动向

在本章的前两节中，笔者重点讨论了非国家行为体在 Web 2.0

① 岳杨．新媒体：当代“阿拉伯的劳伦斯”［A］．马晓霖主编．阿拉伯剧变：西亚、北非大动荡深层观察［C］，北京：新华出版社，2012：76.

时代的变化对于国内政治造成的两个影响：完善公民社会和削弱政府权威。若从分析模式的角度来看，上述两部分实际上都属于单元层次的分析。因为其内容主要涉及国家内部不同领域及不同组成部分的行为，根据其不同的特性加以解释，并未将国内政治视作一个整体的系统。在世界政治领域中，有关国内政治分析的著作为数不少，但大多采用的是单元层次分析或者说还原主义方法。比如，约瑟夫·奈的专著《理解国际冲突》在分析冷战爆发的国家层次原因时说到："俄国的政治文化强调专制而非民主，担忧外来入侵，崇尚秘密；美国的政治文化强调自由民主、多样性和权力分散，不用担忧外来入侵。"①两种迥异的社会文化使得彼此不能相互理解。当然，单元层次分析亦有其必要性和优势，能够弥补系统分析的不足，增强分析的准确性。只是相比之下，系统分析所面对的干扰因素更少、以系统的总体特性为基础，因而解释力更强，"如果不给系统理论予以优先考虑，单元层次分析只会在经验和概念的真空状态中飘忽不定"。②值得注意的是，众多国际关系学者之所以在研究国内政治时主要采用单元分析，有一个重要原因是他们一般将国家视为单一理性行为体，因而在研究国际问题时，国家被认为是功能相似的单元，国内结构并不是关键变量。

因此，为了能够更好地说明非国家行为体对国内政治的影响，本书将通过系统分析的方法，阐述国内政治所发生的变化。而且主要采用肯尼思·华尔兹的结构定义。做出这一选择的理由：第一，华尔兹的定义更加成熟。1979 年出版的《国际政治理论》一书中，明确提出了系统方法在国际政治研究中的重要性，并设定了结构的三个变量：排列原则、单位功能和权力分配。后来，这一结构被广泛引用，不但有现实主义学者，新自由主义学者亦然。因此，该定义经历了长时间的检验和修正。虽然华尔兹主要将其运用到国际政治的分析，但是其来源却是基于国内政治。正如书中所言"将结构定义为一个适

---

① ［美］约瑟夫·奈著，张小明译．理解国际冲突［M］．上海：上海世纪出版集团，2006：151.

② ［美］罗伯特·基欧汉著，苏长和，信强，何曜译．霸权之后：世界政治经济中的合作与纷争［M］．上海：上海世纪出版集团，2006：25.

合于国内和国际政治的概念”“将国内政治结构的定义应用于国际政治”。[①]第二，华尔兹的定义更为简单。在华尔兹之后，有不少国际关系学者对于国内政治结构做了新的阐释。但是与华尔兹的定义相比，其他阐释变量较多，稍显冗繁。比如，海伦·米尔纳在研究中提出了利益、制度、信息三个变量。但在具体分析中，其认为“国内偏好结构（即利益）在不同议题领域各不相同，且并不存在单一的国家偏好结构……政治制度决定了谁的偏好最能影响政策……背书人通常具有不同偏好且在批准过程中起着关键作用”。[②]这些都使得结构定义变得复杂，失去了系统分析的简约性。其实，无论系统分析方法还是华尔兹的结构定义都不是完美无缺的，正如亨廷顿所说：任何一种范式都不可能永远说明问题。但我们依旧可以通过一些较为科学的理论分析来接近事实的真相。

一、排列原则未变

排列原则是界定结构的首要原则，也是一个结构的基础，决定了结构的框架。如果一个结构的排列原则被新的原则取代，那么整个结构也将发生变化。以国际政治为例，无政府状态作为其排列原则决定了国际政治的权力本质，各国为了自身的生存与安全不得不寻求更多的权力。在这一原则之下，无论是相互依赖、国际机制还是集体认同，都不可避免地受到权力政治的束缚。在国内政治之中，排列原则则是另一番景象。华尔兹认为：“国内政治系统各部分之间为从属关系。某些部分有权发号施令，而其他部分则必须服从。国内系统是集权制的、等级制的……国内政治结构有政府机构和职位与之具体对应。”[③]也就是说，华尔兹认为国内政治的排列原则与国际关系的原则

① ［美］肯尼思·华尔兹著，信强译．国际政治理论［M］．上海：上海世纪出版集团，2008：84－93.

② ［美］海伦·米尔纳著，曲博译．利益、制度与信息［M］．上海：上海世纪出版集团，2010：233－238.

③ ［美］肯尼思·华尔兹著，信强译．国际政治理论［M］．上海：上海世纪出版集团，2008：94.

正好相反，是一种等级制。那么，实际情况又如何呢？

在国内政治中，权力之间的相互制约普遍存在，其中民主国家尤为明显。这种制约不仅存在于行政机构、立法机构和司法机构之间，各个机构内部的不同职能部门间亦有表现，且权力关系不断变化。在英国，“按照惯例，下院多数具有无与伦比的威力，没有这个多数，政府就不能运转，法律就无法制定，一切政治机构都将瘫痪……但是，如今英国政治制度的真正运作情况是：政党以竞选为手段，产生一个选举出来的议会‘多数’，借此组成政府，由多数党领袖担任首脑；政府组成之后，再反过来通过政党控制议会，使英国的政治机构在‘多数’的原则下得以运行。从理论上说，是议会立法来指导政府；然而在实践上，立法草案绝大多数出自于政府之手，因此又是政府在指导议会的立法，政府依靠政党来约束本党议员，使他们在表决时与政府保持一致”。①法国也有类似情况，“总统掌握的决策权向总理及其政府的大量转移。过去，选择、任命、罢免总理的权力实际上操纵在总统手中，而他的决定又总是能得到议会的支持。现在，他只能任命一位右派人士担任总理，而且也无权撤换”。②除了中央机构间的相互制约，中央与地方之间的关系也比较微妙，特别是联邦制国家。美国的 50 个州内，“每一个州都已发展出一套独特的地方政府体制，划分了州和各级地方政府之间的权力和责任……地方政府在美国的政治体制中发挥了重要的作用。然而，地方政府权力的主要资源，不是州或联邦政府正式授予的权力，而是源于刺激高层级政府允许其采取某种程度自治的政治动力。州和联邦官员经常留意地方的偏好，不是因为他们在法律上必须这么做，而是出于政治利益的考量。在一些政策领域，最典型的就是土地使用，有着悠久的地方控制的传统”。③

---

① 钱乘旦 . 20 世纪英国政治制度的继承与变异［J］. 历史研究，1995（2）：142 - 150.

② 许振洲 . 变化中的法国政治制度［J］. 国际政治研究，1996（3）：13.

③［美］布莱恩·E·亚当斯 . 美国联邦制下的地方政府自治［J］. 南京大学学报，2012（2）：27.

相比之下，等级制原则在威权国家中更为明显。因为这些国家的政治、经济、军事权力往往集中于一党或一个集团手中，鲜有明显的反对势力，从中央到地方皆处在严密的控制之中。不过，即便是在这样的国家，内部也不是铁板一块。比如，实行绝对君主制的沙特，国家实权并非全由沙特国王掌控，而是由沙特家族、谢赫家族、朱贝尔家族、希斯里家族、苏莱曼家族和拉登家族共同分享。其中，“谢赫家族执掌宗教事务；朱贝尔家族在协商会议任要职；希斯里家族在王室任要职；苏莱曼家族发迹于沙特阿拉伯老国王阿卜杜勒·阿齐兹（Abdullah Bin Abdul - Aziz）的财政大臣阿卜杜拉·苏莱曼，被称为‘老国王的钱袋子’；拉登家族以承包建筑工程起家，是沙特王国最大的建筑工程承包商之一”。[①]

综上所述，以自上而下的等级制来界定国内政治的排列原则过于简略，难以概括结构的全貌。因此，本书倾向于用“中心—边缘模式”来描述这一排列原则。即中央及重要机构或集团位于国内政治的中心，地方和次要单元则处于边缘；二者不断发生互动，形成一种动态平衡：中心部分对边缘施加控制和影响，但边缘部分在某些领域或时间亦可进行小规模的反制。

以信息技术为助力的非国家行为体能否突破“中心—边缘模式”这一排列原则呢？由于缺乏强制手段，非国家行为体对国家政策施加影响力一般以软性方式为主。比较常用的有：一是倡议。不同的组织类型采用的倡议方法略有差异。对于 WTO、IMF 等政府间国际组织来说，政府间的多边会议是较为常见的方法。它们通过会议的形式就某一议题提出合作方案或者制度设计供成员国讨论，以求通过协商和妥协达成一致。对于跨国家行为体和次国家行为体来说，研究报告、研讨会、信息传播等民间色彩较浓的方法更为适合，因为其缺少直接与政府对话的手段。在 Web 2.0 时代，由于网络动员能力的加强，上述组织或团体也会借助互联网发起社会运动，用更为激烈的方式向

① 唐宝才. 略论沙特阿拉伯政治制度及政治民主化走势［J］. 西亚非洲，2007(3)：59 - 60.

政府施压，要求其接受倡议或展开对话。二是游说。非国家行为体利用手中的资源游说官员、议员，以使其成为自身利益的代言人，进而透过他们影响政策制定。这种院外集团游说的现象在美国最为典型，以气候政策为例，“根据美国独立游说监督机构政治响应中心统计，2008 年，共有 770 多个公司和组织雇佣大约 2340 个说客从事气候变化问题游说，平均估算每位国会议员周围都有 4 名游说者在对其施加影响。一年来，利益集团用于游说气候变化问题的费用至少超过 900 万美元，美国清洁煤电联盟位居榜首，费用达 995 万美元，远远超过其他利益集团”。[①]通常，这类游说活动伴有政治献金，即非国家行为体向议员提供资金以助其参选；当选后，议员通过政治影响力予以回报。不过，在威权国家，政治献金往往转变为更直接的行贿。

除了上述两种较为平和的方法之外，亦有些组织会采取暴力手段，如恐怖袭击、网络攻击等与政府角力。诉诸武力手段的组织大多是分裂主义组织、极端主义组织或者有组织犯罪团伙，他们的目标也更为激进，有些甚至涉及到民族独立、颠覆政权，如“基地”组织一般实力强大的组织或团体，能够对政府构成巨大威胁。“在伊拉克，当美国撤出其军队以后，‘基地’组织制造了一系列爆炸案，导致 132 名什叶派信徒死亡，数百人受伤。在也门，‘基地’组织控制了阿拉伯半岛上的拉达镇（Radda），并向其南部数个省份扩展势力。”[②]从本质上看，采用倡议或游说方式的非国家行为体其本身并未进入排列原则所描述的中心地带，他们主要是通过影响处在中心地带的人或机构来表达自己的主张和理念。双方既是一种合作关系，也是一种博弈关系，但所处位置并未互换。即便有些组织经过多年经营扭转了与政府的关系（比较常见的是激进组织或极端组织实现了其分裂或者颠覆的目标），在其所建立的新的权力结构中，依然会是以“中心—边缘模式”为排列原则，如 20 世纪 90 年代取得阿富汗政权

---

① 刘卿．论利益集团对美国气候政策制定的影响［J］．国际问题研究，2010（3）：61.

② Seth G. Jones, “Think Again: Al Qaeda,” *Foreign Policy*, May/June 2012, p. 47.

的塔利班。因此，我们可以认为，虽然非国家行为体借助信息技术的进步促进了自身实力的大幅提升并削弱了政府权威，但是并未从根本上改变国内政治的排列原则。

二、单元功能转移

单元功能是界定结构的第二个要素，如果功能的定义和分配改变，系统也会随之变化。对于国内政治，华尔兹认为由于行为者享受权威的程度不同，存在一种从属关系，因而导致不同单元间的功能存在差别。不过，华尔兹认为国内单元功能的差别体现在："国会拨款建立和维持武装力量，行政部门实施国会的立法，法官负责对法律加以解释。"[①]不得不说，这种分类方式有不妥之处，毕竟各国的政体并不完全一致，并非所有国家都严格实行美国式的三权分立体制。比如，日本在"1955 年体制"下构建了一套"多元官僚"制度，"即具有利益需求的私人先联合形成行业协会，然后行业协会将权力传递到其在官僚机构中相应的行业管理部门，即'原始部门'来掌管。原始部门代表其所管辖的行业的利益在政府内进行谈判。谈判首先在一个部门内进行，然后扩展到部门间进行"；[②]伊朗"在宗教势力主导下建立了伊斯兰神权政治体制，宗教势力掌管了国家一切权力。由总统、伊斯兰议会、司法总监构成了'神权监控下的三权分立'"。[③]因此，我们需要一种新的关于国内结构单元功能的分类方法。霍布斯认为，人类曾处于所有人反对所有人的自然状态，为了摆脱这种状态，保证自身生存和安全，人们建立了国家。所以，一些学者认为，国家的最基本功能应是："保护人们免于暴力、偷窃、欺诈以及强制履行

---

① ［美］肯尼思·华尔兹著，信强译．国际政治理论［M］．上海：上海世纪出版集团，2008：87.

② 金仁淑．日本政治制度演化与经济绩效［J］．日本学刊，2005（6）：101.

③ 王京烈．解读中东：理论构建与实证研究［M］．北京：世界图书出版公司，2011：258.

契约等等。”①随着社会经济的发展，国家内部状况日益复杂化，进而要求国家承担更多的责任而不再只是扮演“守夜人”的角色。政治机构须能“柔和、缓解并重新调整各个社会集团的权力，从而使共同体中各个社会势力相适应……并反映道德和谐性和互惠互利原则”②，进而维护公用利益。另外，国家还必须满足其民众的基本生理需要和繁衍后代需要，并维持各机构的正常运转。因此，综合上述几个因素，国家的对内功能主要有安全、社会管理和经济发展三个方面，其各机构也主要围绕这三个功能设立的。

由于长期被视为主权国家的附属，非国家行为体以往在国内政治的功能分配中属于支援和补充的角色，即弥补国家无法覆盖的以及从事国家不愿涉足的领域。具体来看，安全是非国家行为体涉及最少的领域。因为军队、警察等暴力机关基本为政府所掌控，因而其基本垄断了国家的对外防御和对内维稳等安全事务，非国家行为体缺少参与的手段。但也并不是完全不会涉及，只是多数是一种负面参与。比较典型的是分裂主义、恐怖主义和有组织犯罪，这些组织本身的目的带有政治色彩，威胁国家的独立、领土完整和政府稳定，而且其为了达到自身的目的往往诉诸于无差别的暴力攻击手段，平民和民用设施也难以幸免。当然，这种消极作用不属于非国家行为体功能的一部分。在社会管理领域，非国家行为体则发挥着不可或缺的作用，因为这一领域恰好是政府力量难以覆盖的范围。“它们培育新的观念；提倡、抗议和动员公共支持；进行法律、科学、技术和政策分析；提供服务；设计、执行、监管与加强国家和国际承诺；改变制度和规范；提供知识、技术和非官僚主义的工作方法，弥补官方机构力量的不足；它们还可以充当非官方的或者可供选择的沟通渠道，并帮助建立关系、创造弥合政治分歧所必需的信任关系；帮助确立公共政策的议

① ［美］罗伯特·诺奇特著，姚大志译．无政府、国家和乌托邦［M］．北京：中国社会科学出版社，2008：1.

② ［美］塞缪尔·亨廷顿著，王冠华，刘为 等译．变化社会中的政治秩序［M］．上海：上海世纪出版集团，2008：8.

程、指明或确立需要紧急处理的问题。"①经济发展方面，非国家行为体担负着重要角色。在市场经济中，公司是基本组成单位，无论是跨国公司还是中小企业，都以利润为目的在市场中开展经营、合作和竞争。国家内部的主要经济活动基本以公司为载体而进行。公司在实现盈利的同时，也促进了国家经济实力的增长和公民生活水平的提高。不过，多数公司在经济领域处在基层的位置，很少参与国家宏观经济政策、金融政策和财政政策的制定。而且自由竞争导致的不公平现象也需要由国家通过福利政策进行调节和干预，以保证经济的健康运行。

进入 21 世纪，Web 2.0 技术的发展促进了非国家行为体能力的上升，进而推动了其在上述三个领域中的功能变化。第一，非国家行为体开始涉足安全领域。众所周知，互联网在带来便利与进步的同时，也导致了一系列问题，其中包括网络安全。对于各国政府来说，网络安全是一个较新的问题，也是一个多变的领域，网络攻击的灵活性、隐蔽性使得单纯依靠以往的安全政策难以应对，而网络攻击的破坏性又不可轻视。于是，一些国家转而与非国家行为体合作，希望借助其力量共同应对网络安全问题。在过去几年里，"美国政府一直通过信息交换、技术交流等方式与私人企业和非营利机构合作，共同致力于维护国家安全……美国国际开发总署、国防部、国土安全部、国务院等机构都在稳步推进与私人机构的合作"。②无独有偶，英国政府也在考虑与非国家行为体开展安全领域的合作，并"新成立了两个机构，英国网络安全与信息保障办公室（UK Office of Cyber Security and Information Assurance , OCSIA）和网络安全行动中心（Cyber Security Operations Centre，CSOC)，以促进与私人机构的合作，共同应对网络威胁"。③第二，在社会管理领域，非国家行为体依旧活跃。由

---

① 苏长和．非国家行为体与当代国际政治［J］．欧洲，1998（1）：9.

② James Stavridis，Evelyn N. Farkas，"The 21st Century Force Multiplier：Public－Private Collaboration，" *The Washington Quarterly*，Spring 2012，p. 7.

③ Paul Cornish，David Livingston，Dave Clemente & Claire Yorke，"Cyber Security and the UK's Critical National Infrastructure，" Chatham House，Sep. 2011，p. 11.

于社会管理一直是非国家行为体的主要活动领域，其承担了足够多的功能分配，在就业、妇女、人权、环境等问题中扮演着重要角色。因此，信息技术的进步为非国家行为体带来了专业技能的提升，使其能够在社会管理中发挥更大的作用，但是功能分配变化不大。值得一提的是，在一些市民社会发展不充分的国家和地区，非国家行为体对社会管理的参与有所加深。比如，“在埃及，伊斯兰教组织建立了一个广泛的组织网络，填补了政府留下的空白，给大量埃及穷苦人提供了卫生、福利、教育和其他服务”。[①]第三，在经济领域，非国家行为体的话语权上升。前文提及，非国家行为体在 Web 2.0 时代的发展削弱了政府在经济领域的权威，跨国公司、有组织犯罪团伙以及非营利性机构具备了与政府讨价还价的实力。这一状况促使国家加深了在经济发展问题上对于非国家行为体的依赖，也使其在制定经济、金融和财政政策时不得不更多地与非国家行为体进行协商。另外，各类会计师事务所、评级机构开始担任政府顾问和审计员的角色，分担了一部分经济管理职能。总体来看，非国家行为体的发展并未改变国内政治的功能定义，但改变了系统的功能分配，许多原本属于政府机构的功能逐步转移到非国家行为体手中。

三、权力分配扩散

作为第三要素的权力分配，无论在国内政治还是在国际政治中都占据着重要位置，因为“权力分配的变化就是系统的变化”。[②]汉斯·摩根索（Hans J. Morgenthau）强调：“我们讲到的权力，不是指人类驾驭自然的力量，或掌握某些艺术手段的能力，或支配生产资料或者消费资料的能力，或自我控制的能力。我们讲到的权力，是指人支配他人的意志和行动的控制力……这种权力源于：对利益的期待、对损

---

① ［美］塞缪尔·亨廷顿著，周琪，刘绯，张立平，王园译．文明的冲突与世界秩序的重建［M］．北京：新华出版社，2010：92.

② ［美］肯尼思·华尔兹著，信强译．国际政治理论［M］．上海：上海世纪出版集团，2008：106.

失的恐惧、对领袖或制度的景仰和爱戴。”[①]不过，有许多学者和决策者更倾向于将权力定义为可控制的资源，因为这种定义便于量化、更加直观，比如著名的用于衡量综合国力的克莱因方程。但是，拥有资源并不一定拥有权力，资源只是权力的基础，运用手段才是关键。所以，约瑟夫·奈提出了以行为结果定义权力，并以此确立了权力的三个层面：命令变化、控制日程和确定偏好。[②]这种定义方式无疑与摩根索对权力的理解更加类似，本书将采用这一视角对国内政治的权力分配变迁加以审视。

权力的第一层面是命令他人改变行为或者最初偏好。在国内结构中，由于政府与非国家行为体之间存在较大的权力资源差异，因而其能够较为轻易地在这一层面上发挥权力的作用。政府一方面可以采用强迫的方式规范非国家行为体的行为，使其按照政府的意志行事，非国家行为体如不遵从则可能面临取缔、强制介入等风险，如上世纪70年代埃及对于穆斯林兄弟会的限制和90年代纽约市对于有组织犯罪团伙的沉重打击；另一方面则是通过资金、技术支持等“软”性手段增强非国家行为体对于政府的依赖，进而削弱其独立性，变得易于控制。“西方有学者对美、英、法、德、日、匈、瑞典和意大利的NGO展开了调查，结果表明‘在这8个国家中，私人捐赠不是这些国家的NGO非获利性收入的主要来源。私人的慈善捐赠占全部非营利性收入的平均比例仅有10%，而且这些收入包括了个人捐赠、基金捐赠和团体捐赠在内。而服务收费和销售收入却几乎占了NGO收入的一半，约49%，政府各种形式的拨款占了41%……其结果造成它们不得不在其目标允许范围内进行妥协，接受资助者对其活动以及政策制定的干预……在其政策目标以及活动上根据资助对象提出的标准或者要求调整组织本身既定的活动目标。”[③]那么，在信息革命的背

① ［美］汉斯·摩根索著，徐昕，郝望，李保平译．国家间政治［M］．北京：北京大学出版社，2006：56.

② ［美］约瑟夫·奈著，王吉美译．权力大未来［M］．北京：中信出版社，2012：14.

③ 王运祥，甘燕飞．西方非政府组织解读［J］．国际观察，2008（4）：28.

景下，非国家行为体的处境是否有所变化呢？就独立性而言，非国家行为体的状况有着较为明显的好转。网络发展真正实现了商业和金融的全球化，非国家行为体的融资渠道由单一变得多元。除了以往的独立经营、民间捐赠、政府资助等手段，金融衍生品操作、同类组织跨国互助乃至黑客手段等都逐渐成为其可采用的选项。这即意味着非国家行为体在资金方面对政府的依赖性有所下降。同时，信息传播的自由化增强了非国家行为体的信息获取、整合能力，进而提高了其专业技能和业务能力并较以往更易于招募专业人才，在技术和信息方面对于政府的依赖性相应下降。独立性的上升使得非国家行为体在制定目标、开展活动时可以更多地从自身利益出发，不必因受到政府的干预而改变自身行为。一些规模较大的非国家行为体如跨国公司、宗教团体、恐怖组织等甚至可以绑架政府利益、威胁国家安全。当然，就整体而言，非国家行为体对政府的暴力机构仍未取得优势，面对其强力干预时，应对之策不多。即便如埃及穆兄会通过大选上台执政，也会在几天内被军方驱逐。

权力的第二层面主要体现为框架构建和议程设置，即通过设立机制以约束目标群体的行为，进而令目标群体形成“路径依赖”，“欣然”接受这种框架和议程。与权力的第一层面相比，第二层面显然要温和得多，多数情况下，权力的受众甚至感觉不到权力对其的束缚和压制，会持自愿的态度与权力者合作。可以说，权力的第二层面是一种柔性的或隐性的权力施加方式。对于习惯采用类似方式行动的非国家行为体来说，在这一层面取得权力分配改变的难度似乎相对较小。虽然国内结构中议程设置的主要手段——立法权掌握在政府手中，但是大多数国家的立法机构并非铁板一块。一国的立法机构中，除了代表执政党利益的势力之外，往往还有在野党和利益集团的代言人。其中，利益集团的构成较为复杂，一般包括跨国公司、民间团体、有组织犯罪团伙等等。即非国家行为体有能力参与到国内框架构建和议程设置的进程之中。所以，非国家行为体在权力的第二层面中一直占有一席之地，只是与政府相比其能够产生的作用较小，大都要服从政府在机制中的安排，只在少数情况下可以利用机制设立约束政府行为。当非国家行为体能力上升、政府权威相对削弱之后，情况出现了变化。在经济、社会、安全等领域，非国家行为体日渐活跃，一些原本属于政府的功能逐步向非国家行为体转移，政府也开始主动与其合作以应对复杂多变的环境。“政府与私人部门的合作主要包括技术共享、信息交换、共同执行项目三个方面……政府可以通过合作获得相关技能和见识，进而提高创新能力和工作效率……但是缺乏相关立法、制度和互信阻碍了双方合作的加深……为此，政府开始做出相关调整，赋予私人部门更大的自主权和灵活性，并通过立法加强政府部门与私人部门的协调。”①政府的这一作为在客观上会加大非国家行为体在议程设置和机制运作中的权重，从而增强其通过机制构建约束政府行为的权力，在某种程度上推动了权力在第二层面的转移。但这又是一个政府无力阻止的局面，正如美国《国家安全战略》所说：“个人和私人部门必将在应对共同挑战中扮演一个主要角色。在21世纪，个人和非政府部门具备了塑造国际环境的能力，而美国必须抓住这一机遇。”

权力的第三层面是指权力主体通过创建和塑造权力客体的观念、认知和偏好使其做其原本不想做的事。在这种权力关系中，客体很难意识到主体的权力影响，某些情况下甚至会视这种影响为理所当然。因此，这一层面又被称为权力的无形层面。在传统媒体时代，由于政府处于宣传和教育的强势地位，掌握着塑造偏好的权力，其他行为体难以争衡，因而社会主流认知往往由政府确定，如推行法西斯主义的纳粹德国。随着以互动为特征的新媒体的出现，上述情况发生改变，非国家行为体亦可参与认知和偏好的塑造过程。不过，与政府的做法相比，非国家行为体的方式较为间接，并非直接塑造政府的偏好，而是通过塑造和改变民众的认知和偏见进而作用于政府。“一般地说，由于互联网在许多国家和地区的急剧扩展，千百万个人和成千上万小群体已有可能构成先前只有政党、社会团体和工会之类大规模组织才

① James Stavridis, Evelyn N. Farkas, “The 21st Century Force Multiplier: Public - Private Collaboration,” *The Washington Quarterly*, Spring 2012, pp. 12 - 19.

有的那种广泛联系网络，或者说已有可能成为可以行使政治影响的‘虚拟社群’。”①而且，参与这些虚拟社群的并非只有普通民众，“在Twitter上便活跃着一批社会活动家、观察家、记者和分析师”②，当然也包括各类民间团体和私人组织。各类非国家行为体通过互联网，在网络虚拟社群中传播自身的理念和主张。“使用社交媒体的人每天都会面对各种不同的理念，同时社交媒体也具有均染效果，因为每个用户都可以平等地进行发言和回复。人们可以就某个感兴趣的话题聚在一起探讨，比如在巴林，65%的民众喜欢在Twitter上展开激烈争论。总之，社交媒体使人们变得更容易接受新的理念。”③于是，互联网成为非国家行为体塑造民众偏好的有力工具。在公民社会逐步加强的背景下，民众偏好在相当程度上会影响政府的政策制定和基本认知。因为，无论是民主国家还是威权国家，民众都是一国的基础，“‘人民主权’的思想已经深入人心，不论是普通民众还是军人都对此深信不疑，当人民对政府不满时，他们没有相应的军事力量推翻政权，但是通过和平手段推动政权更迭的几率却大了”④，如果丧失民众的支持和信任，政府很难继续维持统治。因此，非国家行为体通过社交媒体和民众的力量获得了间接塑造政府认知和偏好的能力。

小　结

政府制定和执行的内外政策一般被视为理性选择的结果：这种选择也许会在短期内对国内部分群体或对国家某些方面的利益构成损

---

① 时殷弘．权势的变迁［J］．学术界，2001（5）：32－33.

② Blake Hounshell, “The Revolution Will Be Tweeted,” *Foreign Policy*, July/Aug 2011, p. 63.

③ Jane Kinninmont, “To What Extent Is Twitter Changing Gulf Societies?” *State of the Region*, Feb. 2013, p. 7.

④ 李绍先，乐颖．埃及事件：一种全新政变模式［A］，马晓霖主编．阿拉伯剧变：西亚、北非大动荡深层观察［C］，北京：新华出版社，2012：71.

害，但从长远和整体方面来看却是对国家的生存和发展有利。基于这一假设，国际关系研究中往往将国家视为单一理性行为体，以其所做出的选择和决策为研究重点，而对于其产生过程不太会投入太多精力。然而，许多的案例表明，国家的一些决策并不是理性选择的结果。比如，当纳粹德国于1936年2月派遣国防军进驻莱因非军事区时，拥有军事优势的法国却未采取任何应对行动。从结果来看，法国的这一选择助长了纳粹德国的野心，并使得希特勒在国内地位得以巩固，最终导致了二战的爆发。但是对于当时的法国政府来说，这是在国内和平主义思潮、经济萧条等多重压力下无奈的选择。所以，国内结构是一个由多种行为体构成的复杂系统，政府决策多数是合作、斗争、妥协的结果。进入信息革命的新阶段，非国家行为体的全面上升势不可挡，并成为引导和推动公民社会日趋完善的重要力量。民众开始通过合法选举、街头集会、游行示威等多种形式参与国家政治，而公民认同也表现出多元化的发展趋势。逐渐完善和加强的公民社会反过来又成为非国家行为体的力量来源，为其改变与政府间的权力对比提供了支持。另一方面，非国家行为体的上升还在多个领域对于政府权威构成挑战：社会层面，新型犯罪的出现和社会运动的频繁等使得政府管理成本大幅增加；经济层面，跨国公司、有组织犯罪团伙及其他相关组织开始侵蚀政府的话语权；安全层面，认同多元化、极端主义思潮、网络化等都加剧了国内政治的脆弱性，令政府应接不暇。同时，一些威权国家还出现了合法性危机。实际上，上述状况是更深层面的国内政治变化的表现。虽然结构的排序原则并未发生实质性的改变，但是单元功能和权力分配确实出现了向非国家行为体转移的势头。当然，这种转移并非完全是单方面的夺取，在某些领域政府为了应对日益复杂的问题、提高行为效率主动与非国家行为体展开合作。到目前为止，这一转移过程并未完成，但可以肯定的是：单元功能和权力分配的变化必然导致结构的变化，进而更多地反映到单元层面的变化中。未来，非国家行为体在国内政治中的地位还有可能继续上升，并与政府形成新的博弈关系，在国家内外政策的制定中发挥更大的影响力。

第四章

非国家行为体与国际政治

国际政治是指世界政治、经济的各行为主体为实现各自的利益，在频繁相互作用的过程中所构成的一个有机整体。这一整体包含了主权国家、政府间国际组织、国际非政府组织、跨国公司以及其他各类团体和机构。国际政治随着人类全球化的脚步逐步形成，是世界各国和各地区相互依赖的重要体现。在多数学者和政策制定者看来，主权国家无疑是国际政治的主体，非国家行为体无论是地位还是影响力都无法与主权国家比拟。如肯尼思·华尔兹强调："国家是通过彼此互动塑造出国际政治体系结构的单元，而且它们将长期保持这种作用。国家很少消亡，而公司则不然。"[①]一向重视非国家行为体研究的新自由主义学者也有不少持类似观点，罗伯特·基欧汉认为："世界政治中各种各样的行为者，包括像跨国公司这样的非国家行为体，都在追求财富和权力。但是只有国家才是世界政治中最重要的行为者，它们不但直接寻求财富和权力，而且还竭力构造使它们能够长远地达到这些目标的规划和行动框架。"[②]不可否认，在漫长的人类文明史中，国家一直占据着重要地位，是最常见的人类组织形式之一，而现代主权国家的形成又赋予了国家更高的稳定性和更大的权力。但是，冷战后，非国家行为体借助互联网力量实现快速发展和扩张也是不争的

---

① ［美］肯尼思·华尔兹著，信强译．国际政治理论［M］．上海：上海世纪出版集团，2008：101.

② ［美］罗伯特·基欧汉著，苏长和，信强，何曜译．霸权之后：世界政治经济中的合作与纷争［M］．上海：上海世纪出版集团，2006：24.

事实。

如今，在全球治理中，主权国家需要与非国家行为体合作才能保证各项政策的有效实施；在国际贸易和金融领域，跨国公司、评级机构、各类事务所的影响力已隐然有挑战国家之势；在国际安全领域，非国家行为体不仅是问题制造者，还是问题解决者；甚至各国民众的认同取向也随着非国家行为体的上升而出现变化。因此，苏珊·斯特兰奇指出："保证我们安全的'某些'结构性权力仍然处在这些界线之内，由我们所在国家的政治权威行使着，但是，并不是所有的结构性权力仅只由国家权威提供，也不是只有国家权威威胁着所有的结构性安全……至于知识结构和生产结构，领土国家早已丧失了它们一度拥有的在其疆界之内对商品和服务产出的控制权，以及对知识和信息的创造、储存与交流的控制权。"①当然，主权国家的权力和资源优势依然存在，非国家行为体在国际政治各个领域影响力的上升究竟能在多大程度上改变国际政治的游戏规则和运作方式仍有待观察。可以确定的是，Web 2.0 时代的非国家行为体与以往相比发生了诸多变化，正如上文所述，这些变化已经对国内政治造成了实质性的影响，而在全球化深度发展、国内—国外界限日渐弱化的今天，国际政治也必将因之出现新的改变，进而造成多方面的影响。这些新的变化及其影响将是本章阐述的重点。

第一节　非国家行为体引发国际政治深层变化

与国际体系相对缓慢的变化进程相比，国际政治的变化可以用令人目不暇接来形容。19 世纪的英国首相帕默斯顿曾说：没有永远的朋友，只有永远的利益。这句话恰当地描述了在国际政治中国家间关系的多变：昨日的竞争对手，明日可能就会因为某项共同利益而成为

---

① ［英］苏珊·斯特兰奇著，肖宏宇，耿协峰译．权力流散［M］．北京：北京大学出版社，2005：Ⅰ.

合作者。实际上，国家间关系的多变只是国际政治变幻莫测的一个方面，经济、金融、技术等因素的变化都会对国际政治的面貌造成影响。进入 Web 2.0 时代，互联网的高度发展在经济、社会、生活等多方面改造着民众、政府以及非国家行为体的认知方式和行为方式。而这些改变最终都映射到国际政治的变化之中。

一、议题多元化

在当今国际政治中，国家以及非国家行为体围绕某一国际议题召开国际会议，以期通过共同探讨找到解决方案的情况司空见惯，而且已经成为全球治理的重要形式之一。但是，从历史上看，这种形式的出现大概只有短短 200 年的时间。在威斯特伐利亚体系确立之前，各国处于一种霍布斯式的无政府状态之中。在这种状态下，“国家往往会采取强烈的改变现状的方式对待敌人，即试图摧毁或征服敌人……这种结构趋于把所有体系成员全部拖入战争状态，使不结盟和中立十分困难”。[①]所以，国际问题常常通过战争的方式解决，没有国家寄希望于国际会议。1648 年之后，国家主权原则得以确立，国际政治开始进入洛克式的无政府状态，国家间的关系由“敌人”转变为“竞争对手”：“竞争对手不像敌人，竞争对手期望相互行为的基础是承认主权，‘生命和自由’是对方的权利，因此不会试图征服或统治对方”。[②]于是，国家不再无限制地追求权力，而是将权力作为保证国家安全的手段。召开国际会议协调彼此间的关系、解决分歧以维护国际政治的稳定与发展也就开始为各国所接受。1815 年，英、俄、普、奥在维也纳会议期间签署《四国同盟条约》，其中规定：“缔约国商定，为维护各国的安宁、繁荣与欧洲的和平，应在各国君主或其大臣的主持下，定期举行会议，就各国的共同利益及不同时期应采取的措

① ［美］亚历山大·温特著，秦亚青译．国际政治的社会理论［M］．上海：上海世纪出版集团，2008：260－275.

② 同上，273.

施进行磋商。”[1]从此，会议外交的形式得以确立，各类国际议题进入人们的视野。

最初，国际议题的类型较为单一，主要涉及国际政治、国家安全等高级政治，参与主体也以大国为主，小国一般作为大国的陪衬参与国际会议，实际上并没有多少话语权，遑论非国家行为体。比如，1884—1885年，欧洲国家为解决刚果河流域问题召开柏林会议并签署《总议定书》。虽然《总议定书》内容涉及到了贸易、通航等经济问题，但是只不过是刚果河流域归属、非洲殖民地占领原则等高级政治问题的附属；而1919年召开的巴黎和会则完全是一次大国主导的重新划分欧洲战后秩序的会议。二战后，随着联合国、IMF、关贸总协定等组织的成立，人权、经济、技术合作等低级政治的议题逐渐进入世界政治视野，小国以及非国家行为体在国际会议中的地位和作用也呈现出上升趋势。但是，在两极对立的冷战格局下，美苏两大国的博弈是国际舞台的中心事务，其他议题、其他国家以及非国家行为体都被其掩盖。如自1973年10月开始的中欧裁军会议，虽然除法国、冰岛以外的北约、华约国家全部与会，但是美苏才是会议主角；而且由于两大国拒绝妥协，“谈判到1989年2月2日结束时，共进行37轮，举行了493次会议，但没有取得具体进展，没有达成任何协议”。[2]冷战结束后，不同阵营间的壁垒彻底拆除，市场经济在全球范围内确立，全球化得以深入展开；与此同时，人类发展导致的全球性问题开始凸显。各类低级政治议题在紧迫性和威胁性方面取代了高级政治议题。另一方面，互联网的进步促进了非国家行为体的地位和作用的上升。二者共同推动了国际议题的多元化。

议题多元化首先表现为议题参与主体的多元化。长久以来，参与议题制定、修改、执行的主体基本以大国为主，小国、殖民地等只能被动接受，如关于土耳其海峡地位的东方问题主要是英法俄之间讨价

---

① 唐贤兴．近现代国际关系史［M］．上海：复旦大学出版社，2002：79.

② 方连庆，刘金质，王炳元主编．战后国际关系史［M］．北京：北京大学出版社，1999：487.

还价，关于禁止黑奴贸易的议题则几乎听不到非洲殖民地人民的声音。二战后，去殖民地化的开展和中小国家实力的上升使得国际议题不再为大国所把持，从国际海洋法的制定到中美洲和平问题，都活跃着新兴国家的身影。随着 20 世纪 90 年代全球治理概念的兴起，戴维·赫尔德（David Held）提出："全球治理不仅意味着正式的制度和组织——国家机构政府间合作等——制定（或不制定）和维持管理世界秩序的规则和规范，而且意味着所有的其他组织和压力集团——从跨国公司、跨国社会运动到众多的非政府组织——都追求对跨国规则和权威体系产生影响的目标和对象。"①各类私人组织和第三部门加入到全球治理的行列，意味着国际议题的参与主体进一步扩大，多元化格局初步形成。包括非政府间国际组织、跨国公司等在内的非国家行为体，"一般都成立和生存发展于某个专门的领域，例如，绿色和平组织、生态环保组织。它们的总部可能设在某个国家或者在某个国家注册登记成为合法的组织，但它并不从属于所在国。不论其成员活动范围、治理的对象都是跨国的，其进行的全球治理活动一般都有明确具体的目标"。②因此，它们凭借自身在某一领域的专业性和活动范围的跨国性，在互联网技术的支持下促进了大量经济、环境、人权等议题的设定和解决，弥补了国家在这些领域的不足并协调了相关各方的关系。

议题客体（即国际政治所重视和讨论的全球性或地区性的问题）的多元化主要受到两方面因素的推动，而每个因素都与非国家行为体有着密切关系。其一，全球化的深入和信息技术的进步"给人类带来了严重的全球性问题，包括人口爆炸、资源短缺、贫富差距、环境污染、自然灾害、恐怖主义、毒品贸易、核武扩散等在内的全球性问题日益凸显，这些问题日益困扰和威胁着整个世界的生存和发展"。③

---

① ［英］戴维·赫尔德等著，杨雪冬等译．全球大变革［M］．北京：社会科学文献出版社，2001：70.

② 李景治．全球治理的困境与走向［J］．教学与研究，2010（12）：35.

③ 易承志．跨国公民社会参与全球治理的角色分析［J］．东南学术，2011（2）：86.

上述全球性问题的一个突出特点是：仅靠一个或者几个国家无法彻底、妥善解决，必须依赖国际政治各方的通力合作。所以，越来越多的国际会议将其列为讨论议题，视其为全球治理的重要内容。在这些问题之中，有相当一部分是由于非国家行为体的变化而出现或加剧的。一些非国家行为体在 Web 2.0 技术的帮助下获得了实力提升和影响力的扩大，其所从事的活动便在地区乃至全球范围内扩展开来，成为全球性问题，如有组织犯罪，恐怖主义、毒品贸易、宗教极端主义等。其二，每个非国家行为体往往专注于一个或几个具体领域，对该领域有着深入的研究，特别是在信息技术的帮助下，其在某领域的专业程度可能超过国家。其“聚集的大量专业人才在基层活动中获取了大量第一手信息和资料，他们以此为基础提出的问题、意见和建议对于制订相关政策颇有参考价值。在其积极推动下，一些国家和国际组织将未受重视的全球性问题列入外交议事日程。一些非政府组织通过不同形式将人权、两性平等、种族主义、社会正义和环境等领域的问题提上全球政治议程”[①]，国际议题的多元化程度因之而进一步加深。

在大国政治占据主流的时代，议题主要是以国家特别是大国为主要行为体，以多边对话、国际会议等形式，通过协商设定。此时的议题设定机制主要是由大国建立或参与的正式国际组织以及非正式集团，如联合国，IMF，八国集团（G8）等。冷战后，国际政治中议题设定权呈现分散化的态势，发展中国家、新兴国家、非国家行为体逐步成为议题设定主体，加速了议题设定机制多元化的进程。新兴国家和发展中国家建立了一系列新的区域性组织和非正式集团，以就某些重要地区或全球性问题进行磋商，弥补西方大国的不足；而传统大国为了能够增强议题设定的有效性，减轻自身责任，也改造了一些原有的机制，加强与新兴国家的合作。所以，金砖国家峰会（BRICS），印度、巴西、南非三国对话论坛（IBSA），G8 +5 进程，二十国集团

① 李宝俊，金彪．全球治理中联合国与非政府组织的关系［J］．现代国际关系，2008（3）：51.

（G20）峰会等应运而生；WTO、IMF、世界银行等也进行了份额改革。另一方面，实力和作用上升的非国家行为体建立了一种网络合作机制。“它们不采取集中领导的垂直等级式体制，组织成员之间是平等自愿结合在一起。跨国非政府组织之间的联合实际是一个多维的合作网络，通过网络采取平等地协商、谈判和妥协的办法，考虑各方的价值和利益，以实现公共利益的最大化。”①在这些网络合作机制中，比较突出的是跨国倡议网络（Transnational Advocacy Networks）。该网络“以活动家为中心、以非政府组织等行为体联合互动的结构，构成了全球治理的重要层次，通过提出新议题、影响国家政策、建立和传播国际规范来重构世界政治”。②网络合作机制为议题设定提供了一个更广阔、更平等的平台，允许更多组织和个人参与议题的讨论，既促进了主权国家与公民社会的合作，也提高了议题设定和全球治理的民主化程度。

设定和执行议题的目的与以往相比有所不同。由于主权国家在资源、影响力、统筹能力上更具优势，因而在议题设定中长期发挥着主导作用。在这种情况下，“虽然多数议题设定的主要动因为全球性问题的变化与发展，是国际政治所面临的客观事实迫使各主体将某全球性问题提上议事日程，以避免阻碍自身发展或损害各自利益。但是，部分全球性议题的主观目的性明显……在某些全球性议题中针对发展中国家，尤其是对新兴大国的‘强硬论’‘威胁论’和‘责任论’不断升温，部分国家企图将个体利益强加于全球共同利益之上，利用议题设定权和各国对全球性问题的重视作为政治工具和手段”。③这种动机不纯的目的必然对于议题设定的客观性和有效性造成损害，也不利于国际政治的互信。随着非国家行为体更多地涉足全球治理的议题设定和执行工作，情况出现了改观。由于非国家行为体“较少受国

① 刘清才，张农寿．非政府组织在全球治理中的角色分析［J］．国际问题研究，2006（1）：51.

② 黄超．全球治理中跨国倡议网络有效性的条件分析［J］．国际观察，2010（4）：20.

③ 赵隆．议题设定和全球治理［J］．国际论坛，2011，13（4）：22.

家主权的约束，一般也不受自我利益的驱动，而是出于全人类利益的责任感和事业心去致力于解决全球问题。它不断地向国际政治提出新的思想、专业性知识和实践经验，是许多新思维的倡导者”。[①]因此，其保证了议题设定的公正性和合理性，并在各国设定、执行议题的过程中起到了监督作用，使各国政府能够在一定程度上以大局为重，遵守国际责任及其承诺。

二、商业平坦化

托马斯·弗里德曼在其著作《世界是平的》中总结了“碾平世界的十大动力”：柏林墙倒塌和 Windows 操作系统建立；Web 出现和网景上市；工作流软件；上传；外包；离岸经营；全球供应链；内包；搜索引擎；无线上网。[②] 实际上，上述令世界平坦化的 10 种因素可以总结为两类力量：技术的力量和公司的力量。首先，信息技术的发展，特别是 Web 2.0 技术的成熟为平坦化提供了必要的条件和平台。硬件方面，接入互联网的方式经历台式机 + 电话线—笔记本 + 光纤—手机 +3G 无线的转变，基本实现了随时随地入网并大幅降低了入网成本；程序方面，搜索引擎和社交网站大行其道，网络不再只是信息获取地，更成为信息发布地，互动成为主流。上述特性提高了互联网的普及率和效率，“促进了关键信息的获取，使得经营者能够更好地做出决策，密切与客户的关系，进而提高市场的效率”。[③]更为重要的是，对于各国企业和政府，尤其是对于中小公司、欠发达国家和地区来说，Web 2.0 技术为他们提供了参与全球市场的契机。“在中东、亚洲、非洲 18 个国家拥有业务的阿联酋电信公司正在研究将手机变为支付工具，其目标是帮助企业在世界范围内开拓市场、销售

---

① 刘清才，张农寿．非政府组织在全球治理中的角色分析［J］．国际问题研究，2006（1）：50.

② ［美］托马斯·弗里德曼著，何帆，肖莹莹，郝正非译．世界是平的［M］．湖南：湖南科学技术出版社，2007：30—115.

③ Robert I. Rotberg，Jenny C. Aker，“Mobile Phones：Uplifting Weak and Failed States，” *The Washington Quarterly*，Winter 2013，p. 115.

产品，进而使中小企业不再局限于本国或本地区市场，甚至建立全球贸易和商业网络。”①除了阿联酋电信之外，从事类似研究的公司还有许多。根据全球移动通信协会（GSMA）的预测：到 2017 年，全球手机互联网用户将到达 39.4 亿人。届时，便利的无线接入技术无疑将进一步加深商业的平坦化程度。

技术进步的重要性不言而喻，但在推动商业平坦化的过程中，非国家行为体的作用更加关键，即公司的力量。非国家行为体类型各异，但是能够对商业平坦化产生促进作用的以跨国商业机构为主，而其中最重要的是跨国公司。冷战后，各大跨国公司纷纷在全球范围内建立起网状组织结构，将业务扩展到更多的国家和地区。于是导致其海外资产、海外雇员及海外销售额的总量超过了其在母国的水平，跨国公司因此成为全球公司。根据《2012 年世界投资报告》的统计：截至 2011 年，全球排名前 100 位的跨国公司的海外资产为 7.776 万亿美元，占总资产的 63%；海外销售额为 5.696 万亿美元，占销售总额的 65%；海外雇员为 905.9 万人，占总雇员数的 59%。②

表 4.1　世界跨国公司 50 强资产、销售、雇佣状况（2009—2011）

变量	全球最大的 100 家跨国公司				
	2009	2010	2009—2010 比例变化	2011	2010—2011 比例变化
资产					
海外	7147	7495	4.9%	7776	3.7%
国内	4396	4417	0.5%	4584	3.8%
总量	11543	11912	3.2%	12360	3.8%
海外占总量的比例	62%	63%	1.0%	63%	0.0%

① Darrell M. West, “Alleviating Poverty: Mobile Communications, Microfinance and Small Business Development Around the World,” The Brookings Institution, May 2013, p. 7

② UNCTAD, “World Investment Report 2012,” New York and Geneva: United Nations, 2012, p. 25.

续表

变量	全球最大的100家跨国公司				
	2009	2010	2009—2010比例变化	2011	2010—2011比例变化
销售额					
海外	4602	4870	5.8%	5696	17.0%
国内	2377	2721	14.5%	3077	13.1%
总量	6979	7590	8.8%	8774	15.6%
海外占总量的比例	66%	64%	-1.8%	65%	0.8%
雇员					
海外	8568	8684	1.4%	9059	4.3%
国内	6576	6502	-1.1%	6321	-2.8%
总量	15144	15186	0.3%	15380	1.3%
海外占总量的比例	57%	57%	0.6%	59%	1.7%

数据来源：UNCTAD，"World Investment Report 2012," New York and Geneva：United Nations，2012.

表4.2　私人企业跨国并购数量及金额（1996—2011）

年份	跨国并购总量				净跨国并购			
	数量		金额		数量		金额	
	数目	占全部并购案比例	10亿美元	占全部并购金额比例	数目	占全部并购案比例	10亿美元	占全部并购案比例
1996	932	16%	42	16%	464	13%	19	14%
1997	925	14%	54	15%	443	11%	18	10%
1998	1089	14%	79	11%	528	11%	38	9%
1999	1285	14%	89	10%	538	10%	40	6%
2000	1340	13%	92	7%	525	8%	45	5%
2001	1248	15%	88	12%	373	9%	42	10%
2002	1248	19%	85	18%	413	13%	28	11%

续表

年份	跨国并购总量				净跨国并购			
	数量		金额		数量		金额	
	数目	占全部并购案比例	10 亿美元	占全部并购金额比例	数目	占全部并购案比例	10 亿美元	占全部并购案比例
2003	1488	22%	109	27%	592	20%	53	295
2004	1622	22%	157	28%	622	17%	76	33%
2005	1737	20%	221	24%	795	16%	121	26%
2006	1698	18%	271	24%	786	14%	128	20%
2007	1918	18%	555	33%	1066	15%	288	28%
2008	1785	18%	322	25%	1080	17%	204	20%
2009	1993	25%	107	19%	1065	25%	58	23%
2010	2103	22%	131	18%	1147	21%	65	19%
2011	1900	19%	156	15%	902	16	77	15%

数据来源：UNCTAD，“World Investment Report 2012，” New York and Geneva：United Nations，2012.

可以说，一个全球公司的时代已经来临。“全球公司通过在全球布局价值链，把发达国家的技术研发成果应用于全球市场而不仅仅用于发达市场，同时把新兴国家廉价劳动力开发出来为全球市场生产通过全球范围的整合，全球生产要素的潜在价值被开发出来，从而全球生产力被极大地释放出来。”①原本处于全球化边缘或者半边缘地区的国家和企业在新的时期逐步加入到全球公司的价值链之中，与其结成利益共同体，成为全球市场的组成部分，不再只是偏居一隅。于是，中国，印度、俄罗斯、巴西以及其他东欧和拉美国家的公司和劳动力出现在了世界市场之中，更加自由和平等地开展竞争与合作。

随着技术和公司力量的壮大，进入 21 世纪，使世界变平的“十

① 王志乐．全球公司——跨国公司发展的新阶段［J］．经济体制改革，2012（6）：9.

大因素开始汇合，共同创造了一个全新的世界平台；新的世界平台和新的经营方式结合；当变平过程全部展开时，世界各地几十亿人走上竞争场地，与其他人开展竞争与合作”。[①]上述三重汇合的结果就是，一个平坦化的世界逐步形成，而其中最重要的当属商业的平坦化。商业平坦化主要包括三个方面：

第一，生产经营平坦化。古典自由主义经济学家亚当·斯密认为：各国应生产自己擅长的产品，之后通过国际贸易获得绝对利益。后来，大卫·李嘉图（David Ricardo）将这一绝对成本理论修改为相对成本理论，即：国际贸易并不限于绝对成本的差异，只要生产成本的比率不同，就可以进行国际贸易。各国生产处于相对成本优势的产品，然后进行交换。在上述理论的指导下，国际产业分工蓬勃发展，经历了由产业间分工到产业内分工的变化，最终借助信息技术构建起国际生产网络。“国际生产网络是国际产业分工发展的高级形态。这种产业分工既不是产业之间的分工（如制造业与初级产品制造业之间的分工），也不是产业内部之间的分工（如汽车产业内部高档车和中低档车之间的分工）。这种产业分工是着眼于一个产品或服务的全球价值增值链，在不同生产阶段、不同经营功能或不同业务性质上的分工……在该网络中，跨国公司甚至将某些产品的生产和制造功能都转移到其他国家，而只控制了该产品的品牌和营销渠道。另外一些跨国公司则将自己的核心业务定位在产品的研究和开发上。还有的几乎将所有的生产和经营功能都转包出去。”[②]于是，世界各国和各地区的民众都被卷入到国际生产网络之中，获得了参与竞争、发挥自身优势的机会，生产经营活动的平坦化因此达到令人惊异的地步——皮尔森出版集团的首席教育官米歇尔·巴伯曾遇到一名雕刻墓碑的石匠，“他对其讲：‘你从事的是不受全球化影响的职业，感觉一定相当不错！’石匠却说：‘如果不通过互联网从印度购买雕刻用的石头的话，

---

① ［美］托马斯·弗里德曼著，何帆，肖莹莹，郝正非译．世界是平的［M］．湖南：湖南科学技术出版社，2007：117.

② 沈志渔，罗仲伟．经济全球化对国际产业分工的影响［J］．新视野，2006（6）：26.

恐怕我早就喝西北风了。’”①

第二，贸易自由化。国际生产网络形成所带来的一个直接后果就是：人们很难辨认出某件商品的具体产地。因为几乎每件商品的生产过程都不是在单一国家或者单一地区内完成的。比如，一架波音 787 梦想飞机的制造过程主要有日本、意大利、韩国、德国、瑞典等十余个国家的至少 45 家公司参与，如果将负责电子部件、软件生产的次级承包商也算在内，那么其供应商远远超过 100 家。这种生产经营平坦化必然促进全球贸易的发展，因为整个生产流程就是一个原料、能源、配件在不同国家间的调运和分配过程。世界贸易组织（WTO）发布的《2013 年世界贸易报告》显示：“2012 年，全球商品出口总额达到 17.85 万亿美元，比上年增长 20%；2005—2012 年，全球商品出口年均增长率为 8%，其中非洲、拉美、亚洲的年均增长率都在 10% 以上。此外，信息技术的进步还促进了服务外包等业务的发展，至 2012 年，全球服务贸易总额增长到 8.45 万亿美元。”②不过，贸易自由化的道路并非一帆风顺，面临着多重障碍，其中较为突出的是非关税壁垒。发达国家为了保护国内市场和既得利益，“运用司法和行政部门的专项权力，通过强制性的技术法规，制定更加严格的技术标准，提出对进口产品的特殊要求”。③这些非关税壁垒包括进口配额制、国家垄断进出口、外汇管制、技术性贸易壁垒、绿色环境壁垒等几十种。但是，从总体上看，贸易自由化是大势所趋，随着区域经济一体化和跨国公司内部贸易的发展，关税壁垒和非关税壁垒逐渐被侵蚀。处在全球供应链中的国家不得不进行大量合作，因为供应链能够带来大量收益。在一个平坦化的世界中，商品和服务供应链的替代者无处不在，所以贸易壁垒在起到保护作用的同时

---

① ［美］托马斯·弗里德曼，迈克尔·曼德鲍姆著，何帆 等译．曾经的辉煌［M］．湖南：湖南科学技术出版社，2012：69.

② “World Trade Report 2013,” WTO, April 2013, p. 32. http://www.wto.org/english/res_e/publications_e/wtr13_e.htm.

③ 谈民宪．非关税壁垒：理论与现实的沿革和变迁［J］．当代经济科学，2006，28（5）：120.

也意味着孤立了自身，而孤立最终会导致竞争力的丧失和经济失败。

第三，金融全球化。现代金融主要通过三种方式向其他经济部门提供服务，即：信贷供应、流动性供应以及风险管理，并以此构筑起保证经济正常运行的金融体系。[①] 所以，当生产和贸易开始在全球范围内扩展时，作为其重要支柱的金融服务也走向全球化。金融全球化，“是指国家或地区在金融业务、金融市场、金融政策与法律等方面跨越国界而相互依赖、相互影响、逐步融合的趋势，表现为货币体系、资本流动、金融市场、金融信息流动、金融机构等要素的全球化以及金融政策与法律制度的全球化等”[②]，某种程度上讲，其是生产经营平坦化和贸易自由化的要求和结果。金融全球化肇始于1870—1914年，受大萧条影响一度停滞。以20世纪70年布雷顿森林体系终结和浮动汇率制确立为标志，金融全球化再度启动，并于90年代以后高速发展，至2007年2月，全球资本流动出现峰值，当月超过5200亿美元（2007年后，受金融危机影响有所下降）。[③]具体来看，金融全球化的内涵主要包括：“第一，大规模跨境资本流动，包括国际负债证券、国际股权和国际辛迪加贷款在内的所有表内金融工具，以及包括各种衍生产品在内的表外金融工具；第二，快速资本流动，资本流动对各国利率差相当敏感，利差的存在或利息平价关系的失衡，会在短时间内引起大规模的资本流动；第三，衍生市场迅猛发展，2007年，包括利率、外汇、股权、商品、信贷相连的远期、互换和期权等产品在内的场外交易合约，已高达500万亿美元以上；第四，广泛的金融自由化，到1996年发达国家中的金融管制已经微乎其微，发展中国家在金融自由化方面的进展也是惊人的。金融自由化

---

① Martin Neil Baily, Douglas J. Elliott, “The Role of Finance in the Economy: Implications for Structural Reform of the Financial Sector,” The Brookings Institution, July 11, 2013, p. 6.

② 何焰．金融全球化与国际金融法［J］．世界经济与政治，2003（9）：76.

③ “Global Financial Stability Report,” IMF, April 2013, p. 123. http://www.imf.org/external/pubs/ft/gfsr/2013/01/.

实际上为金融全球化奠定了统一的游戏规则。”①金融全球化加快了资本在不同国家、不同地区和不同领域间的流动，为经济、贸易的发展提供了巨大支持，但是其发展过程中出现的非对称性（成本和收益不对称、国际货币体系的不对等地位、国际资本流动及规模不对称、金融市场规模不对称②）及其他弊端导致了诸多问题，最突出就是 2008 年的金融危机。随着新兴国家的崛起，改革现有国际金融体制和金融监管机构以确保金融安全的呼声越来越高，2010 年 IMF 和世界银行作出的份额和投票权调整决议可以看作是向改革迈出的第一步。

三、安全脆弱化

冷战结束后，两大超级大国全球对峙的局面成为历史，市场经济逐步扩展到全球，和平与发展渐成世界舞台的主题。通过全球治理与多边合作维护国际秩序的总体稳定已是各主要国家的共识，国家所面临的传统安全威胁有减弱之势。然而，全球性问题蔓延、部分非国家行为体与 Web 2.0 技术的结合等因素加剧了对非传统安全的威胁，使国际政治安全出现脆弱化的的趋势。其中，威胁最大的三个领域分别为网络安全、社会安全和三股势力。由于当今国内—国际事务界线日益模糊，所以上述安全威胁在第三章中已有所体现，本章则主要在国际政治层面进行考察。

具有讽刺意味的是，网络安全形势的日益恶化实际上与互联网所带来的便利性密不可分。20 世纪 70 年代在制定互联网协议，即 TCP/IP 协议时，罗伯特·卡恩（Robert E. Kahn）和文顿·瑟夫（Vinton Cerf）为了使网络能够快速扩张而在安全性方面做了牺牲。后来，TCP/IP 的便利确实促进了互联网的普及，但是安全问题却因

---

① 高海红. 金融全球化与国际金融体系：对东亚的挑战［J］. 当代亚太，2008（2）：45－49.

② 金雪军，王义中. 非对称金融全球化、次贷危机与全球新型金融危机［J］. 浙江大学学报，2010，40（5）：136－138.

此而被放大。而且，由于网络自身带来的便利，人们将其应用到社会生活的各个领域，大到军事设施、机场、股票交易所，小到家庭、办公室、学校，几乎无处不在。但是，这却造成了国家安全在网络攻击面前的脆弱。因为“某些类型的网络攻击会造成致命后果，比如对航空管制的入侵可能导致多起空难。即便是看上去不那么致命的攻击也颇具毁灭性：金融交易网络的瘫痪或者电网的崩溃同样会引发灾难”。[①]就目前来看，对于网络安全威胁最大的似乎不是国家而是非国家行为体。虽然主权国家会通过技术手段对他国互联网进行监控，如美国的“棱镜”项目，或者窃取一些机密情报，但是很少实施大规模的网络入侵行动。因为在一个相互依存程度不断加深的国际政治中，保持各种要素流动的畅通更符合国家利益，而国际法、国际规则等亦发挥制约作用。对于私人团体和组织来说，黑客行为往往带有经济上或者政治上的强烈目的，如窃取情报以出售、受雇于某公司以打击其竞争对手或者极端主义组织的非对称攻击，加之其较少受到现实的或制度的制约，因而其攻击行为更加频繁和“大胆”，造成了当下严峻的网络安全形势。

第一，网络入侵频繁化。2011 年 9 月，澳大利亚国防部发布消息称，“其国防网络每天要遭受超过 30 次攻击，与 2009 年相比增长了 350 多倍”。澳大利亚只是一个范例，同样遭遇频繁网络入侵的国家还有很多，如美国、中国、俄罗斯、日本、以色列等，其中一些国家在遭遇数量上远超过澳大利亚。而且，如今遭受网络入侵的不止是国防部门，包括政府部门、大型企业、网络公司、国际组织甚至高校、银行、报社等都已成为黑客的目标。另外，“一些不具备网络攻击能力的机构和组织开始招募独立黑客为其从事政治、军事和商业情报的收集工作。‘网络黑社会’（cyber underground）成为向情报工作提供工具和人才支持的高效机构”。[②]

① W. Alexander Vacca, “Military Culture and Cyber Security,” *Survival*, vol. 53 (6), December 2011—January 2012, p. 166.

② “Foreign Spies Stealing US Economic Secrets in Cyberspace,” Office of the National Counterintelligence Executive, October 2011, p. 10.

第二，网络入侵隐蔽化。根据美国战略与国际研究中心（CSIS）的统计，2006 年 5 月—2013 年 3 月，全球共发生重大网络事件 127 起，其中能够大致确定攻击源头的只有 31 起，占总数的 24.4%。这一数字充分显示确定网络攻击源头的困难程度。而且随着黑客技术的提升，许多黑客组织甚至可以盗用他人 IP 地址然后发起网络入侵，即使受害者找到攻击源头，也可能只是某个与事件无关的网络终端。

第三，黑客行为造成的损失日益严重。早期的黑客行为多为窃取信息、篡改网页等，而如今又增加了散布恶意软件、修改银行账户、瘫痪网络设施等手段，导致受害者蒙受的经济损失日益严重。2010 年 10 月，黑客利用“宙斯”（Zeus）恶意软件从美国和英国的 5 家银行盗取 1200 多万美元；2011 年 5 月，一个名为“Anonymous”的黑客组织入侵了索尼公司的 PlayStation Network，超过 8000 万用户的资料被盗，造成损失 1.7 亿美元；2012 年 1 月，英国安全部门表示，一家伦敦上市公司因网络攻击损失 12 亿美元……相关事例不胜枚举。正如奥巴马政府 2009 年公布的网络安全评估所说：“每年，从企业、政府和大学的网络中被窃取的知识产权的数量比美国国会图书馆存档的知识产权数量多好几倍，威胁着美国的军事效能和在全球经济中的竞争力。”①

与网络安全类似，社会安全的隐患也令人担忧。信息技术的发展提供了更加便捷的交流方式，本应促进人与人之间的相互理解和尊重，保持社会和谐与稳定。然而，在一些因 Web 2.0 技术而发展壮大的非国家行为体的影响下，社会安全形势却出现了恶化的迹象。首先是非法移民。由于不同国家和地区间的经济社会发展存在差异，落后地区的民众为了能够获得更好的个人发展机会，往往倾向于向发达地区迁移，当合法迁移途径走不通时，便铤而走险，成为非法移民。所以这个问题由来已久。进入信息时代，非国家行为体不但实现了技能的提升而且其中一些逐步形成跨国网状组织，从事非法移民业务的

① ［美］约瑟夫·奈著，王吉美译．权力大未来［M］．北京：中信出版社，2012：197.

各类蛇头组织亦不例外。因此，近年来非法移民数量大增。据国际移民组织估计，全球每年的非法移民高达300万；全世界目前有2.14亿移民，其中约有1900万至3800万属非法移民。意大利《欧洲侨报》2010年1月10日报道，1998—2008年，意大利的移民人数增加了246%，仅2008年就增加了50万人。2011年中东变局之后，中东北非地区居民为躲避战乱大规模涌入欧洲，导致非法移民数量暴增，每天约有数百人乘船跨越地中海。非法移民的具体数量难以统计，但是非法移民潮确实存在且危害巨大。对于迁出国而言，“输出的虽只是国内的剩余劳动者，但非法移民毕竟是件不光彩的事，它严重损害了该国的国际形象，从而产生了一系列间接影响。此外，非法移民还会衍生许多社会问题，如犯罪问题、教育问题、腐败问题等，这也是令当地政府极为头痛的”。[①]对于迁入国而言，数量巨大的非法移民会引发严重的社会冲突，因为“非法移民破坏了迁入国正常的社会经济秩序，导致本地人滋生仇恨情绪，引发针对移民的骚乱，如果移民予以还击，又会进一步陷入恶性循环之中，恶化社会秩序。非法移民还加剧了迁入国的犯罪活动如黑社会、卖淫等”。[②]这些都对社会安全构成严重威胁。其次，有组织犯罪国际化。互联网提升了人类社会的组织化程度，有组织犯罪团伙却也因之而蔓延并走向国际化。“从当前已发现或破获的有组织犯罪案件看，犯罪集团区域性合作仍在不断加强。如俄罗斯与东欧黑手党联手向意大利西西里走私军火；日本暴力团与意黑手党讨论合作‘洗钱’问题；意、美、俄黑手党协商加强在东欧的‘毒品事业’。俄意黑手党在塞浦路斯建立‘地中海战略基地’，并同哥伦比亚毒品集团相勾结，在加勒比地区建立走私贩卖毒品、潜艇、地对空导弹、AK－47冲锋枪等武器的新基地等。”[③]伴随这种国际化趋势的是有组织犯罪在毒品贸易、军火贸易、人口走私、洗钱等多项业务领域中构筑起跨国网络，将其犯罪行为和非法事

---

① 林胜．非法移民：一个世界性难题［J］．人口与经济，2002（6）：12.

② 同上，13.

③ 李伟．国际有组织发展趋势［J］．现代国际关系，2001（3）：40.

业扩展到多个国家和地区，或者与当地的有组织犯罪共同合作以获得更多的非法利润。其所涉及的业务，无论是军火、毒品、洗钱、勒索还是政治献金，都是对正常社会秩序的严重冲击，不但威胁社会安全，还威胁着公民的人身财产安全。另外，由于有组织犯罪跨国网络的建立，其生存能力增强，各国政府打击有组织犯罪的难度显著上升，单靠一国或几国政府的力量难以彻底取缔，如果采用国际合作的方法，又要面临各国立法差异、协调行动、跨境追捕等棘手问题。

非国家行为体中有一类比较特殊的组织，该类组织具有强烈的进攻性，几乎对人类社会的进步没有任何正面作用，这类组织即是分裂主义、恐怖主义和极端主义组织，统称三股势力。实际上，我们很难对三股势力进行明确区分，因为其往往互相纠结：恐怖袭击一般不会是恐怖主义组织的目的，而是实现政治目的的手段，这一目的多数为独立或者圣战；分裂主义和极端主义组织为了在实力不对称的情况下实现目标，多采用恐怖袭击的手段。但是，三者有一个共同特征：为实现政治目的不择手段。所以，三股势力对于国际政治以及普通民众的安全构成严重威胁。而这一威胁随着其自身的“异变”正不断扩大。所谓的“异变”即三股势力因信息技术而产生的变化。一是装备和技能提升。互联网提供了一种即时的、点对点的交流方式，使人们能够轻松地获取信息、建立联系。这在某种程度上为恐怖分子、极端势力等提供了便利，拓展了其购买武器装备的渠道。在 2008 年孟买恐怖袭击中，恐怖分子配备了 GPS 全球定位系统和卫星电话，可以随时了解情况并互相联络，比印度警方的装备更加先进；长年与恐怖分子打交道的俄罗斯特工人员在调查后发现：恐怖分子手中的武器有 30% 是全新的，即这些武器是从俄罗斯或者其他国家的军工企业手中得到的。而互联网的开放性甚至可以使其得到极为危险的物质，如放射性材料。除了武器装备，他们还通过互联网获取各类信息，如思想理论、机密信息、战术手段等，不断提升自身的各项技能和理论修养，其危害性也随之上升。二是网络化组织结构形成。与主权国家相比，三股势力的力量较弱，难以正面抗衡。为了增强生存能力、保证组织的延续性，其对原有的等级体系结构进行了改造，建立起松散的网状结构，即使某些节点被击溃，其余的仍能够正常运作。当然，如果没有互联网技术的支持，这种改造也不容易实现。网状结构形成以后，上述组织一方面“通过网络与其他国家和地区的支持者建立联系，指使他们在当地制造恐怖事件。马德里连环爆炸案、伦敦地铁爆炸案以及近期发生的波士顿爆炸案都有此类人员的参与”。[①]另一方面，许多组织利用网状结构易于扩展的特性，通过互联网进行结盟、兼并或者合作，逐步构筑起一个覆盖多国乃至全球的网络，互相支援、协调行动，扩大影响范围。在这一点做得最为成功的是“基地”组织。国际反恐专家认为，“9·11”事件后，“‘基地’组织已经如突变的病毒一般，演变成为一个较为模糊、松散的组织，一个不具备等级体系、却又怀有共同的圣战理念和敌对目标的‘恐怖幽灵’，利用最先进的互联网、光纤通信和电子邮件，结成了有形或无形的全球恐怖网络，化整为零，相对独立，而且盘根错节，遥相呼应，逐渐适应了全球反恐的新环境……其全球分支机构已经渗透到60多个国家和地区，遣散到各地的恐怖分子和极端分子多达1.8万”。[②]‘基地’组织因此获得了广泛的影响力和支持者，“根据皮尤中心的调查，在巴勒斯坦、印尼和埃及，大约有四分之一的穆斯林支持‘基地’组织——约7300万人”。[③]可以想见，如果更多的组织仿效“基地”组织或者与其合作，那么三股势力将获得其以往无法想象的活动范围、行动力和生存能力，国际政治的安全状况不容乐观。

四、行为体一体化和分散化

人类社会在发展过程中逐步形成了内涵与形式各异的语言、宗教、民族和文明。通过一定时期的互动，不同的群体认同开始出现。因为“人为了使相关的记忆和分类更加容易，倾向于夸大其对他者

---

① 周意岷．试析中东人口问题及其影响［J］．国际展望，2013（5）：130.

② 涂龙德，周华．伊斯兰激进组织［M］．北京：时事出版社，2010：342－346.

③ Seth G. Jones，“Think Again：Al Qaeda”［J］，*Foreign Policy*，May/June 2012，p. 49.

的看法。而且特别为他们所夸大的，是那些或许因为具有优先性或者频繁性而显得更加突出的属性”①，如语言、宗教。基于不同的群体认同，各类群体组织建立起来，包括氏族、部落、教会、国家等等。其中，国家无疑居于主导地位，在人类文明史的多数时间内承担着战争、建设、发展等任务。但是，在现代民族国家形成前，人们的认同并不局限于国家，比如，“1757 年，斯坦威尔子爵是奥地利驻巴黎公使，而他的儿子则是法国驻维也纳宫廷的大使，后来又以舒瓦瑟尔公爵的身份当上了路易十五的首相。与此同时，他的另一个儿子是驻匈牙利克罗地亚军团的少校。那时，一个法国外交官或军官效力于普鲁士国王、服务于普鲁士的目标甚或加入普鲁士的军队与法国作战，并不稀奇”。②当国家间的战争越发频繁、规模越来越大，民族主义情绪日渐高涨，这类情况逐渐绝迹，代之以强烈、单一的对民族国家的认同和忠诚。这一局面从 19 世纪开始一直持续到二战结束。通过对二战的反思，西欧国家率先走上了一条不同的道路，但是由于当时殖民地独立运动的兴起，世界范围内的民族主义热度依然不减。随着现代化、全球化以及互联网技术的发展，各类非国家行为体的活动范围和影响范围扩大，通过引导和规范使得公民的认同取向再度发生变化，即出现了认同的狭窄化和广泛化两种趋势：前者从较狭窄、较亲近、较社群的角度重新界定身份和特性；后者从更广阔的范围内寻找志同道合者（见第三章）。在这两种趋势的影响下，国际政治的行为体（国家和非国家）进入了一体化与分散化相互交织的时代。

国际政治行为体的一体化肇始于主权国家，最初可追溯到二战后西欧 6 国煤钢共同体的建立。二战后初期，西欧国家总结经验教训，认为要想“有效保障欧洲地区的和平，振兴西欧国家的经济，加强

① ［美］保罗·科维特．国家认同建构中的行为体和结构关系［A］．尼古拉斯·奥鲁夫主编，肖锋译．建构世界中的国际关系［C］．北京：北京大学出版社，2006：131.

② ［美］汉斯·摩根索著，徐昕，郝望，李保平译．国家间政治［M］．北京：北京大学出版社，2006：279.

自己在世界上的地位”①，必须抛弃宿怨、实现联合，因此提出了欧洲联合的设想，并于1950年建立欧洲煤钢共同体，将设想付诸实践。在此基础上，1957年，成员国签署《罗马条约》，又成立了欧洲经济共同体和欧洲原子能共同体。60年代，三套机构合并为欧洲共同体。后经欧洲同一性文件、欧洲一体化文件、《马斯特里赫特条约》《里斯本条约》等文件的强化以及成员数量的增加，欧盟正式形成并从经济一体化走向政治、安全一体化。欧盟的作为国家一体化的成功范例为其他国家提供了一个一体化的路径：即先易后难，先由经济一体化起步，进而推动政治和安全一体化。因为国家一体化必然涉及主权让渡，相比之下，经济主权的让渡引发的争议最小，容易为各国国内的各派势力以及民众所接受（亦有例外，如1981年成立的海湾合作委员会是以安全一体化为起点的，目的是应对伊朗伊斯兰革命）。冷战后，信息革命加强了不同国家和地区间的信息、经贸和金融往来，相互依存度进一步提升，共同利益增多，一体化的规模也就不断扩大。截至目前，现存的区域一体化组织主要有四类：“1. 是市场导向和政策导向相结合的一体化，如北美自由贸易协定；2. 是市场导向型的一体化，如欧洲联盟；3. 是政策导向型的一体化，如东盟自由贸易协定、亚太经济合作组织；4. 是双边一体化协议，如墨西哥和智利签订的双边自由贸易协定。”②可以看到，当前的区域一体化仍以经济一体化为主，政治和安全一体化的案例为数不多，即便如欧盟这类较为成熟的一体化组织，在推进政治、安全一体化的过程中亦面对重重阻力。

由于不像主权国家那样拥有庞大的资源优势和联络渠道，所以在相当一段时期内非国家行为体的一体化进程比较缓慢。然而，互联网时代的到来一举解决了这一问题，非国家行为体由此进入大规模联合的阶段。除了信息技术以外，推动非国家行为体一体化的要素还包

---

① 方连庆，刘金质，王炳元主编. 战后国际关系史［M］. 北京：北京大学出版社，1999：209.

② 张纪康. 论区域一体化形成和发展的实质基础［J］. 欧洲，1997（4）：52－57.

括："变化的理念，反对意见的形成，从众效应，广泛的支持，繁荣的市场经济，多变的局势，大众的响应，认同取向的多元以及热情的选民。"[①]总体来看，非国家行为体的一体化大致有三种类型："1. 在一个系统或子系统中，拥有共同理念的人们以某个微观层面的政治导向为基础相互联合；2. 隶属同一个系统但是分属其下不同子系统的人们相互联合，这种联合通常有活跃的公民或者组织的领导者发起，目的是使某个议题为公众和政府所关注；3. 分属两到三个不同系统的人们实现联合，以发挥合力，应对共同面临的挑战和问题。"[②]也就是说，与主权国家相比，非国家行为体的一体化类型更加丰富，来自于不同国家、同一国家内的不同地区或者不同问题领域的机构和组织可以通过各种方式互相联合。由于不受国家主权的过多束缚，它们在一体化过程中既可以脱离原有体系进入新的系统，亦可以在保留原有身份的同时与新的对象展开新的合作。而且，非国家行为体一体化的目的也是多种多样的，有的是为了经济利益，如跨国公司、有组织犯罪，有的是为了人权，如自由之家、大赦国际、国际红十字会，有的是为了解决全球性问题，如各类环境 NGO。非国家行为体一体化的实现改变了其原本较为分散的态势，加强了彼此间的联系与合作，进而提高了工作效率和在全球范围内的影响力，有利于多种问题的解决（某些类型非国家行为体的一体化加剧了一些问题的严重性，如有组织犯罪、宗教极端势力）。比较明显的是国际环境非政府组织，其"建立的全球网络，触角遍及世界各地……将各国的环境非政府组织及基层环境非政府组织有机地连成一体……通过这个纽带，世界各地的环境问题和各地环保人士的关切被反映到国际层次，解决全球性环境问题的战略又被层层分解到基层"。[③]

在全球化和信息技术的推动下，行为体一体化得以迅速开展，一

---

① James N. Rosenau, Turbulence In World Politics, New Jersey: Princeton University Press, 1990, p. 174.

② Ibid., p. 169.

③ 王杰，张海滨，张志洲主编. 全球治理中的国际非政府组织［M］. 北京：北京大学出版社，2004：315.

个相互依存度更高、合作更加频繁的世界正在形成。然而，事情的发展并非看上去那么顺利，在一体化的之外，一股分散化的暗流蓄势待发。根据皮帕·诺里斯（Pippa Norris）在1990—1991年和1995—1997年做得“世界价值民意调查”（World Values Survey）显示：被调查者中，只有15%的人把洲际认同或世界认同作为首要认同，38%的人更看重民族认同，而47%的人首选地方或区域认同，纯粹的地方主义者有20%，而纯粹的世界主义者只有2%。据此得出的结论是，“在年轻人、受教育程度较高的人、生活更加富裕的人当中，存在着一种越来越高涨的世界主义趋势，但这种趋势仍然比不上地方性认同、区域性认同以及程度稍逊的民族认同的持久性，在大多数人头脑中，尤其是在那些被全球化的利益所抛弃的人的头脑中，地方性认同、区域性认同和民族认同仍然是地域性认同的首要源头”。[①]最先受到这一暗流影响的是民族国家。在美国，人们愈发不信任联邦政府，限权运动高涨，在2012年大选之后一度出现各州独立的网络运动，参与者达66万人。在欧盟，《欧洲宪法条约》一度搁浅，最后以更为温和的《里斯本条约》替代。在拉美国家，如巴西、阿根廷、玻利瓦尔，省政府、州政府掌握的权力和资源不断上升。也许应验了亨廷顿所说：“在穆斯林世界，身份认同呈现出一个U字形：最强烈的认同感，一头是家族、氏族和部落，另一头是伊斯兰教，而对国家的忠诚心通常较弱。在西方世界，则是把U字形倒过来，对国家的认同最高。可是这种情况正在其变化，超国家的和国民层次以下的各种身份的地位逐渐上升，欧美人的认同感不再是两条低中间高，而是趋于拉平，向穆斯林模式接近。国家特性、国民身份和国家利益的概念在失去分量。”[②]除了民族国家以外，少数大型非国家行为体也面临着分散化的冲击，比较典型有穆斯林兄弟会国际组织。由于在各国的分支机构面临的情况和处境不同，其各自确立的政策和目标也是南辕

① ［美］曼纽尔·卡斯特著，曹荣湘译．认同的力量［M］．北京：社会科学文献出版社，2006：327.

② ［美］塞缪尔·亨廷顿著，程克雄译．谁是美国人？［M］．北京：新华出版社，2010：13.

北辙，使得穆兄会国际组织难以作出统一的协调和安排，因此“穆兄会国际组织已经‘名不副实’，对各分支机构的影响力十分有限，穆兄会各分支机构目前基本上处于‘各自为战’的局面，穆兄会国际组织也没有能力施加太大的影响”。[①]总体来看，分散化态势的出现，很大程度上归因于 Web 2.0 技术给个人和中小非国家行为体带来的综合能力的提升。这种提升使得其具备了维护自身利益的条件，因而倾向于脱离或游离原有系统，要求更大的自主性。不过，有些行为体在分离之后加入了另一个机构，或者与其他类似的行为体构建了一个新的组织，重新走上一体化的道路。所以，一体化与分散化实际上是相互交织、并行不悖的。

第二节　国际政治变化的影响

与国际体系不同，处于单元层面的国际政治对于变化的反应迅速而灵敏。由于议题多元化、商业平坦化、安全脆弱化以及一体化和分散化等给非国家行为体和主权国家造成了多方面的影响，二者在国际政治中的地位和行为方式发生转变：非国家行为体不再甘心充当配角，寻求走上国际舞台的中央；主权国家不愿放弃主导地位，积极对其实施反制措施。

一、非国家行为体转变角色

许多学者长期以来给非国家行为体的角色定位就是从属和附庸。在国际政治中，主权国家才是占据主导或者支配地位的角色，非国家行为体只是国家的从属，跨国政治只是国家间政治的补充形式。无论非国家行为体取得何种进步和提升，都无法与国家相抗衡。因为国家所能调动的人力、物力和财力资源相比非国家行为体有着绝对的优

① 涂龙德，周华．伊斯兰激进组织［M］．北京：时事出版社，2010：137.

势。而且，国家还拥有非国家行为体天然缺失的强制力，可以强迫对手改变原本的偏好。所以，肯尼思·华尔兹曾说："当谈及跨国公司以全球为基础做决定时，人们的印象是国家不再重要了。但这完全是误导。我们不应该草率地断言经营的分散化意味着缺少控制中心。"[①] 即便是在跨国政治领域，有些学者也并不十分认同非国家行为体。如，李景治教授提出："主权国家应当是全球治理的核心与主导。因为，其一，只有主权国家才能签订具有法律效力和强制约束力的治理协议。其二，只有各国政府才能动用国家的力量，动员全社会各个方面的力量，落实全球治理的各项协议。其三，只有主权国家才能保障全球治理形成行之有效的制度，保证全球治理的长期性、稳定性……总而言之，全球治理的主体应该是以主权国家为核心和主导、以联合国为主要合作平台、有其他各类国际组织、国际团体和社会群体参与的国际行为综合体。"[②]

然而，主权国家地位和作用的削弱以及非国家行为体的上升有目共睹。非国家行为体开始由辅助角色向主要参与者之一转变。比如，"在全球不同领域和各个层次的治理中，非国家行为体能够独立地承担起治理的责任。非政府组织拥有广泛的人力和知识资源，通过承担全球责任和提高治理效率，在全球不同层次的治理中都可发挥重要作用"。[③] 促使这一转变发生的主要有两个因素：第一，非国家行为体资金状况的改善。以往非国家行为体多依赖政府的资金，在某种程度上限制了其自主性，不得不成为主权国家的从属。商业平坦化为非国家行为体改变这一局面提供了可能。商业平坦化不仅促使全球财富迅速增加，而且使得过去处于相对弱势的组织和机构能够参与到全球市场之中，进而获得收益。一些营利性的非国家行为体，如跨国公司，则更是取得了惊人的收益。获利颇丰的跨国公司开始增加对外投资，

---

① ［美］肯尼思·华尔兹著，张睿壮，刘丰译．现实主义与国际政治［C］．北京：北京大学出版社，2012：151.

② 李景治．全球治理的困境与走向［J］．教学与研究，2010（12）：32－34.

③ 刘清才，张农寿．非政府组织在全球治理中的角色分析［J］．国际问题研究，2006（1）：51.

“2011 年，世界排名前 100 位的跨国公司对外直接投资达到 3740 亿美元”。[①]于是，非营利性组织便可以从跨国公司等机构获得投资，减少对政府资金的依赖。第二，非国家行为体改变了行为方式。非国家行为体在国际政治中发挥影响力的传统方式主要包括：1. 通过自身的行为，直接对某一国家的对外政策或行为施加影响；2. 通过其组织或机构的成员，对其所在国家的对外政策施加影响；3. 通过自身的行动，协调跨地区国家间或地区性国家间的相互关系；4. 通过自身的机构或会议，以及各种宣言、决议等文本形式，为国际政治制定共同的行为规范和相互关系准则。可以看到，上述方式的一个共同特点就是间接性，即非国家行为体要通过主权国家或者政府间国际会议发挥作用。这无疑加深了其从属角色的地位。如今，受益于信息技术的发展和公民社会的加强，非国家行为体除了传统方法之外，还可以利用互联网传播其理念和目标，以聚集大批支持者，直接向国家施压。同时，一体化的推进也增强了非国家行为体在更广阔的范围内发动社会运动的能力，使得非国家行为体能够更加平等地参与国际事务，与主权国家开展合作与竞争。

经过一系列因素的影响，如今的非国家行为体已经从过去的从属和附庸转变为国际政治的主要参与者。这一新角色包含两层涵义。首先，非国家行为体是主权国家的对等合作者。主权国家与非国家行为体的合作由来已久，但多数情况下非国家行为体只是处于一种配合的地位，规则制定、机制运行、分歧与冲突解决等重大事务的决策权仍是由国家掌控。在新的状况中，非国家行为体的地位明显上升，其参与国际事务的方式也有所转变。所以，其与国家逐渐演变为相互补充的对等关系。即“国家与非国家主体追求的价值与利益是相互并存的，在国家面临安全保障、统一、独立、以及维持统治等方面的危机时，非国家主体不是追求与国家主体不同的价值与利益，而是去寻求对国家主体的一种补充。在这种情况下国家并不否定和反对非国家主

① UNCTAD, “World Investment Report 2012,” New York and Geneva: United Nations, 2012, p. 24.

体的存在，反而会积极地接受非国家主体。因此，国家权力与非国家权力之间形成了共存与对称的权力关系”。[①]某些国家难以进入或者不愿涉及的领域或事务，非国家行为体甚至可以凭借其自身特点和优势在其中发挥主导作用。如在非洲冲突的管理中，“非政府组织积极活跃在各个环节上，对遏制冲突的升级、推动冲突的解决起着重要的作用。原因在于：1. 非政府组织的非官方属性使其在解决冲突中处于更为有利的位置，它们几乎可与冲突各方进行接触，不仅包括政府甚至也包括反政府力量；2. 非政府组织的组织机构和活动方式相对灵活，一般没有等级森严的官僚体制和繁琐的决策程序，它们可以根据事态发展对危机作出及时、灵活的反应；3. 非政府组织一般与媒体保持着良好的合作与交流渠道，能通过多种途径把有关信息迅速、及时地提供给国际公众，或者通过发动民众的力量开展跨国性和全球性的活动，将民众的需要和呼声带到国际决策场所”。[②]可以预见，今后国家将在更多领域与非国家行为体开展合作，以借助其力量应对日益复杂的国际局势。非国家行为体与国家间的对等关系会因之更形明显。

除了对等的合作关系之外，某些非国家行为体与国家之间还形成了一种竞争关系。在以往的世界政治中，存在着一种大国垄断国际机制设计和运作的情形。若干大国和富国通过合作结成“大国俱乐部”，负责向国际社会提供公共产品。但是，当大国间因各自的私利不能达成一致时，公共产品的供应便会陷入停滞或不足的状态，“大国俱乐部”的“民主赤字”因之产生。一些非国家行为体致力于打破这种垄断，重新设计一种基于人类普遍利益、可以广泛参与的国际机制，从而为大国、小国、跨国公司、非政府组织等多种行为体提供一个互动平台，为解决国际事务提供多元化的视角，进而建立网状化的全球治理结构。这在某种程度上必然促使非国家行为体成为国家地

① 傅勇．世界政治中非国家主体的地位与作用［J］．社会科学，2005（8）：45.

② 罗建波．非政府组织在非洲冲突管理中的角色分析［J］．国际论坛，2008，10（1）：10.

位和利益的挑战者以及全球事务处理的竞争者。另一方面，非国家行为体在某些问题上与国家间形成了一种更加对立的零和博弈关系，尤其是“在比较敏感的政治性领域，比如涉及民族矛盾（少数民族问题）、宗教事务等方面引发的对抗。还有近年来的反全球化运动反映出它们保护少数和弱势群体的心态与追求，因而不可避免地使自己经常站在政府或主流派别的对立面”。[①]更为甚者，某些组织和机构还频繁参与颠覆政府、分裂国家、威胁国家安全等活动。2003—2005 年，格鲁吉亚、乌克兰、吉尔吉斯斯坦相继发生“颜色革命”，其背后就有非政府组织的推动。“它们利用了以上国家在转轨时期国内的矛盾和困难以及在非政府组织管理上的松懈，开展了大量与其自身性质和宗旨不相关的活动。它们的活动一定程度上扰乱了当地正常的政治、经济和社会秩序，其中有些活动是违反所在国家法律的；有些活动带有明显的政治意图，有明显的针对性，是经过精心策划的。”[②]其他如“基地”组织、“东突”组织等亦属此类。不同于良性竞争关系，这种零和博弈关系会对国际政治以及人类的生存和发展构成深远的消极影响。

二、主权国家实施反制

虽然非国家行为体角色地位的转变并不必然导致其与国家间形成“非此即彼”的零和博弈关系，但是其不可避免地令国家权力受到限制和侵蚀，毕竟世界舞台的空间有限。由于非国家行为体获得了即时、同步、可互动的通讯技术，其可以就某一问题在特定时间内制造集聚效应，并借助日益觉醒的公民社会的力量，形成对国家权力的局部优势，与主权国家展开角力，进而限制其影响力和决策力。这一点在涉及人权、全球性问题以及基本公理正义问题时尤为突出。“1994 年，国际非政府组织‘福音 2000’（Jubilee 2000）号召发达国家以

---

① 傅勇．世界政治中非国家主体的地位与作用［J］．社会科学，2005（8）：45.

② 金彪．试析中亚“颜色革命”中外国非政府组织的作用［J］．学会，2008（4）：12.

及世界银行减免第三世界国家的债务。对于债权国来说，这不合常理，并且不论从政治层面还是从经济层面几乎都是不可能实现的。但是，在‘福音2000’等国际非政府组织的大力推动下，世界银行和国际货币基金组织于1998年接受了这项计划，并于2000年减免了玻利维亚、莫桑比克、毛里塔尼亚、乌干达和坦桑尼亚等国的部分债务。此后，西方发达国家纷纷提出减免第三世界国家的债务。国际非政府组织‘地球之友’（Friends of the Earth）通过游说和开展唤醒公众意识等行动后，促使40多个国家赞同严格控制导致臭氧减少的化学物（特别是制冷剂）的使用。而严格控制制冷剂的使用无疑会对各国的经济产生相当的负面影响。”[①]在这种限制之下，主权国家——尤其是大国不再能够如过去那般在国际事务中“随心所欲”，以国家利益、国家安全为名侵犯他国主权或者践踏人权。甚至有些时候在国际道义和舆论的压力下，主权国家会在一些问题上主动向非国家行为体让渡某些权力。

除了限制之外，国家权力在某些方面还因遭受到非国家行为体的侵蚀而出现退出或弱化的现象，最为典型的体现在国际金融和经济领域。“全球金融市场基本上脱离了单个政府的控制，包括美国的控制……各国国内的经济政策在很大程度上被管制放松、控制无力的金融市场束缚住，政府在经济政策上面的自主空间已然被压缩殆尽。这种困难因为生产的跨国化而更显严重。多国公司被整合进生产和贸易网络，政府在其领土范围内确保带来税收的生产基础的能力降低，加之跨国公司可在全世界任何地方找到避税港，要从国际生产体系中多挤压出一些利益越来越难。”[②]随着时间的演进，这种对国家权力的侵蚀现象，正逐步自“低级政治”扩散到“高级政治”，“在‘低政治’领域尤为活跃和重要的非国家行为体更广泛、更有力地影响国际议程的确定和国际争执的结果，因而‘高政治’问题的地位和武

---

① 叶江，甘锋．试论国际非政府组织对当代国际格局演变的影响［J］．国际观察，2007（3）：59.

② ［美］曼纽尔·卡斯特著，曹荣湘译．认同的力量［M］．北京：社会科学文献出版社，2006：300.

力与武力威胁的效用有所下降；与此相关，国际强弱之分变得更具相对性，在更大程度上以所涉问题领域为转移，而在军事领域的优势或劣势，远非简单地意味着全面或总体的优势或劣势”。[①]另外，非国家行为体中的一些特殊团体，如有组织犯罪集团、恐怖主义组织、极端势力、分裂势力、黑客组织等，开始着手在全球建立犯罪网络、从事非法活动，通过暴力手段或暴力威胁挑战政府权威、削弱国家权力地位，渐成国家的心腹大患。非国家行为体或许未上升到与主权国家平起平坐、分享权力的程度，但是其对国家权力的限制和侵蚀确实是“真实存在”的。当国家切身体会到这一点后，其反制行动便付诸实施了。

在国际社会无政府状态中，出于维护自身安全的目的，国家以追求权力为手段。所以，当国家权力受到非国家行为体的限制和侵蚀时，其必然采取反制措施以保持原有的权力地位。这种反制首先发生在互联网技术领域。通过之前的分析，我们可以明显看出，非国家行为体之所以能够在国内政治以及国际政治中实现自身业务能力、地位以及影响力的飞跃，与互联网的发展密切相关。互联网赋予了其获取信息资源、传播理念、发起社会运动、制造集聚效应等手段。因此，国家选择以互联网为限制非国家行为体的切入点。起初，不少专家和政策制定者对于网络治理持怀疑态度，如美国前总统比尔·克林顿（Bill Clinton）曾将控制互联网比喻为“试图将布丁钉在墙上”。[②]在实际操作中也确实遇到过困境，如 2002 年，西班牙试图关闭一家巴斯克分裂势力开设的网站，但却发现无从下手。因为该网站是在澳大利亚注册的，而其租用的服务器位于加利福尼亚。然而，经过一段时间的摸索，一些国家还是找到了可用的策略。最为直接的方法就是对互联网进行实时监控。虽然互联网是一个极具自由度的领域，但是“信息基础设施是建立在一个国家领土之内的，受到国家主权的管辖

① 时殷弘．全球性交往、相互依赖和非国家行为体［J］．欧洲，2001（5）：9.

② G. Wacker, “The Internet and Censorship in China,” China and the Internet: Politics if the Digital Leap Forward, ed. C. R. Hughes and G. Wacker, London: Routledge Curzon, 2003, p. 58.

和支配。国家可以通过其手段改变一些规则”。[①]因此，多个国家开始利用其资源建立监控网络，以监视非国家行为体以及其他国家内部或相互之间的信息流动，进而掌握其未来动向。美国对于这一方法的态度最为积极。“9·11”事件后，小布什政府将反恐置于国家安全和对外政策的核心地位。由于恐怖分子善于利用互联网采取行动，因而网络反恐亦被提上日程。此后，美国政府提出了“持续监控”（Continuous Monitoring）的概念，即“允许相关机构利用一系列程序观察互联网上的各种行为，通过产生的可量化数据确认、报告和评估风险，并迅速采取应对措施……持续监控并不意味着全体24小时盯着计算机屏幕，而是一种基于软件的、通过比较网络性能和配置来确定漏洞、产生数据和发出警报的方法……2009年，美国国务院成为第一个引入持续监控的机构。这一自动监控机制覆盖了全球范围内8.5万台计算机，并在投入运行的首年令风险指数下降近90%”。[②]随后，该监控措施逐步扩散到其他部门，如美国国家航空航天总局（NASA）、美国医疗保险和救助中心（CMS）等。同时，美国其他部门也着手开发网络监控程序，其中最为著名当属美国国家安全局（NSA）开发的“棱镜”计划。该计划主要监控10类信息：电邮、即时消息、视频、照片、存储数据、语音聊天、文件传输、视频会议、登录时间和社交网络资料的细节。不仅是威胁国家安全的组织，一些跨国公司如微软、雅虎、谷歌、Facebook、YouTube、Skype、苹果，非政府组织，其他国家的政府部门乃至个人亦受到监视。至此，美国已经将网络监控从反恐领域扩展到了整个互联网。而且，除美国外，英国、法国等国似乎亦有类似计划处在开发或运行之中。随着有能力的国家相继加入互联网实时监控的行列，非国家行为体的处境将有所恶化，但是互联网监控并非没有漏洞，非国家行为体会通过技术实力的提高利用这些漏洞实施反监控，与国家展开周旋。

---

① Eneken Tikk, “Ten Rules for Cyber Security,” *Survival*, vol. 53 (3), Jun – July 2011, pp. 119 – 132.

② Franklin S. Reeder, Daniel Chenok, Karen S. Evans, James A. Lewis, Alan Paller, “Updating U. S. Federal Cybersecurity Policy and Guidance,” CSIS, October 2012, pp. 3 – 4.

虽然网络实时监控、自动屏蔽等功能帮助主权国家在互联网领域扳回一城，但是上述手法毕竟效果有限且存在侵犯个人隐私等“副作用”，所以国家将目光转向网络之根——TCP/IP 协议，希望通过改变游戏规则进一步控制网络。众所周知，没有 TCP/IP 协议，互联网就不能正常运作，而且域名服务系统一直掌握在美国手中：全球 13 个根服务器中的 10 个在美国。但是，“美国不愿意对域名服务系统进行直接控制。如果它试图这样做，那么其他国家及超国家机构都不会袖手旁观……因为除了美国政府，国际互联网协会、国际电信联盟和世界知识产权组织亦试图确立在互联网治理方面的权威”。[①]直接控制的方法行不通，只能转而求其次，修改 TCP/IP 协议。原本互联网使用的 IP 协议是 IPv4，但是至 2011 年 2 月 3 日，IPv4 所能提供的 IP 地址已经分配殆尽，急需新的协议以提供新的地址资源。但是，鉴于以往的协议利于扩散而不利于监管的“弊端”，各国政府及相关机构在制定新协议 IPv6 时，增加了对安全性的考虑，加入了对自动配置（Auto Configuration）的支持，使得网络管理更加方便和快捷，并从技术上一劳永逸地解决实名制问题，一个真实用户和一个 IP 地址一一对应。也就是说，各国政府将更加便利地实施网络监控。修改互联网规则只是国家试图限制非国家行为体的一个方面，其更关注的是普遍的国际规则。现存的国际规则基本是按照大国意志确立的，因而其在具体运作中必然以国家为主导。议题多元化、商业平坦化以及安全脆弱化给了非国家行为体改变现有规则、增加话语权的机会，但是国家依旧希望非国家行为体只是作为一个协助者、合作者以及执行者的面目存在，而不是对等参与者或者竞争者。因此，国家利用其资源优势和权力优势，竭力维护现有规则或者在规则修改中保持主权国家的地位。在 2009 年 12 月的哥本哈根气候大会上，包括美欧日澳在内的发达国家与新兴大国以及受到非国家行为体支持的海岛国家和最贫穷国家展开了一场微妙而复杂的博弈。因为这次“旨在给地球降温的

---

① ［英］安德鲁·查德威克著，任孟山译．互联网政治学［M］．北京：华夏出版社，2010：320－328.

气候变化国际谈判，表面上是各国就温室气体排放额度讨价还价，但更深层次的问题，则是各国关于能源创新和经济发展空间的博弈，进而将影响未来国际格局的转型……这是一场维护生存权和发展权的博弈，是一场划定‘气候主权’与国家主权界线的博弈，也是抢占世界政治和经济新秩序‘制高点’的博弈”。①会议期间，多个环境非政府组织通过海岛国家和最贫穷国家传递全球变暖的紧迫性和危害性，力图限制大国的碳排放，将气候主权、碳排放权与传统国家主权并列，进而改变现有的国际经济和政治格局。发达国家则通过宣传全球变暖并不紧迫的研究结果和数据，尽力摆脱减排责任或将责任转嫁给发展中国家，以维持自身的主动权。类似情形在其他国际会议中亦有体现。除了国际规制，主权国家还修改国内相关规则对非国家行为体施加限制，如通过反垄断立法对微软等跨国公司发起反垄断诉讼，以维护消费者合法权益为名对苹果等公司涉嫌制定不平等条款等问题进行调查，或者以维护国家安全的名义审查非政府组织的活动项目和资金来源。总之，由于国家尚处于规则制定者的有利位置，其将充分利用这一条件，保持对非国家行为体的优势地位。

面对国家通过国际或国内规则施加的限制，某些非国家行为体会从自身利益考虑做出让步，如“为了维护其法律地位和品牌资本，跨国公司有着遵守地方法律架构的强大动机”。②但是，无论是技术还是规则领域的反制，其都带有“强迫”对方改变最初偏好的色彩，长期使用会造成新的反抗情绪。所以，国家在采取上述措施的同时还在寻找能够塑造非国家行为体偏好的措施，使其“自发”产生与国家“方向一致”的偏好和认同。最终，美国率先找到了自己的方法。冷战后，通过推广民主建立一个更加和平与安全的世界是美国历届政府的基本对外政策。2011 年 5 月，奥巴马总统发表讲话称：“我们支持一切普遍权利。这些权利包括言论自由；和平集会自由；宗教信仰

---

① 马小军．哥本哈根：气候变化并非通话［J］．当代世界，2010（1）：45.

② ［美］约瑟夫·奈著，王吉美译．权力大未来［M］．北京：中信出版社，2012：188.

自由；法律面前人人平等；自主选择领导人的权力。推动改革、支持民主化将是美国基本政策。”①随后，美国政府将其推广民主的战略应用于互联网，提出网络自由的概念。2011 年 12 月 8 日，在世界人权日的前一天，时任美国国务卿希拉里·克林顿在海牙就互联网自由发表讲话时宣称：“表达观点、实践信仰、和平集会是天赋人权，无论人们在城市广场还是在互联网行使之。20 世纪我们共同努力在物质世界维护上述权利，本世纪我们必须团结起来在网络空间维护它们……因为我们大家都有义务在世界任何地方支持人权和基本自由；而且，网络用户的增长会促进互联网的发展。”②美国的这一倡议得到了欧盟、日本等多个国家的支持和赞同，互联网自由的概念逐步扩散。那么这一举措会对非国家行为体产生何种影响呢？第一，吸引非国家行为体的支持，改善双方的关系。“在民主这一概念中，隐含的是对权力的约束。在民主国家中，当选的决策者并不能行使所有权力，他们要与社会中的其他集团分享权力。”③“其他集团”自然包括了非国家行为体。国家通过推广民主和网络自由让非国家行为体意识到其愿意主动分享权力，让非国家行为体发挥更大的作用，而且民主、人权等理念亦是许多非国家行为体的主张。作为善意的回应，部分非国家行为体会加强与国家的合作，进而产生与国家近似或一致的偏好。第二，利用民主和网路自由的概念制约一些机构和组织的行动。希拉里在海牙的讲话中，多次提到：“私人机构应当在促进互联网自由的过程中扮演好自己的角色，对信息流动产生积极影响……营造一个自由、开放的互联网不仅是技术公司的责任，对其他公司同样重要……政府、私人机构、公民社会应通过全球合作建立一个开放的

---

① Barack Obama, “Remarks by the President on the Middle East and North Africa,” The White House, Washington DC, May 19, 2011. http://www.whitehouse.gov/the-press-office/2011/05/19/remarks-president-middle-east-and-north-africa.

② Hillary Rodham Clinton, “Conference on Internet Freedom,” The Hague, Netherland, December 8, 2011. http://www.state.gov/secretary/rm/2011/12/178511.htm.

③ [美] 塞缪尔·亨廷顿著，欧阳景根译．第三波［M］．北京：中国人民大学出版社，2013：7.

互联网。"[①]由于自由、民主、人权等是几个世纪以来公民所追求的目标和梦想，以公民社会为力量基础的非国家行为体必然高度重视。所以，当国家以此为政策主张时，非国家行为体一般会顺应国家的行动，主动控制自身的行为。另一方面，价值观策略还可以为国家打击那些从事违法民主、人权等原则的机构和组织，如有组织犯罪、极端势力，提供更为充足的理由，使其可以采用更加强力的手段，如美国的无人机计划。不过，在一个认同取向逐渐多元化的国际政治中，美国采取的这种价值观策略亦会被部分非国家行为体和民众解读为"伪善"，特别是当美国自身的作为出现问题时。

第三节　国际政治的新格局

非国家行为体与主权国家在国际政治中的博弈推动了一个新的权力域的形成。与传统的海权、陆权、空权等权力域不同的是，新的权力域是一个更加虚拟的、开放的、平等的领域，不止是大国，中小国家、非国家行为体乃至个人都可以在其中施加影响力。各方在其中相互作用的结果，就是令国际政治进入了一个较为动荡的时期，新的国际秩序在短时间内难以最终确立。

一、网络权力形成

非国家行为体角色地位的转变与主权国家采取的反制措施都可视作国际政治变化的结果。两者从各自利益和目的出发的行为不可避免地在这片广阔而又狭小的世界舞台上发生碰撞。碰撞体现在多个领域，但大都以互联网为媒介或手段，因而导致了一个新的权力域——网络权力的形成。那么，该权力是如何形成的，其内涵又是什么？1890 年，阿尔弗雷德·赛耶·马汉（Alfred Thayer Mahan）发表了

---

① Hillary Rodham Clinton, "Conference on Internet Freedom," The Hague, Netherland, December 8, 2011. http://www. state. gov/secretary/rm/2011/12/178511. htm.

《海权对历史的影响，1667—1783》，标志着海权论的诞生。马汉强调海权的重要性，因为“全球贸易越来越依靠海运，而贸易是大国力量的基础；同时，海权还赋予一国向海外投送武装力量、扩展影响力的能力”。[①] 1904 年，哈尔福德·约翰·麦金德（Halford John Mackinder）在《历史的地理枢纽》的一文中将欧亚大陆的中心地带称为“枢纽区”，这片地区“为草原和沙漠，周围有山系环绕，还有内陆和北冰洋水系，由此形成一座庞大的天然要塞，海上人不能深入”[②]，但是陆上强国却可以此为基地向大陆边缘地带扩张，挤压海洋强国的空间。陆权论由此诞生。1919 年，麦金德在《民主的理想与现实》中进一步提出了其著名论断：“谁统治东欧，谁就能主宰心脏地带；谁统治心脏地带，谁就能主宰世界岛；谁统治世界岛，谁就能主宰全世界。”[③]随着空军的发展，意大利将军朱里奥·杜黑（Giulio Douhet）于 1921 年出版《制空权》一书，主张发展大规模轰炸机编队，将空军置于战争中的决定性位置，利用空袭摧毁敌人的工业设施、交通线以及民众的抵抗意志，进而使敌人丧失进攻或防御的能力，即所谓的“空权论”。

综合来看，上述三种理论的产生过程是类似的：首先，技术进步将人类的活动范围扩大到新的领域。蒸汽船使得海上贸易繁荣、铁路缩短了沿海和内陆间的交通时间、飞机让人类出现在天空；然后，活动范围的扩展带来了利益的扩展，国家逐渐对新领域产生了利益或者安全依赖，海运和铁路成为国家经济的命脉，空军可以绕开地理障碍直接攻击一国；最终，这种依赖使得在该领域取得权力优势的一方可以改变或塑造弱势方的偏好。同样，网络权力的形成先是基于互联网的出现和信息技术的进步；当互联网渗透到经济、安全、社会生活等

---

① W. Alexander Vacca, “Military Culture and Cyber Security,” *Survival*, vol. 53 (6), December 2011—January 2012, pp. 161 – 162.

② ［英］杰弗里• 帕克著，李亦鸣，徐小杰，张荣忠译．二十世纪的西方地理政治思想［M］，北京：解放军出版社，1992：17.

③ ［英］哈尔福德·麦金德著，林尔蔚，陈江译．历史的地理枢纽［M］．北京：商务印书馆，1985：13.

各个领域时，人类产生了对其的严重依赖；这种依赖直接促成了网络权力的产生。当然，网络权力的内涵与海权、陆权和空权有所不同。海权和陆权强调“占据”（an object to be possessed），即通过强大的舰队或陆军摧毁他者的力量，保持对该空间的统治力，以威慑他者；空权则将“空域视作一个四通八达（something to be traversed）的区域，可以作为一种终结敌人的手段”①，国家无需占据，只要保证充足的空军力量，然后利用空军对他者在其他领域的资源保持威慑。因为天空没有界限，可以任意进出，难以封锁。相比之下，网络权力既强调对信息资源的“占据”，又具有渗透广泛、任意驰骋的特点，因而约瑟夫·奈将网络权力定义为：“运用网域内电子互联的信息资源得到偏好结果的能力。网络权力可以被用来在网络空间内产生偏好结果，也可以运用网络手段在网络空间外的其他领域产生偏好结果。”②

网络权力形成以后，活跃在该领域的行为体主要有三类；第一，主权国家。毋庸置疑，虽然国家的权力地位因为 Web 2.0 技术的出现以及非国家行为体的挑战有所下降，但是其仍然能够调动数量巨大的资源、人力和财力，在网络权力争夺中占据一席之地。这一点在网络基础设施方面表现得最为明显。现存的网络基础设施大部分是由国家主持建设的，根据国际电信联盟的统计：“90% 的成员国拥有国有网络基础设施，很多网络基础设施私有化的成员国要么实行私人垄断，要么实行双头垄断”。③即便网络基础设施由私人掌握，其所在的地理空间毕竟处于国家领土之内，必然受到国家主权的管辖。而且，随着国家对互联网重要性认识的加深，其将网络权力视为国家权力的重要源泉，不但加紧光纤网络的建设和升级，还加强了政府机构对网络基础设施的控制。另一方面，国家为了争夺网络空间的主导权，设

---

① W. Alexander Vacca, "Military Culture and Cyber Security," *Survival*, vol. 53 (6), December 2011 – January 2012, p. 171.

② ［美］约瑟夫·奈著，王吉美译. 权力大未来［M］. 北京：中信出版社，2012：171.

③ ［英］安德鲁·查德威克著，任孟山译. 互联网政治学［M］. 北京：华夏出版社，2010：297.

立一系列机构以实施网络监控和预警，并强化了发动网络攻击的力量。除了上文提到的美国“棱镜计划”，美国海军设立的第 10 舰队以及空军设立的第 24 航空队都属于类似机构。英国也于“2007 年 4 月 1 日成立了国家基础设施保护中心（Center for the Protection of National Infrastructure，CPNI），为国家的物质设施和虚拟空间提供安全保障，并协调政府部门间以及政府与私人机构间的合作关系”。[①]

第二，非国家行为体。马汉认为要想夺取制海权，必须有一支强大的“蓝水海军”，以保证能够在海战中取得决定性胜利；麦金德不仅强调陆上强国要保持陆军的强大，还要有铁路网的支持，因为“铁路在任何地方都没有像在闭塞的欧亚心脏地带，像在没有木材或不能得到石块修筑公路的广大地区内所发挥的这种效果”。[②]无论是舰队、陆军还是铁路网，其开支都不是非国家行为体所能承担，因此其很难与国家在上述领域展开争夺。网络则不然，与海权和陆权不同，网络权力几乎完全建立在一个虚拟空间之内，行为体几乎不需要花费太多便能够在这一领域发挥影响力。进入门槛的降低促进了网络权力的扩散，使得大量非国家行为体得以进入其中。而网络安全的脆弱性和网络攻击的便利性和灵活性进一步加大了非国家行为体的权重，使其具备了与国家讨价还价的实力。此外，为了能够提升在网络规则制定方面的影响力，部分公司、组织联合组成新的机构，意图发挥集聚相应，缩小与国家间的实力差距。比如，“包括惠普、阿尔卡特、富士通、日立、诺基亚等 25 个世界最大的跨国科技公司组成了全球企业电子商务对话组织，包括思科、斯普林特、东芝、甲骨文等约 50 家公司组成了全球信息基础设施委员会”。[③]

第三，个人。肯尼思·华尔兹在《人、国家与战争》中引入了

---

① Paul Cornish, Rex Hughes, David Livingstone, “Cyberspace and the National Security of the United Kingdom,” Chatham House, March 2009, p. 16.

② ［英］哈尔福德·麦金德著，林尔蔚，陈江译．历史的地理枢纽［M］．北京：商务印书馆，1985：59.

③ ［英］安德鲁·查德威克著，任孟山译．互联网政治学［M］．北京：华夏出版社，2010：292.

个人意象的分析，但是其重点在于人性。约瑟夫·奈在《理解国际冲突》也将个人作为一个分析层次，如他认为“德国使得自己成为欧洲大陆的主宰势力，与希特勒的计谋、胆量和好战的意识形态分不开……简而言之，个人的因素是导致二战的重要原因”。[①]其所分析的重点显然在于重要或关键人物。然而，网络权力中的个人则指的是普通公民。由于网络的高度分散性、低门槛和非对称的脆弱性，个人可以轻易在虚拟世界中“畅游”且不易被发现，退出后重新进入的成本也很低，因而会成为“撬动”事件的杠杆。阿桑奇、斯诺登都是这种以一己之力搅动局势的典型案例，埃及2011年后的变局和美国的占领华尔街运动则显示了个人通过互联网积聚起来的威力。

明确了网络权力的形成、内涵和参与主体之后，接下来本书将从关系性权力的三个层面考察网络权力的具体运作。第一层面，改变客体的最初偏好或战略。由于这一层面的权力大多为强制性手段，因而其在网络领域最直接的表现就是网络攻击，行为体通过网络攻击谋求利益、迫使对方就范或者维护自身安全。互联网的开放性和虚拟性赋予了网络攻击低成本、灵活、隐蔽的特点，攻击方可以是国家，也可以是非国家行为体乃至个人。其通过各类病毒和黑客程序发起突然袭击，被攻击方不仅猝不及防，事后也难以确定攻击源头。伴随着金融、贸易、基础设施等逐步信息化，网络攻击的破坏性也越来越大。2012年8月15日，沙特石油公司（Saudi Armaco）遭到Shamoon病毒攻击，超过3万台电脑在攻击中瘫痪。“虽然这次攻击未造成原油泄漏、爆炸或者其他事故，但是却影响了该公司的正常业务流程，并导致大量数据流失。这一事件还预示了未来关键基础设施遭到网络攻击的风险。”[②]除了虚拟空间的攻击，一些行为体还会将攻击目标转向实体设备，如服务器和网线，以彻底摧毁对方的网络。甚至在特殊时期，一国政府为孤立反对者会主动切断本国的网络，像是2011年的

---

① ［美］约瑟夫·奈著，张小明译．理解国际冲突［M］．上海：上海世纪出版集团，2006：118.

② Christopher Bronk, Eneken Tikk－Ringas, “The Cyber Attack on Saudi Aramco,” *Survival*, vol. 55 (2), April－May 2013, p. 81.

穆巴拉克政府。第二层面，议程设置或议程构建。对于非国家行为体和个人来说，互联网的开放性和自由度具有重要意义，也是其努力推动的目标之一，进步通讯协会、开放网络促进会等都在积极促进开放源代码、反监视运动等。对于国家来说，过于开放和自由的互联网一般意味着麻烦。因此，一些政府会采取立法手段限制或拦截某些类型信息的传播和流动，以维护国家安全的名义建立网络监控体系，诸如此类。其目的是为互联网构建一套规则，将其置于自己的控制之下。这必然引起行为体之间关于互联网标准的争夺。在这一争夺中，国家所具备的主权优势可以令其通过合法手段切断一些潜在议程，塑造有利于管控的新规则；非国家行为体和个人则利用互联网延展性和自由度在国家力所不及之处反击，并在某些情况下组织社会运动向国家施压。第三层面，塑造对方的最初偏好。当互联网发展到自媒体时代，其信息发布、交换平台的功能大幅上升，每个接入网络的人都面临海量的信息，他们会在不知不觉之中受到这类或者那类信息的影响，而他们自身也可以发布或传播某些信息。可以说，塑造偏好是网络权力最常造成的结果。在这一领域，国家大多沿用传统媒体时代的方式，通过宣传某些思想和价值观、屏蔽另一些思想和价值观的方式对客体进行“说教”。但是，“社交网络与传统媒体的本质区别在于，社交网络能为普通人提供创造知识、观点的平台，使公众作为参与者而不仅是接受者参与到社会活动中”。[①]因此，国家在该层面的权力受到来自非国家行为体和个人的极大限制。非国家行为体和个人通过各类社交网站发出自己的声音，一方面聚集志同道合者，另一方面塑造其他群体的偏好，使其认同并接受自身的理念，甚至令其倾心加入。在网络空间内，信息的发布和扩散能力更趋于平等，所以在塑造偏好方面，国家与非国家行为体以及个人间的差异并不大。实际上，在第一、第二层面，国家与其他行为体之间也不存在权力鸿沟。这既使得网络权力表现出与海权、陆权、空权不同的特点，也在无形中加剧了

---

① 岳杨．新媒体：当代“阿拉伯的劳伦斯”［A］．马晓霖主编．阿拉伯剧变：西亚、北非大动荡深层观察［C］，北京：新华出版社，2012：80.

网络空间内的权力博弈。

二、权力争夺加剧

两极体系终结后，美国率先提出要建立新的世界秩序。经过20余年的努力，成效并不显著。美国未能按照其构想建立一个以其为主导的、稳定的新秩序。在这一过程中，信息技术革命却加快了国家间、国家与非国家行为体之间力量对比变化的速度，并推动了网络权力的形成。其结果是，国际政治中的合作与分歧同时增加，不同行为体的分化组合日益频繁，国际政治因此进入一个较为动荡的时期。为什么国际政治的变化会带来动荡呢？最直接的原因就是，行为体间权力争夺加剧。将时钟调回到19世纪末，马汉在其著作中提出了“海权论”的观点，迅速为各国决策者所接纳：英国首相、美国总统、日本天皇、德国皇帝都在阅读和引用马汉的观点。德皇威廉二世甚至说：“我现在不是在阅读，而是在吞噬马汉的著作，努力把它消化、吸收、牢记心中。它是经典性的著作，所有的观点都非常精辟。这本著作为每个舰船所必备，我们的舰长们和军官们都经常学习和引用它。”①随之而来的便是大国海洋争霸的加剧。德、日、美等后起国家不断扩大海军规模以夺取海权，实现殖民扩张；英国则实施海军“两强标准”以维持海上霸主的地位。美国在1898年美西战争中的胜利以及日本在1895年甲午战争和1905年日俄战争中的胜利进一步为争夺海权的国家提供了动力。这种争夺加剧了大国特别是英德间的矛盾，成为导致一战的因素之一。一战后，各国对海权的争夺依旧激烈，“美国海军经费由1914年的1.36亿美元增加到1921年的4.33亿美元；日本于1920年提出《八八舰队》方案”。②即使后来签署了《限制海军军备条约》，违规的海军军备竞赛也一直在暗中进行，而这又成为太平洋战争爆发的诱因之一。

需要说明的是，造成当时海权争夺的根源并非因为马汉“海权

---

① 王生荣．海洋大国与海权争夺［M］．北京：海潮出版社，2000：111.

② 唐贤兴．近现代国际关系史［M］．上海：复旦大学出版社，2002：224.

论”的提出。其理论实际上是指明了一种政策方向，让各国政策制定者看清现状。海权争夺的真正根源在于国际分工的发展和世界生产体系的建立加深了各国对于海上贸易的依赖，各大国需要通过海运自殖民地输入原料和能源、与其他国家和地区开展制成品贸易。一国的海上运输线若是中断，其国家经济不可避免陷入混乱。反过来说，一国若能控制海权，便能够掌握他国的命脉。这一状况与今天的互联网领域极为相似。由于互联网渗透到了人类生产、生活的各个领域，各国的生产、贸易、金融乃至基础设施运作都对其严重依赖。依赖则意味着脆弱性的产生。在无政府状态下，各行为体必然竭力掩护自身的脆弱性、利用他者的脆弱性，进而造成了对权力特别是网络权力争夺的加剧。与海权不同的是，互联网是一个更加广阔且进入门槛更低的领域，“它提供了一件关键性的、强有力的、不同寻常的控制信息流动的工具，大国和小国都可以利用。其不仅使竞争变得更为平坦，甚至赋予了弱国挑战强权的能力”。①即是说，在互联网领域，大国很难再凭借资源优势像在争夺海权中那样取得支配地位，小国以及非国家行为体可以利用多种非对称手段制约大国的行动，参与网络权力的争夺。参与主体和参与手段多元化的趋势一方面会促进权力分散化，主导性的行为体或行为体集团难以形成，另一方面会令权力关系变得错综复杂，行为体之间的联合与分化成为常态。最终结果，权力争夺会变得更为频繁而激烈。

处于无政府状态的国际政治中，权力争夺在某程度上可说是“正常现象”，毕竟各行为体都以保证安全为目的，关键在于这种争夺能否被控制在一个适当的范围内。20 世纪 70 年代，美国经济学家金德尔伯格提出“霸权稳定论”，认为“霸权的存在就意味着国际政治与经济秩序的存在；无霸权的存在国际政治处于无规则的混乱状态，在这种状态中，大规模的战争很容易爆发，国际经济体系将会解

---

① Robert I. Rotberg, Jenny C. Aker, “Mobile Phones: Uplifting Weak and Failed States,” *The Washington Quarterly*, Winter 2013, p. 123.

体，造成全球政治混乱、经济衰退”。[①]后来，伊曼纽尔·沃勒斯坦(Immanuel Wallerstein)将其发展为霸权周期理论，“依据一国在生产总量、商业和金融三方面所处的国际地位把霸权周期分为四个不同的阶段：霸权全胜期、霸权成熟期、霸权衰落期和霸权上升期。他把霸权周期理论与国际冲突结合起来，认为在霸权的全胜期和成熟期，国际体系井然有序，大国间冲突最少，而在霸权的衰落期和上升期，由于新的挑战国家不断出现，国家间竞争激烈，大国间冲突最多和最强”。[②]从世界政治的历史和现实分析，霸权国的作用显然并不如理论上所示之巨大，但亦对国际政治的总体稳定有所贡献，能够减少冲突或将冲突限制在可控范围之内，提供一定的秩序基础。这也是战后世界保持较长时间相对和平的因素之一。不幸的是，随着美国霸权的衰弱，对权力争夺的外在控制因素之一开始消退。

保罗·肯尼迪（Paul Kennedy）在冷战行将结束之时曾说：“美国是大量战略义务的承担者，结果是，同以往大国的兴衰史十分相似，美国也正面临着可称之为‘帝国战线过长’的危险，即美国的全球利益和它所承担的义务的总和目前已远远超过它能同时保卫的能力。”[③]不过，这一警告似乎并未引起决策者的注意。冷战后20年间，历届美国政府将建立“民主和平”确定为大战略的目标，意在通过扩展民主建立一个更加和平、更少威胁的世界，因为民主国家之间“从不打仗”。为此，“1995—2009年，美国分别向波斯尼亚和科索沃提供了24亿美元和11亿美元的经济和军事援助以及1.5万人和6400人的维和部队；“9·11”事件后，小布什政府立刻发动反恐战争并派兵进入阿富汗和伊拉克；2004—2005年，支持乌克兰、黎巴嫩和吉尔吉斯斯坦的“颜色革命”；2010年以后，奥巴马政府又在利比

① 倪世雄．当代西方国际关系理论［M］．上海：复旦大学出版社，2005：294.

② 同上，301.

③ ［美］保罗·肯尼迪著，陈景彪 等译．大国的兴衰［M］．北京：国际文化出版公司，2006：503.

亚、叙利亚、缅甸等国家开展活动”。[①]上述行动的后果是，“在过去的 20 年里，美国整个国家早已入不敷出，我们在国际贸易中积累的商品、服务以及收入差额总共高达 7 万多亿美元”。[②]大规模海外行动不仅导致债台高筑和经济实力受损，而且对美国的声望等软实力资源也造成消极影响。另一方面，非国家行为体在 Web 2.0 时代的上升所引起的权力分散，进一步加快了美国霸权的消退。所前文所述，非国家行为体在全球治理、商业、安全以及价值认同领域取得了前所未有的地位和影响力，使得国家权力分散化，作为霸权国的美国亦不例外。比如，在金融领域，金融自由化和离岸金融中心的形成，不仅使得美国丧失了对其的控制力，这些金融巨头甚至“绑架”了美国政府；在安全领域，美国面对非国家行为体通过互联网发动起来的埃及民众应对乏力，只能忍痛抛弃多年来保持良好关系的穆巴拉克政府。当然，由于军事实力以及在国际规则中的地位尚存，美国的霸权不会在短期内迅速瓦解，其消退会是一个缓慢的过程。但在这个过程中，其对权力争夺的控制力会日渐降低，国际政治的分歧与冲突将因之而频繁。

既然霸权国的衰弱不可避免，我们能否找到一种替代霸权的方法呢？罗伯特·基欧汉提出了以国际机制替代霸权的设想。他认为，即使是力量强大的霸权国也不可能单纯依靠物质力量维持国际体系的稳定运行，其需要利用其资源建立一定的秩序和规则来指导其他国家的行为。这些秩序和规则最终演变为国际机制。当然，国际机制的形成取决于共同的或者互补的利益的存在，即使在没有霸主的情况下，也能够建立起来。因此，“一些行为者之间紧密的互动有助于替代或补偿一个霸主的行动。随着霸权的衰落，一个缓慢的从霸权合作到霸权

① Paul D. Miller, “American Grand Strategy and the Democratic Peace,” *Survival*, vol. 54 (2), April – May 2012, pp. 55 – 58.

② ［美］托马斯·弗里德曼，迈克尔·曼德鲍姆著，何帆 等译. 曾经的辉煌［M］. 湖南：湖南科学技术出版社，2012：183.

后合作的转化可能发生”。[①]也就是说，成熟的国际机制能够在某种程度上取代霸权的作用，通过提供信息和降低交易成本的方法促进国际合作。可是，现存的国际机制主要是二战结束后在美国的主导下建立起来的，虽然经过了一些调整，但是总体上已经难以适应 Web 2.0 时代国际政治的变化。以国际货币基金组织（IMF）为例，其建立之初所设计的职能是：货币监督、金融援助和技术援助。但是，2008 年金融危机却暴露了其职能的不足：“1. 未能及时预计到可能出现的问题并未雨绸缪地采取有力防范措施；2. 金融监管范围过于狭窄，没有涵盖所有金融产品和金融市场参与者；3. 现有贷款援助机制对贷款限额的规定远远无法满足这些发展中国家的需求；4. 贷款援助方案过于僵化；5. 由于知识与核心专长升级滞后的限制，在反洗钱和防范恐怖主义融资，加强公共投资公司伙伴关系和财政风险管理，采纳数据以及金融和财政管理的国际标准和准则等新领域中提供技术援助的效力和效率还远远不能满足实际需要。”[②]

类似情况还有很多。应对方法无非是两种：建立新机制或者改革既有机制。“由于构造国际机制的困难，尽可能地调整现有机制，而不是推倒重来，才是真正理性的行为。因此，机制倾向于不断演化而不是终结。”[③]然而，国际政治的权力分散化趋势加大了机制调整的难度。与以往不同，如今小国和非国家行为体凭借信息技术的进步和公民社会的成熟加入了制定规则的行列，因而国际机制在调整过程中必然要考虑其利益诉求。由于众多参与者的利益诉求各异，这无疑增加了达成利益一致的难度，机制调整也就变得步履维艰，哥本哈根气候大会就是一个典型的案例，发达国家、新兴国家、发展中国家、贫困和海岛小国、非国家行为体激烈博弈，最后只达成了一个不尽如人意

---

① ［美］罗伯特·基欧汉著，苏长和，信强，何曜译．霸权之后：世界政治经济中的合作与纷争［M］．上海：上海世纪出版集团，2006：79.

② 谢世清．后危机时代国际货币基金组织的职能改革［J］．国际贸易，2011（11）：48.

③ ［美］罗伯特·基欧汉著，苏长和，信强，何曜译．霸权之后：世界政治经济中的合作与纷争［M］．上海：上海世纪出版集团，2006：106.

的妥协方案。而在协调利益的具体过程中，认同多元化、安全脆弱化还有可能阻碍行为体之间妥协的达成，导致合作失败。国际机制调整的缓慢也就意味着其可能在较长时间内无法适应国际政治的变化速度，那么其对行为体行为的规范作用、对冲突和分歧的协调作用将大打折扣。从这一点来看，未来国际政治动荡期的持续时间在某种程度上将取决于两组速度的比较：霸权衰落速度与国际机制作用上升速度的比较；国际政治变化速度与机制调整速度的比较。

小 结

如果考察历史上两段相对和平的时期：1870—1914 年，1945—1991 年，我们会发现两个时期内的世界政治有几个相似的特点——霸权国、均势、国际机制。19 世纪，英国作为当时的霸权国奉行“光荣孤立”政策，一方面掌控着海上霸权，另一方面以离岸平衡手的角色竭力保持欧洲大陆的均势状态；新统一的德国则在俾斯麦首相的策划下构筑起“一连串环环相扣的同盟，有相互重叠也有相互竞争之处，使奥地利获得对付俄国攻击的保障，使俄国得以抵制奥地利的冒险挑衅，使德国免于被包围，又让英国加入反对俄国向地中海扩张”[①]，同时鼓励法国进行殖民扩张，以转移其对欧陆的兴趣。二战后，美国取代英国成为新的霸权国，并采取了比英国更为积极的态度。一方面，其以西欧、中东和亚太为重点构筑起一个同盟体系，实行集体安全政策，与苏联形成两极均势；另一方面，主导建立了联合国、关贸总协定、国际货币基金组织、复兴开发银行等一系列机构，并根据现实状况的变化对既有机制进行适度调整，为国际政治的稳定和发展奠定了良好的制度基础。或许，霸权、均势和机制是总体和平得以维持的重要条件。

① ［美］亨利·基辛格著，顾淑馨，林添贵译．大外交［M］．海南：海南出版社，1998：151.

冷战后，上述三个条件在国际政治中发生了新的变化：第一，由于信息技术发展带来的权力分散以及美国自身消耗过大，使得地区大国、新兴国家和发展中国家获得了快速发展的机会，与美国的差距开始缩小，美国的霸权地位遭到削弱；第二，商业平坦化给非国家行为体带来了更多发展和扩张机会，其可获得的资源大幅增加，具备了挑战主权国家的实力。安全脆弱化令国家受到来自现实或虚拟空间的非对称攻击的可能性上升，且国家一时间难以找到有效的应对方法，使得非国家行为体具备了挑战国家的手段。这样一来，非国家行为体也成为国际政治中的重要角色。角色的增多以及行为体间实力对比变化的加快，令均势难以维持。第三，上述两重变化加上议题多元化和行为体的一体化、分散化趋势，导致国际政治发生了巨大变化，既有的国际机制有些跟不上形势的发展，亟待调整和修改。然而，调整和修改却面临着重重困难，短期内不易完成。所以，国际政治将就此进入一个“多事之秋”，各种分歧、矛盾甚至冲突可能呈现上升态势。国家间、国家与非国家行为体间、非国家行为体之间的博弈将更加激烈，而博弈的“主战场”应该会是广阔而自由的网络空间。不过，美国的衰落并不意味着其突然崩溃，国际机制的调整虽然缓慢但并非停滞，而且其他维持和平与合作的因素——如相互依存、集体安全——依然存在。因此，国际政治可能只是进入一个较为温和的动荡期，或者说进入一个精彩但不残酷的阶段。

第五章

非国家行为体与国际体系

在上一章中，本书集中阐述了经由 Web 2.0 技术加持的非国家行为体促使国际政治发生了何种变化以及这些变化给国际政治带来的影响，最终得出：包括国家与非国家行为体在内的一系列主体将以互联网空间为主要博弈场展开激烈争夺，国际政治因此进入动荡期。从本质上看，上述分析主要集中在世界政治的单元层面，考虑了不同单元之间的交流和互动以及各单元自身的行为和特异性，是一种还原主义的方法。这种方法能够较为具体和直观地反映出世界政治中的事件及其影响，但是缺乏一种总体上的透视和把握。“如果单元的组织形式对单元的行为和彼此间的互动具有影响，那么我们就不能只通过对单元的性质、目的及其互动了解来预测和理解结果。在国际政治中，系统层次的力量似乎是在发挥着作用。”①而且，肯尼思·华尔兹还指出了不从总体上考虑国际体系的影响，只从单元层面分析的错误所在：“第一，在单元层面做因果分析是困难的，因为气质或特性因素在这种分析中只具有表面上的重要意义。第二，单单从‘由内及外’的方法来解释国家的行为，会导致研究者忽视行动的背景问题，因为各国处于竞争状态这个事实，对所有国家都会产生压力。”②因此，本章将把视线转移到体系层面，从更加宏观的角度考察非国家行为体的

① ［美］肯尼思·华尔兹著，信强译．国际政治理论［M］．上海：上海世纪出版集团，2008：42.

② ［美］罗伯特·基欧汉著，苏长和，信强，何曜译．霸权之后：世界政治经济中的合作与纷争［M］．上海：上海世纪出版集团，2006：24－25.

变化对国际体系的影响。国际体系指的是在国际范围内各个行为体间相互影响、相互作用而形成的对立统一体，其“不只是世界各个部分的总和，也不只是这些不同部分之间互动过程的总和”。[1]在分析过程中，本书仍将沿用在第三章中的方法，以肯尼思·华尔兹提出的：排序原则、单元功能和权力分配三个体系结构要素为重点对象，分析在 Web 2.0 背景下，非国家行为体对上述三要素的影响，考察其是否造成了实质性的变化以致国际体系出现新的动向（在分析权力分配要素是，本书会在约瑟夫·奈强调的关系性权力的基础上，加入苏珊·斯特兰奇提出的结构性权力的概念，以期更全面地反映权力分布状况）。如果国际体系确实受其影响而进入一个新的阶段，那么未来体系的发展将会呈现什么样的可能性？每一种可能性会造就出何种世界政治的未来？哪一种可能性出现的几率最大？在此基础上，本章的最后将对今后国际体系结构的演变方向做出分析和预测。此外，“由于华尔兹的观念过于简明，解释不了多少东西”[2]，本章在体系分析过程中除了以体系结构为重点之外，还会适当引入新自由主义和建构主义中关于文化与制度环境、相互依存等方面的内容，以弥补不足，使论述趋于完整。

第一节　非国家行为体干扰国际体系结构演变

与世界政治的单元层面相比，体系层面的演变要缓慢得多，亦缺乏单元层面所体现出来的精彩和戏剧性。然而，体系的变化却有牵一发而动全身的效果，引导着单元层面的演变方向；而当单元层面发生巨大变化时，往往意味着体系结构正在悄无声息地走上新的路径。从前文的分析看出，Web 2.0 技术的成熟和普及已经对于国内政治和国

---

① ［美］约翰·罗尔克 编著，宋伟等译．世界舞台上的国际政治［M］．北京：北京大学出版社，2005：36.

② ［美］约瑟夫·奈著，张小明译．理解国际冲突［M］．上海：上海世纪出版集团，2006：45.

际政治带来了深刻的影响，非国家行为体则是其中最大的受益者。技术的进步虽不是社会变化的全部动力，但也是最为主要的动力之一。因此，国际体系结构也必然会受到技术的影响。这种影响也许不会以直接的方式展现，但是会通过行为体的变化传导至体系结构之中，进而为体系结构的变化提供契机。

一、无政府状态继续存在

华尔兹将国际政治称为“没有政府的政治”，无政府状态自然也就被其列为国际体系结构的排列原则。因为“国际舞台上出现的任何权威几乎都不能缺少实力作为其基础。权威很快便转化为实力的一种特殊表现形式。由于不存在具有系统范围权威的机构，正式的从属关系便无法建立……每个国家都试图制定它们认为最符合本身利益的行事方针”。①在这一原则下，自助成为体系内国家保证生存的基本准则，权力政治、均势、霸权等概念因之而衍生出来。现实主义对于国际社会无政府状态的认知很快为其他国际关系理论流派所接受，成为主流派别的基本假定之一。比如，新自由主义学者接受了新现实主义关于国际社会处于无政府状态的界定，只是认为无政府状态并不必然引发冲突和战争，国际机制、相互依存、民主和平等因素能够缓解国家间的紧张关系，使其在共同利益的基础上实现国际合作。霍布斯曾将无政府状态描述为“自然状态”：人类原本处于“所有人反对所有人的自然状态”，为了改变这种状态而建立了国家，却又造成了国家间的自然状态。如今这一界定发生了变化，“无政府性的基本定义是没有集中的权威权力机构。虽然无政府性具有无秩序状态的意义，但是现在很少有人认为无政府状态是无秩序状态。布尔对国际体系存在秩序的事实进行了详尽的叙述，并因此称之为‘无政府社会’。所以，国际关系学界普遍接受的定义是无政府性即缺乏有政治权威的中央政府，亦即华尔兹所说的‘缺乏全体系范畴的权威机构’和基欧

① ［美］肯尼思·华尔兹著，信强译．国际政治理论［M］．上海：上海世纪出版集团，2008：94－120.

汉所说的‘世界政治中缺乏一个共同的政府’”。[①]

随着建构主义理论的日渐成熟，其对无政府状态的内涵做出了新的解释。建构主义学者认为“人是社会存在现象；社会关系建构了人。与此相应，我们建构了世界现在的样子……尽管国际关系领域有着全球性特点，但它仍然只不过是我们所建构的一个世界”。[②]因此，与现实主义和自由主义学者不同，建构主义者认为无政府状态并不是一个天然存在的、给定的状态，而是一个由行为体在互动过程中形成的共有观念建构起来的状态。由于共有观念更多地体现为文化性，所以无政府状态亦具有文化性或社会性。既然共有观念建构无政府状态，那么无政府状态就不是单一的状态，行为体在互动中可以建构多种无政府文化或无政府逻辑，即文化建构行为体身份和利益。据此，亚历山大·温特提出了国际体系中可以存在的三种无政府文化：霍布斯文化、洛克文化以及康德文化。在霍布斯文化中，行为体相互建构为“敌人”，“权力政治和自助不仅仅像在自然界那样属于行为规律，而且也是对‘怎样行事’的共有悟知。杀戮成为战争，战争成了一种制度”[③]，如果发生战争，就会无限制地使用暴力，故而军事力量成为关键因素。洛克文化的核心是竞争，行为体相互建构为竞争者而非敌人。“战争既被接受也受到制约，体系成员相对稳定、国家死亡率降低，均势、不结盟和中立得到承认”，所以，温特指出“华尔兹描述的无政府状态实际上是一种洛克体系”。[④]康德文化则是建构在“友谊”之上，国家间相互遵守非暴力规则和互助规则。友谊关系并非意味着国家间不会有矛盾，而是说国家不会以武力或威慑来解决矛盾，“在洛克文化中，要防止的是国家相互毁灭；而在康德文化中，

---

① 秦亚青．国际体系的无政府性［J］．美国研究，2001（2）：136.

② ［美］尼古拉斯·奥鲁夫．建构主义：应用指南［A］．尼古拉斯·奥鲁夫主编，肖锋译．建构世界中的国际关系［C］．北京：北京大学出版社，2006：68.

③ ［美］亚历山大·温特著，秦亚青译．国际政治的社会理论［M］．上海：上海世纪出版集团，2008：263.

④ ［美］亚历山大·温特著，秦亚青译．国际政治的社会理论［M］．上海：上海世纪出版集团，2008：276－278.

就连国家之间的相互进攻都要防止”。[1]

温特对于上述三种体系文化持一种进化的态度：在威斯特伐利亚体系建立以前，国际体系处于霍布斯文化体系；《威斯特伐利亚和约》对于国家主权的确立使得国际体系进入洛克文化体系并延续至今；未来，国际体系必将朝着更加规范有序和友好互助的康德体系发展。目前世界政治的现实和发展趋势是否符合其预测呢？可以肯定的是，现今的无政府状态已经出现了一些缓和趋势，不同类型的非国家行为体在其中发挥了重要作用。与国家关系密切的政府间国际组织向超国家性的方向发展。其虽然由主权国家组成，但是在建立之后具备了某种程度的独立性，能够在缓和成员国之间的分歧、集体安全、经贸发展等领域做出贡献。而成员国对其的主权让渡也进一步加强了其权威。比如，由于主权让渡或共享，欧盟的职能“几乎深入到成员国经济生活的方方面面以及对外经济贸易事务，甚至触及成员国外交与安全、司法与内务等政治方面；所制定的法规优先于成员国国内法，直接约束成员国乃至其国民，构成一个超国家的法律秩序”。[2]以跨国公司为代表的营利性非国家行为体在全球建立起生产供应链，加深了国家和地区间的相互依存。戴尔公司的创始人迈克·戴尔（Michael Dell）曾说：“一旦人们感受到经济独立的好处，享受到更高的生活水平，有能力为孩子创造更好的未来，人们就会抓住这些机会不愿再松手。”所以，“全球供应链上的任何两个国家之间绝不会爆发战争。因为旧式战争给供应链上的人们带不来任何好处。人们只想通过更多的货物与服务流动提高自己的生活水平”[3]，无政府状态下自助式的竞争将因此变得更加平和。以公益目的为主的非政府组织与国家一道，着手调整现存国际机制或建立新的机制，以为行为体提供指

---

① ［美］亚历山大·温特著，秦亚青译．国际政治的社会理论［M］．上海：上海世纪出版集团，2008：293.

② 赵伯英．主权观念和欧盟成员国的主权让渡［J］．中共中央党校学报，1999（2）：91.

③ ［美］托马斯·弗里德曼著，何帆，肖莹莹，郝正非译．世界是平的［M］．湖南：湖南科学技术出版社，2007：282.

导和规范。包括人权组织、环境组织、和平与安全组织等非政府组织为了能够提高工作效率、在更大范围内践行其理念，积极参与全球治理，并利用国际机制能够降低交易成本、提高信息流动的特性实现其目标。在这一过程中，非政府组织试图加强对政府的游说与合作，共同推进国际机制向更适应现状的方向发展，使其成为某种形式的、高于国家的“权威”。

遗憾的是，非国家行为体的上述努力均未从根本上改变当前的无政府状态。向超国家性发展的政府间国际组织毕竟只是少数，而实现了经济、安全、政治高度一体化的组织更是只有欧盟一家（欧盟的发展亦远非完善）。多数政府间国际组织尚停留在经济合作阶段或拒绝向更高程度的一体化发展。以东盟为例，其只是一个松散的多国聚合体，且反对权力让渡和建立中央权力机构，坚持开放性、非排他性和协调一致原则。全球供应链虽然能够加强相互依存、减少冲突，但是跨国公司具有趋利性，其不会将无利可图的国家或地区纳入供应链之中，且会时常调整其供应链，以实现利益最大化，所以并不是十分稳定。另外，从一战前的状况来看，密切的经贸联系并不意味着完全没有冲突和战争，国家有时会将安全利益置于经济利益之上，而民众则可能被民族主义情绪所蒙蔽。国际机制在加强交流、促进合作方面有着重要作用。但是，基欧汉认为“国际机制是提供信息和降低交易成本的实体，而非一个半政府性质的规则制定者。有效的国际机制促进官方非正式的接触和交流……通过为政策制定者提供关于他们对手可能行动的可靠信息，来增加世界政治中合作的机会”。[①]即是说，国际机制也只是在无政府状态下发挥作用，其本身并不能够成为“世界政府”。因此，“世界的客观状态是不存在单一的无政府状态……但是，目前这种变化的主流还不能说是向着‘康德状态’的变化，它还只能说是一线曙光和演进方向，理想不能代替现实”，[②]无

① ［美］罗伯特·基欧汉著，苏长和，信强，何曜译．霸权之后：世界政治经济中的合作与纷争［M］．上海：上海世纪出版集团，2006：101.

② 俞正梁．国际无政府状态辨析［J］．外交学院学报，2002（1）：53.

政府状态或者说洛克文化体系仍是国际体系的排序原则。

二、单元功能复杂化

在国内政治结构中，我们可以看到较为清晰的单元分类，不同的单元具备不同的功能，复杂的功能类别集合在一起共同支撑国家的正常运转。但是在国际政治中，情况有些差异。按照华尔兹的说法，“作为国际政治系统单元的国家并不因功能的差异而有所不同。无政府状态要求系统单元间是一种同等关系，这意味着功能的同一性”。[①] 也就是说，在决定体系结构的三个变量中，单元功能这一变量实际上是一个恒定的值，因为所有单元的功能都是相同的，不存在功能定义和分配出现改变的情况。功能定义的单一化主要源于单元设定的单一化。华尔兹将国家设定为国际政治体系中惟一的单元类别，国际政治结构的功能自然也就围绕其来定义，不作他想。虽然国家在领土、实力、资源、地理位置上存在较大差别，但这只是能力的差异而非功能的区别，“国家完成或试图完成多数属于共有的任务，它们追求的目标很相似。每个国家至少在很大程度上是在重复其他国家的行为”。[②] 新现实主义的这一设定很快为其他一些国际关系学者所接受，如基欧汉在分析国际机制和霸权后合作时，一直强调“只有国家才是世界政治最重要的行为者”“将把国家置于我们分析的中心地位”。之所以将国家视作唯一的单元，一方面是因为在漫长的人类文明史以及世界政治的现实中，国家的地位确实是其他行为体所难以比拟的，长期处于中心地位；另一方面，这种设定可以减少理论分析中的干扰变量，提高分析的精确度和逻辑性，避免出现谬误。

然而，理论首先应当是对现实的反映，现实状况若发生改变，理论也应作出相应调整。一种理论无论逻辑多么严密、论证多么精巧，

---

① ［美］肯尼思·华尔兹著，信强译. 国际政治理论［M］. 上海：上海世纪出版集团，2008：99.

② ［美］肯尼思·华尔兹著，信强译. 国际政治理论［M］. 上海：上海世纪出版集团，2008：102.

如果脱离现实，其价值必会大打折扣。技术的发展加深了非国家行为体在国际事务中的参与程度，在许多问题尤其是全球性问题中，主权国家也不得不加强与其的合作，以借助其力量。其在世界政治中的作用和地位因之上升，并获得了广泛认可，成为国家之外的权威。“以两个非常著名的非政府组织为例，世界自然基金会的会员从 1983 年的不到 10 万个增加到 1991 年的超过 100 万个，其同期年均收入从 900 万增加到 1 亿；同一时期，绿色和平组织的成员从不到 150 万增加到 675 万，而其收入同时也增长了 4 倍，从 2400 万增加到 1 亿。不论对其成员还是政府，这种非政府组织都拥有民众支持的权威性和合法性……世界政治的重心从国家的公共机构转向了各种各样的私人性实体，从国家转向了市场及市场操作者”[①]，以往将国家作为国际体系唯一单元的设定开始与现实状况相背离，非国家行为体也将不再只是处于边缘或半边缘位置的补充角色。虽然国家的中心地位尚未完全撼动，但是非国家行为体成为国际体系中国家之外的单元的趋势已经十分明显，“全球化带来的全球平等发展与治理的需求，为非国家行为体发挥职能优势提供了广阔前景。公民社会壮大也意味着民间自主意识的渐趋成熟。新的治理观念与发展理念将深入人心，由国家统治变为国家、市场、非政府组织相互合作相互补充基础上的治理”。[②]

体系单元类型的复杂化意味着单元功能的复杂化。与国家不同，非国家行为体更专注于某一类事务，因而类型多样，不同类型的组织和机构在目标、理念、专业领域等方面差异较大。所以，随着非国家行为体逐渐步入体系单元的行列，单元功能多元化趋势也就进一步明朗起来。总体来看，非国家行为体在国际体系中的功能可概括为三大类：第一，参与全球治理。非国家行为体“通过其活动引起公众、国家或国际组织对地区问题或全球问题的关注，并试图为解决这些问题提供政策和建议”，特别是在减少贫困、促进人权、保护生态环

① ［英］苏珊·斯特兰奇著，肖宏宇，耿协峰译．权力流散［M］．北京：北京大学出版社，2005：82.

② 王杰，张海滨，张志洲主编．全球治理中的国际非政府组织［M］．北京：北京大学出版社，2004：66.

境、普及教育等方面，其发挥的作用及工作效率往往是国家所不能比拟的。而且“它们不受狭隘的特殊利益的束缚，可以与不同国家和地区的非国家主体合作，展开灵活而自由的活动”。[①]第二，促进经济发展与交流。这一功能的主要承担者是跨国公司以及各类评级机构和会计师事务所等，其中跨国公司的作用最为突出。信息时代的跨国公司充分利用技术进步的契机，展开全球化经营，构建“以世界市场为依托、以全球生产为基础的开放式生产结构，使得跨国公司把不同国家纳入到了它的内部一体化市场和国际分工布局中去”。[②]处在其全球供应链上的国家，在跨国公司的主导下进行生产和贸易，在发挥出本国经济相对优势的同时，密切了国家间的贸易往来。第三，解决冲突、缓和紧张局势。在一些冲突或动荡国家和地区，非国家行为体能够发挥其立场中立、行动灵活、熟悉地区基本情况的优势，在冲突各方之间进行调解，并积极参与人道主义救援和秩序重建，给予国际维和力量有力的支持。比如，“国际警信协会（International Alert）常年在西非和中非大湖地区支持联合国和区域组织实施的维持和平和缔造和平的行动，协助官方和非官方团体加强能力建设，给冲突各方创造讨论议题和加强沟通的非正式场合”。[③]在非国家行为体中，还有一些较为特殊的组织，如有组织犯罪、极端主义组织、恐怖组织。由于其目标和手段较为特殊，缺乏建设性，故而在总结非国家行为体的体系功能时，未将其考虑在内。

非国家行为体在国际体系中承担更多功能的同时，国家的功能也出现了一些变化。华尔兹在《国际政治理论》中并未对国家功能做出较为细致的说明，毕竟在他看来体系单元只有国家，其功能多数是重复的，也就没有太大必要进行细分。不过，其理论分析在无形中设定了国家最主要的功能——安全。在一个没有国家之上权威的自助体

① 傅勇．世界政治中非国家主体的地位与作用［J］．社会科学，2005（8）：45.

② 张蕴岭．世界经济中的相互依赖关系［M］．北京：中国社会科学出版社，2012：92－94.

③ 罗建波．非政府组织在非洲冲突管理中的角色分析［J］．国际论坛，2008，10（1）：9.

系中，生存必然是国家的头等大事，只有保证了生存，才能有余力从事经济发展、社会福利等事务，权力政治的根本目的就是维护国家安全。如今，安全仍然是国家的重要功能之一，但是其功能或者责任也开始向多元化转变。苏珊·斯特兰奇将其总结为10点：1. 保护公民生命和领土不受侵犯；2. 维持通货价值；3. 选择适当的发展模式；4. 纠正市场经济中周期性的景气与萧条趋势；5. 保护市民免受经济不稳定的影响；6. 税收责任；7. 对外贸易；8. 兴建基础设施；9. 营造公平竞争的国内市场；10. 维持国内治安。[①] 根据国家位置不同、能力大小的差异，在上述功能中会有所侧重，但总体上是较为一致的。不过，Web 2.0 时代的特点是灵活、广阔和界限模糊，所以非国家行为体亦会渗透到上述某个或某些国家功能之中，二者并非泾渭分明。这在某个侧面更加反映出国际体系单元功能定义所呈现的复杂化趋势。

三、权力分散

权力分配是体系结构三要素中变化相对较快的一个，所以国际体系的变化基本上是源于权力分配的变化。在信息技术的推动下，网络权力域初步形成，并成为非国家行为体与主权国家展开权力争夺的主要场所。在争夺过程中，中央集权和官僚机构开始弱化，非国家行为体的力量上升。“这意味着，世界政治将不再是政府的专有领地。个人和私营组织（从公司、非政府组织到恐怖主义者）将具有在世界政治中直接发挥作用的能力。权力更加分散，非正式性质的网络将打破官僚机构的垄断地位。”[②]也就是说，权力分配正在改变：结构性权力出现了从大国向中小国家、从国家向非国家行为体的分散化态势。其中，四种结构性权力的分散最为明显。

---

① ［英］苏珊·斯特兰奇著，肖宏宇，耿协峰译．权力流散［M］．北京：北京大学出版社，2005：63－70.

② ［美］约瑟夫·奈著，张小明译．理解国际冲突［M］．上海：上海世纪出版集团，2006：262.

第一，安全领域的权力。传统安全主要涉及军事和政治领域且与主权和领土关系密切，因而大国在权力结构中占据优势。斯特兰奇称之为："由于某些人为另一些人提供安全防务而形成的一种权力框架。"进入21世纪，非传统安全的威胁日渐增加，包括"来自非国家行为体的威胁，如恐怖组织、贩毒集团、全球暴力分子（比如无政府主义者），以及来自失败国家和非常规战争的威胁。上述威胁在网络空间的辅助下，不但实现了网络化，而且增强了适应性和实力，招募人员、收集情报、训练、获取资金等能力大幅提升"。[①]这一局面造成了进攻和防守的失衡。小国以及非国家行为体获得了多种发动非对称攻击的手段，这些手段灵活、隐蔽、危害性强。正如美国海军人员所说："世界不会被一颗炸弹终结，一个心存不满的小孩就够了。他会侵入我们的网络，打开水库和管道，淹没城镇；改变石油天然气中心的管道压力，导致人口密集地区发生巨大爆炸。"面对此类攻击，防守者即使投入巨量人力、物力和财力建设预警和防御体系，也很难做到万无一失，但只要有一次疏漏，结果将是惨痛的。而且越是体量巨大的行为体越容易遭受攻击，因为其要防御的点更多、容易暴露的弱点也更多；小规模的组织在遭受攻击时反而能够借助网络结构的优势，化整为零，减少损失，提高生存力。可以说，攻守失衡使得非国家行为体在安全结构中占据了更主动的位置，国家在安全领域的权力垄断被打破。

未来，对外发起进攻将不再只是国家的特权，非国家行为体亦可以利用某种方式加以实现。另一方面，国家在维护自身安全时，也开始借助非国家行为体的力量。由于各类非常规战争和非传统安全威胁的出现，单纯依靠军事力量已经不可能应对复杂的局势和多元的攻击手段，有能力的国家纷纷加强与私人机构的合作。以美国为例，"其国防部（DOD）、国土安全部（DHS）、国家情报办公室（DNI）、国务院、国际发展局（USAID）等中央机构在国家安全、外交等领域与私人机构协同工作；同时，其北方司令部、欧洲司令部、南方司令

① Seth G. Jones, "The Future of Irregular Warfare," RAND, March 2012, p. 2.

部、太平洋司令部、非洲司令部也与商业、学术研究、非营利性私人机构展开全面合作”。[①]对于那些失败国家或局势不稳的国家，其国家安全事务甚至会被非国家行为体掌控。斯坦福大学的研究人员 David Laitin 和 James Fearon 发现：“失败国家由于缺乏足够的政府机关和完善的政治结构来保障政府机能的运转，其安全部队往往无法构建基本的法律秩序。因此，恐怖组织在这些国家更容易滋生。”[②]这些恐怖组织会趁虚而入，对政府稳定形成直接威胁。另外，许多贫困国家为了防止因经济发展停滞而陷入政治动荡，竭力吸引跨国公司的投资。跨国公司为了保护自己的利益，减少投资风险，在取得商业垄断权的同时，一般会介入该国的安全事务，进而保持对该国政府的掌控力。某种意义上说，非国家行为体在安全结构中不但成为挑战者，而且还扮演安全提供者的角色，其所拥有的权力已不容小觑。

第二，经济权力。20 世纪 90 年以来，地缘经济学的迅速升温说明了人们对于经济权力的重视，就像一位经济史学家所说：“在一个不安全但又高度重视安全与经济增长的世界中，经济权力与政治权力往往是密切相关的。”行为体是否拥有经济权力、拥有多少经济权力一般取决于其在生产结构中所处的位置，因为生产结构决定了有谁用什么创造了财富，而财富是行为体赖以生存的根本。随着跨国公司进入全球公司阶段，生产结构的国际化程度也发生了深刻变化。跨国公司根据各国比较优势的差异，将其生产的不同阶段分布在不同国家，以实现资源的充分利用。比如在人力资源丰富的地区设立装配工厂，在原材料丰富的地区设立加工厂。于是，跨国公司成为全球供应链上的控制者，而处于供应链上的国家成为其全球生产体系中的一个个组成部分。即跨国公司在生产结构中占据了主导地位，决定着“生产什么、由谁生产、为谁生产、用什么方法生产和按照什么条件生

---

① James Stavridis, Evelyn N. Farkas, “The 21st Century Force Multiplier: Public – Private Collaboration,” *The Washington Quarterly*, Spring 2012, p. 9.

② Seth G. Jones, “Think Again: Al Qaeda,” *Foreign Policy*, May/June 2012, p. 49.

产”。[①]另一方面，跨国公司在东道国的投资为其带来了税收、知识技能、管理经验以及工作岗位，有利于东道国的经济发展。所以，东道国，尤其是发展中国家对于跨国公司产生了较强的依赖性。跨国公司以此为契机不仅控制了一些国家的经济命脉，还影响着这些国家的经济决策乃至对外政策。“经济决策的权力即决定谁获得了什么、何时何地及如何获得的权力，如今部分地转移到了跨国公司手中了。”[②]

面对经济权力的分散或转移，国家仍在两个方面保有优势：一是规模优势。虽然跨国公司的利润超过很多中小国家的 GDP，但是与大国相比依旧有差距。二是资源优势。在国家主权原则下，多种资源、特别是自然资源仍以政府控制居多，比如 20 世纪 70 年代末中东国家纷纷实行石油资源的国有化。但是，这两个优势亦有限度。首先，规模有时候并不等于质量。有经济史学家曾经计算出：“1750 年亚洲占世界总人口的 66%，而亚洲的产值占世界的 80%。也就是说，占世界人口 2/3 的亚洲人生产出世界 4/5 的产值，而占世界人口 1/5 的欧洲人仅生产出其余 1/5 的一部分。因此，在 1750 年，亚洲人的平均生产力大大高于欧洲人。”[③]然而，“这种估算不可避免地低估了质量改进和新产品所包含的进步。如果只计算钢的吨数，那么像坩埚钢这样一种新的钢所具有的意义，还怎么能衡量？怎样评价转轮印刷机使报纸价格由一先令变成一便士？铁船比木船使用年限长，载货多，其价值又如何衡量呢”？[④]同样，跨国公司与大国之间的规模差异有时并不能反映出二者在质量和技术方面的不同，重视创新的跨国公司可能比采用粗放发展模式的大国更优质。其次，如果能找到替代品或实现多元化供应，资源的稀缺并不代表经济权力弱。实现全球经营

① ［英］苏珊·斯特兰奇著，杨光宇译．国家与市场［M］．上海：上海人民出版社，2006：62.

② ［英］苏珊·斯特兰奇著，肖宏宇，耿协峰译．权力流散［M］．北京：北京大学出版社，2005：38.

③ ［德］贡德·弗兰克著，刘北成译．白银资本［M］．北京：中央编译出版社，2011：163.

④ ［美］戴维·S·兰德斯著，门洪华，安增才，董素华，孙春霞译．国富国穷［M］．北京：新华出版社，2010：209.

的跨国公司并不太担心一个或几个国家的资源控制，因为其可以较为轻易地在其他国家或地区找到新的产地或替代品。而且，大多资源丰富的国家需要依靠初级产品的出口维持财政收入，如果采取过于严厉的措施，会降低本国投资环境和营商环境的评价，导致出口量下滑，进而给国家的经济发展造成损害。因此，经济权力向跨国公司的转移基本上是一个国家不愿看到却又难以阻挡的趋势。

第三，金融权力。金融自由化的最大影响之一就是使得主权国家对金融市场的监管效率日渐降低。信息技术与金融体系的结合又进一步加深了金融监管手段与金融市场现状的不匹配程度。传统的资金流动正在被新型的、更加隐蔽的方式所替代。这些方式在设计之时充分利用了 Web 2.0 技术，可以掩盖资金流动的数量、源头、目的地等信息，使其具备“隐形”功能。大规模的资金流可以被分解为数个小规模的资金流，比如 90 万美元的流动被分解为 100 个 9000 美元的流动，从而达到混淆视听、愚弄监管的目的。智能手机和无线网络的出现更加令传统资金流的非传统流动成为可能。手机支付业务（Mobile Money Transfer，MMT）甫一出现便取得了惊人的发展，2007 年进入该领域的 M－PESA 公司，“到 2009 年的客户数量已突破 600 万，2010 年达到 900 万，至 2011 年 3 月已接近 1400 万”。[①] MMT 在为人们的生活带来便利的同时，也为洗钱等非法金融活动提供了新的手段，因为庞大的客户群体和灵活的业务处理方式令政府监管有些无从下手。监管力度的缺失刺激了金融犯罪率的急速增长，一些金融机构铤而走险，在洗钱业务中担任金融中间人的角色。对国际信用与商业银行的破产调查表明，“该银行在从事大量的‘有节制的’或非法的金融服务，其顾客群包括哥伦比亚麻醉品走私者、中东恐怖分子、拉美革命团体以及各种逃税人、腐败政客，甚至跨国公司”。[②]

在这种“高度自由”“无拘无束”的金融环境下，许多投资银行

---

① Christopher Bronk, Cody Monk & John Villasenor, “The Dark Side of Cyber Finance,” *Survival*, vol. 54 (2), April – May 2012, p. 135.

② ［英］苏珊·斯特兰奇著，肖宏宇，耿协峰译. 权力流散［M］. 北京：北京大学出版社，2005：103.

和金融机构创造出大量的、越来越复杂的金融衍生品，以谋取暴利。日渐膨胀的金融衍生品市场正在破坏基本信用体系和传统银行业务，进而导致全球金融体系愈发混乱和脆弱。这为一些非国家行为体削弱国家在金融体系中的影响、争夺金融权力提供了契机。大型跨国金融集团利用衍生品市场繁荣之机大肆扩张，成为富可敌国的存在，达到了“太大而不能失败”的程度，绑架了政府的政策，令国家权力难以撼动。它们还操作各类金融市场扩展权力。以债券市场为例，金融机构通过“调高借贷成本对政府施加影响。即使只是 0.5 个百分点的上涨，都能使政府本已庞大的财政支出增加更多待偿还的债务，从而导致已经债台高筑的政府蒙受损失”。[①] 2010 年 12 月，国际三大信用评级机构穆迪、惠誉、标准普尔先后调低爱尔兰的信用评级，使得爱尔兰 10 年期国债收益率上升 7.5 个基点，导致爱尔兰政府市场借贷成本进一步加大，令其经济形势雪上加霜。另一方面，有些私营机构开始尝试在互联网领域发行虚拟货币，从事各类虚拟商品和服务的交易，侵蚀政府的铸币权。最早涉足虚拟货币的林登实验室（Linden Lab）在其开发的游戏第二人生（Second Life）中推出的一款林登币（Linden Dollar），这种虚拟货币可以与美元双向兑换并存在浮动汇率。“2011 年第一季度，林登币的发行量达到 293 万元，约合 300 万美元的市值，比上年增长约 12%。”[②]类似的还有像 E – gold、Bitcoin 等半虚拟或虚拟的货币。可以说，在全球化和网络化影响下形成的跨国领域之中，金融领域已经成为主权国家最难控制和监管的领域之一，金融权力的分散程度可想而知。

第四，信息权力。1996 年，约瑟夫·奈与威廉·欧文斯共同撰写了《美国的信息优势》一文，正式提出信息权力的概念。他们认为，随着信息技术的发展，“信息将成为国际关系的核心权力，逐步渗透到政治、经济、文化、社会各个领域……谁拥有信息权力的优

① ［英］尼尔·弗格森著，高诚译．货币崛起［M］．北京：中信出版社，2012：60.

② Christopher Bronk, Cody Monk & John Villasenor, “The Dark Side of Cyber Finance,” *Survival*, vol. 54 (2), April – May 2012, p. 133.

势，谁就将在未来世界格局中据主导地位”。[①]这里所说的信息包含商业信息、战略信息、文化信息、科技信息等，其中以科技信息的地位最为突出。如果考察国际关系史，我们就会发现，信息权力的重要性并不是直至21世纪才显现。早在17世纪末，一位法国经济学家阿吉尔贝尔写到：“不管土地的数量还是出产方面，英格兰都不足法国的1/4……英格兰却能够在过去的三四年里为奥兰治亲王增加了8000万古银币的收入，而且这样子并没有使它的人民沦为乞丐或迫使他们放弃自己的土地。”[②]这段话中所隐含的信息就是英国通过科技的创新弥补了先天条件的不足，促进了国力的提升和社会的进步。信息权力的作用可见一斑。奈在《美国的信息优势》中强调，信息技术发展居于领先地位的美国将拥有信息优势，进而与其军事实力和经济实力相结合，成为世界的领导。然而，当信息技术发展到Web 2.0阶段时，世界政治现实却对其这一预测提出了挑战。互联网的网状结构、分散性和交互性使得其他国家、非国家行为体以及个人的制造、收集、处理和传播信息的能力上升，美国的信息优势被削弱，信息权力开始分散化。

在信息制造方面，具备较强实力的非国家行为体与国家的差距在不断缩小，其中比较典型的是跨国公司。如今，许多大型跨国公司纷纷建立自己的科研团队和研发中心，负责新技术和新产品的研发，其规模和实力均不亚于政府支持的高校和研究机构。在21世纪初，跨国公司即“拥有全球研发投资的90%、全球高技术的95%”。[③]其他实力相对较弱的组织则利用全球化和信息化的时机，与专门的科研机构或科研人员建立联系，以获得其信息支持。在信息处理方面，网络终端设备的进步使得私人机构能够在短时间内消化所得信息或者从海量信息中提取自身所需。由于价格越来越低、占据空间越来越小，非

① 倪世雄．当代西方国际关系理论［M］．上海：复旦大学出版社，2005：394－395.

② ［美］戴维·S·兰德斯著，门洪华，安增才，董素华，孙春霞译．国富国穷［M］．北京：新华出版社，2010：253.

③ 辛平．跨国关系与国家大战略［J］．教学与研究，2005（9）：68.

国家行为体也可以像国家一样集中大量服务器，用于信息处理。虽然在总体规模上仍有差距，但是“信息鸿沟”已经不那么明显。正如托马斯·弗里德曼所说：“麻省理工学院的小子们不管在什么时候往因特网传东西，中国的学生 3 个月就能消化它们。”[①]在信息传播方面，借助智能手机和无线网络，非国家行为体以及个人打破了国家在该领域的垄断，将信息传播由单向变为交互。搜索引擎、谷歌电子图书馆、社交网站等为信息传播提供了便捷的平台，成为非国家行为体和个人发布和获取信息的重要渠道。与此同时，国家控制通信网络的局面也将有所改变，谷歌公司正计划用飞艇打造覆盖非洲和亚洲约 10 亿人的无线网络，使当地用户能够通过廉价的智能手机接入互联网。届时，国家对于信息的控制力将越来越弱，非国家行为体和个人信息权力的增强将是大势所趋。

第二节　国际体系演变的三条路径

一般来说，体系结构的三要素中任意一个发生变化都会带来国际体系的变化。在上一节的分析中，本书认为当前体系的单元功能定义和权力分配都出现了新的发展趋势，所以国际体系也将进入一个新的阶段。但是，体系的演变并非一朝可成，期间所要经历的争夺、妥协、反复、曲折不可胜数，演变的最终结果也充满变数。从目前的研究成果来看，学者们主要将单极、多极以及无极视为未来体系演变的最终面貌。我们不禁会问，这三种体系各自的内涵是什么？在信息技术飞速发展和非国家行为体崭露头角的状况下，哪一种体系形成的可能性更大？

---

① ［美］托马斯·弗里德曼著，何帆，肖莹莹，郝正非译．世界是平的［M］．湖南：湖南科学技术出版社，2007：211.

一、单极体系：前景黯淡

单极体系主要指由充当“极”的国家为处于无政府状态下的国际政治提供制度和秩序，维持世界范围内的和平，并促进国家间的经济和贸易往来。作为“极”，这个国家必须在经济、军事、文化等各方面具备绝对优势，能构建国际机制并维持机制的正常运作。而体系中的其他国家愿意接受这种局面，放弃对霸主地位的挑战（但合理的竞争仍会存在）。从历史上看，若干国家曾经成为霸权国，但是单极体系几乎从未建立。可以说，虽然建立霸权的道路困难重重，但与构建单极体系相比难度要小得多。1648 年，威斯特伐利亚体系建立，真正意义上的现代国际关系开始形成，当时正是荷兰如日中天之际。1688 年，“荷兰联省都统，即奥伦治的威廉，率兵一举征服英格兰……其在那一年 9 月集结起来的荷兰舰队，在规模上比西班牙的无敌舰队还要大 3 倍”。[①]然而，荷兰自身的先天不足使其难以成为欧洲的主导。第一，荷兰国土狭小却又身处欧陆，既无法像英国那样专心于海外扩张，也无法像法国那样在欧陆纵横，难以建立稳固的实力基础；第二，荷兰长期处于哈布斯堡王朝的统治之下，独立的时间较短，在当时王朝政治尚未终结的欧洲难以取得较强的政治号召力和影响力。所以，当荷兰的经济发展速度落后于英法等大国时，其霸权地位迅速衰落，甚至无法在多极体系中维持“极”的身份。

相比之下，英国霸权的持续性和影响范围都要高出许多。1763 年英国取得“七年战争”的胜利，维护了它在海洋上的支配地位，初步取得霸权。但这场胜利“并未对法国人产生商业上的灾难性后果”。[②]直到 1812 年维也纳体系建立和 1840 年工业革命的完成，英国才真正确立了霸权地位。但是英国却并不打算建立单极体系。其专心

---

① ［美］戴维·S·兰德斯著，门洪华，安增才，董素华，孙春霞译．国富国穷［M］．北京：新华出版社，2010：486.

② ［美］R. R. 帕尔默，乔·科尔顿，劳埃德·克莱默著，陈敦全，孙福生，周颖如译．帕尔默现代世界史 02：启蒙到大革命［M］．北京：世界图书出版公司，2010：86.

于海外殖民体系的经营，对于欧洲大陆的事务不甚热心，只是扮演离岸平衡手的角色，使大陆各国能够保持均势即可。当然，英国也为世界提供了某种秩序，但是远未达到建立单极体系的程度。随着欧陆大国的崛起，英国保持“光荣孤立”的基础被不断侵蚀，经常会面对德法俄等国家的联合制衡，不得不被迫修改对外政策，先后在1902年、1904年和1907年，与日、法、俄结盟，参与到一战的腥风血雨之中。二战后初期，美国在多个领域取得了绝对优势，其“工业产量占世界1/2以上，出口贸易占1/3，黄金储备占3/4，资本输出占世界第一位而且是最大的债权国……拥有世界上最强大的海军和空军，在海外建立了484个军事基地，还独家垄断着原子弹”。[①]与此同时，在美国主导下，联合国、布雷顿森林体系、关贸总协定、国际货币基金组织、国际复兴开发银行相继建立，奠定了其在战后国际机制中的主导地位。不过，苏联的存在和社会主义阵营的崛起挡住了美国建立单极体系的步伐，美国所建立的机制没有真正扩展到全球，世界被划分成两个部分，成为两极而非单极体系。在长达40余年的冷战对抗过程中，美苏两国的实力均遭受到严重损耗。苏联最终解体，美国在经济、贸易等领域的优势再也未达到二战后初期的水平，不但放弃了布雷顿森林体系，还背上了庞大的主权债务。不过其军事优势以及在国际机制中的主导地位仍旧存在。

虽然实力受损，但是主要对手的突然消失让美国看到了建立单极体系的希望，一批美国学者也认为这将是“历史的终结”，“美国治下的和平”即将到来。冷战后的历届美国政府也不遗余力地推动相关政策的实施。冷战甫一结束、苏联尚未解体之际，老布什政府便提出“世界新秩序”的构想，意图“按照美国的价值观、意识形态、政治制度、经济模式建立起由美国领导的新世界”[②]，将民主制度、市场经济扩展到全球，巩固与盟友的关系，发挥联合国等国际组织的

---

① 方连庆，刘金质，王炳元主编．战后国际关系史［M］．北京：北京大学出版社，1999：43.

② 方连庆，刘金质，王炳元主编．战后国际关系史［M］．北京：北京大学出版社，1999：43，812.

积极作用。克林顿政府借助苏联解体、俄罗斯元气大伤之机，进一步拓展了这一构想，提出“参与和扩展”战略。明确表示将承担更多国际责任，参与国际事务，维护全球政治的稳定，同时提高美国的竞争力、促进国内经济繁荣，并以推进民主作为参与和扩展战略的核心目标。在这一战略的指导下，美国在欧洲启动北约东扩进程，吸收了波兰、捷克、匈牙利等东欧国家；在东亚加强与日本、韩国等传统盟友的关系；在中东寻求安全与稳定，打压敌对势力。经过近10年的高速发展，到小布什政府时期，美国的实力和影响力上升到一个新的峰值。于是，小布什政府制定了更加强硬的新保守主义政策，将单边行动、政权变更与扩展民主相结合，以强大的军事实力贯彻美国的价值观。以“9·11”事件为契机，小布什政府发动反恐战争，将大中东地区设为其推行民主、构建新秩序的样板和试验田，接连出兵阿富汗和伊拉克，提出改造中东的“大中东计划”。同时寻求与其他大国建立反恐联盟，以巩固美国的领导地位。经历金融危机之后，美国的实力有所下降，奥巴马政府适时地调整了小布什政府的对外政策，放弃单边主义，转而借助多边的力量，将运用巧实力作为主要原则，以实现亚太“再平衡”为主要目标。所谓“再平衡”，主要是指“离岸平衡战略与威慑战略的结合，一方面减少美国在海外的军事部署和直接干预，另一方面加强地区盟友的安全责任，鼓励欧盟承担中东北非地区的维和任务，借助日本、韩国、菲律宾等亚太传统盟友以及印度、越南、缅甸等潜在友好国家的力量遏制中国”。[①]在此基础上，将战略重心转移至亚太地区，并提出TPP等构想，以刺激美国经济发展。

虽然美国冷战后历届政府的对外政策各有侧重，但是在建立美国领导的单极体系这一点上是一致的。经过20年的努力，美国在多个领域的实力远超过其他大国。经济上，美国2017年的GDP达到19.39万亿美元，占世界GDP总量的24.03%，比第二位的中国（12.24万亿美元）高出1/3多，超过金砖五国当年GDP的总和

① Christian Le Miere, “Rebalancing the Burden in East Asia,” *Survival*, vol. 55 (2), April – May 2013, pp. 39 – 40.

(18.76 万亿美元)；军事上，美国 2017 年的军费开支为 601.1 亿美元，占世界军费开支总量的 34.40%，西方 7 国军费开支总量的 71.39%，并在全球范围内维持着庞大的军事体系；①政治上，美国价值观的影响力不断扩大，许多东欧国家、中东国家、亚太国家的民众为其自由、民主的理念所吸引，同时美国在二战后建立的一系列国际机制尚在，其在这些机构和组织中的地位和影响力依旧强大，比如在改革后的 IMF 中，美国仍然凭借超过 15% 的持股份额保有否决权。下一步，美国在构建单极体系的道路上将主要致力于两个目标：一是对"保护的责任"（Responsibility to Protect，R2P）进行升级，实现集体安全。过去，"R2P 在制止大规模暴动和冲突方面发挥了重要作用，但是其作用的发挥依赖于美国在政治上、制度上和具体操作中跨越障碍的能力……未来美国在提升自身承担 R2P 能力的同时，还应调动国际社会（包括盟国、准盟国、友好国家、国际组织）和公众对 R2P 的支持"②，进而构筑起美国领导下的集体安全体系，分担美国的安全责任。二是继续扩展民主，实现民主和平。过去 20 年，"促进民主虽然不是美国对外政策的全部内容，但是其倾向是明显的。当美国的利益受到新的威胁或面对新的机遇时，美国总统从未放弃的一个理念就是：将促进民主作为最好的长效解决方式。作为一个一贯的、持续性、从未更改的理念，促进民主是美国大战略的重要组成部分之一"。③因为美国政府认为，民主国家之间不会发生战争或冲突，一个民主化的世界将是一个更加和平与安全的世界，而且实现了美国式民主的国家更愿意接受"美国治下的和平"。

虽然距离最终完成还有不少工作要做，但是美国竭力构筑的单极体系已经初具规模。那么，未来的国际体系真的会是单极的吗？从目前的状况来看，答案恐怕是否定的。在单极体系中充当"极"的国

① Data，The World Bank，http：//data. worldbank. org/indicator.

② Madeleine K. Albright & Richard S. Williamson，"The United States and R2P，" The Brookings Institution，July 2013，pp. 26 – 28.

③ Paul D. Miller，"American Grand Strategy and the Democratic Peace，" *Survival*，vol. 54 (2)，April – May 2012，p. 40.

家必须在硬实力和软实力方面具备绝对的优势，以此为体系提供安全、秩序、机制等公共产品。作为回报，其可以享受权力垄断带来的好处。美国目前却出现了实力衰退的迹象。从主要经济数据来看，与2007年相比均有不同程度的下滑。其GDP占世界GDP总量的份额由2007年的25.02%下降到2017年的24.03%；出口贸易额由10.46%下降到10.22%，进口贸易额由14.82%下降到12.95%。[①]美国高校和科研机构的数量和水平仍令其他国家难以望其项背，但是基础教育状况堪忧。2009年OECD开展的国际学生评估项目（PISA）中，“中国上海、韩国、芬兰、中国香港、新加坡、加拿大、日本、澳大利亚的学生在阅读方面获得了最高分，美国学生则处于中游水平；在数学方面，美国15岁年龄段的成绩低于世界平均水平；在科学素养方面，美国学生同样处于中游水平”。[②]这会逐步侵蚀美国在技术创新和人才储备方面的优势，使美国社会平庸化，进而导致竞争力下降。更为严重的是，美国政治体系中出现了两极化态势，民主、共和两党的对立日益尖锐。“小布什在2005年提出的社会保险体系改革遭到全部民主党人的集体反对……奥巴马在2009年提出的经济刺激计划、2010年提出的医疗改革计划，都未赢得任何共和党议员的支持……民主党和共和党不仅在国内问题上吵得不可开交，在对外政策上同样水火不容……盖洛普公司在2005年的一项调查显示，81%的民主党人认为伊拉克战争是个错误，而共和党中对战争表示支持的人高达78%。”[③]这种党派分化使美国在面临挑战和危机时难以迅速达成一致、做出有效应对，难以承担起在单极体系中复杂而艰巨的任务。党派间的斗争会大量消耗其精力和行动力。

另一方面，单极体系是一种权力高度集中的体系，而信息技术革命带来的却是权力的高度分散。冷战后，美国凭借其在信息技术领域的优势实现了高速发展，信息技术为其带来了巨大的经济、社会和政

① Data，The World Bank，http：//data. worldbank. org/indicator.

② ［美］托马斯·弗里德曼，迈克尔·曼德鲍姆著，何帆 等译. 曾经的辉煌［M］. 湖南：湖南科学技术出版社，2012：110.

③ 同上，262－263.

治利益。但是，“未来20年，随着网络空间扩展到更多领域、覆盖更多人群，互联网对于美国不仅代表着机遇，而且是重大的挑战和风险”。[①]首先，信息技术加快了现代化的扩散速度，令多国在短时间内取得了长足的技术进步，较为完善的市场经济得以建立，自信增强。“经济力量正在迅速转移到东亚，军事力量和政治影响开始向东亚转移。印度处于经济起飞的边缘，伊斯兰世界日益敌视西方。其他社会很快将不情愿接受西方旨意和容忍其说教，西方的自信和支配意志也会随之消失。”[②]美国以外的权力中心正在兴起，它们在接受现代化的同时，对于自身的文化自信不断加强，正如东亚国家并没有将其经济奇迹归因于引进西方文化，而是视其为自身文化的伸张。如果说其他大国的兴起正在打破美国的权力垄断，这种“本土化”现象则削弱了它们对单极体系的认同。其次，非国家行为体利用信息技术在安全、经济、金融、信息四种结构性权力中争夺到一席之地。如今，其已经不再满足于充当补充、辅助的角色，而是积极参与国际事务。在全球治理中，其提出自己的政策主张和解决方案，力图限制包括美国在内的国家的权力和影响力。在安全领域，即使强如美国也开始借助私人机构的力量，以应对日益严峻的安全形势和复杂的网络安全问题；而恐怖主义、极端主义势力的挑战更是令美国头疼不已。在经济和金融领域，跨国公司、评级机构、会计师事务所的权力越来越大，不仅为国家的经济发展提供动力，而且通过操纵各类金融市场向国家施压。因此，美国的衰落虽然是一个缓慢的、非线性的过程，但从长远来看，其既难以通过超强的实力压服其他行为体安于单极体系，也无法通过吸引力诱使其他行为体接受单极体系。

二、多极体系：可能性上升

在世界政治实践中，多极均势体系可以说是历史悠久、影响巨

---

① John D. Negroponte & Samuel J. Palmisano, “Defending an Open, Global, Secure, and Resilient Internet,” Council on Foreign Relations, June 2013, p. 8.

② ［美］塞缪尔·亨廷顿著，周琪，刘绯，张立平，王园译．文明的冲突与世界秩序的重建［M］．北京：新华出版社，2010：62.

大，并且受到不少国际关系理论学者的青睐。早在1713年签署《乌得勒支和约》之时，“势力均衡”（Balance of Power）的概念便正式出现在条约之中。经过几代学者的努力，这一概念逐步完善起来。一般认为，多极体系需要3个或以上的权力中心在相互制衡中形成一种体系结构，但也有学者认为较为稳定的多极体系至少要有5个权力中心，如斯坦利·霍夫曼（Stanley Hoffmann）认为“体系中要同时存在5—6个主要行为者，且必须存在一个中心平衡的机制……莫顿·卡普兰认为均势体系中最少要有5个主要大国，并且不存在地区或世界性的组织”。[①]抛开行为者的数量，他们共同的观点是多极相互制衡所形成的均势最稳定，因为在均势格局下，多个国家围绕多个问题互动，利益交织，难以开战，而且一国的双边关系越多，其精力就越分散，那么强国越多，体系就越稳定。从1648年至今，共出现过3个较为成熟的多极体系。第一个是1815年建立的维也纳体系。拿破仑战争结束后，以英国、普鲁士、奥地利、俄国为主导的欧洲国家召开维也纳会议，讨论划分势力范围、重建欧洲均势等问题。会议的结果就是维也纳体系的建立。英、普、奥、俄是该体系中的主导力量，后来法国也被允许重新加入大国俱乐部，形成五极结构。最初几年，各大国通过召开国际会议商讨重要国际问题，以协调各方关系和利益，维护体系的稳定。但是，在1822年维罗纳会议之后，“类似的国际会议已经不再举行。广义来看，历届会议拟推进一种国际秩序的打算都失败了，因为大国不打算去适应正在塑造欧洲的各种新力量，只是采取镇压或者惩罚的手段，支撑摇摇欲坠的政府……历届会议也从来没有能使大国的各自利益处于从属地位。亚历山大拒绝承认普息兰悌，奥地利镇压了那不勒斯革命。法国镇压了西班牙革命，他们都增进了自身的利益”[②]，而无视体系的整体稳定。1853年英法与俄国之间克里米亚

---

① 倪世雄．当代西方国际关系理论［M］．上海：复旦大学出版社，2005：114－281.

② ［美］R. R. 帕尔默，乔·科尔顿，劳埃德·克莱默著，苏中友，周鸿临，范丽萍译．帕尔默现代世界史03：变革世界的引擎［M］．北京：世界图书出版公司，2010：86.

战争的枪声宣告了维也纳体系的终结。

1871 年德国完成统一。为了防止法国的报复、保证新统一国家的安全，“铁血宰相”俾斯麦通过一系列运作建立起历史上第二个多极体系：俾斯麦体系。与一般国际体系不同，该体系并非以国际会议的形式构建，而是经由多个双边或三边协定逐步完成，足见俾斯麦手段之高明和精巧。自 1879 年开始，德国先后签订《德奥同盟条约》、德奥俄《三皇同盟条约》、德奥意《三国同盟条约》，并将罗马尼亚拉入同盟体系，“在五年时间内建立起一个包括德、奥、意、俄、罗等国在内的复杂的同盟体系，欧洲国际政治形成以德国为中心的俾斯麦体系所支配的局面”。[①] 1887 年三皇同盟终结后，俾斯麦立即作出调整，与俄国签订《再保险条约》，以确保体系的稳定。不过，该体系仍旧摆脱不了瓦解的命运。原因在于：一是该体系过于精巧，如果没有俾斯麦那样高超的外交手段，很难做到运转顺利；二是德国对外政策发生了重大转变，威廉二世以及实力逐步强大的容克地主和资本家们不再满足于欧洲大陆的支配地位，而是要“争夺阳光下的地盘”。这与俾斯麦体系孤立法国并鼓励其将精力转向海外殖民扩张，与俄国妥协、防止法俄结合的初衷相违背。大规模向海外扩张还加剧了与英国的矛盾，最终促使英、法、俄走到一起。一战后，战胜国通过巴黎和会与华盛顿会议构筑起新的多极体系：凡尔赛—华盛顿体系。这也是多极体系首次由欧洲扩展到美洲和亚洲。在这一体系中，德国因为战败而遭打压，俄国因为十月革命后建立苏维埃政权而遭孤立。美日作为新兴大国崛起。19 世纪传统的英、法、普（德）、奥、俄的格局演变成英、法、美、日、意的格局。随着赔款、战债、限制海军军备竞赛等问题初步落下尘埃，到 1925 年《洛迦诺公约》签订之际，“世界的前景充满了希望。德国作为民主国家看上去蒸蒸日上，苏联停止了革命攻势。世界的生产量超过了战前水平，1929 年

---

① 唐贤兴．近现代国际关系史［M］．上海：复旦大学出版社，2002：128.

的世界贸易几乎是 1913 年的两倍”。[①]但是，由于大萧条的到来，各国民族主义情绪激增，体系原本蕴含的矛盾再度激发：德国不满于战后的安排，企图改变现状；美日为了恢复经济在东亚的争夺日益激烈；英法关系由于对德国政策的不同（英国希望恢复德国的大国地位，保持欧陆均势；法国希望打压德国，独享欧陆霸权）出现裂痕。大国间矛盾的激荡严重冲击着原本脆弱的凡尔赛—华盛顿体系，直至以世界大战的方式收场。

冷战结束后，国际体系重新进入动荡与变化的时期，建立第四个多极体系的可能性上升。不过，此次转折与维也纳体系和凡尔赛—华盛顿体系初创时的情况不同，并非由一次决定性的军事对抗所引发，而是因一国突变造成原有结构瓦解，与俾斯麦体系建立前夕的局面有类似之处。所以，体系的整体转型必然会是一个漫长且曲折的过程，而最终结果也难以确定。不过，随着世界政治的演进，多极体系建立的可能性大幅上升。首要原因是美国构筑单极体系的努力遭遇挫折。冷战后美国历届政府以实现民主和平、建立美国主导的新世界秩序为目标。至 20 世纪 90 年代末，其政策取得一定效果，美国在经济实力、科技实力、政治影响力、军事实力等方面占据着相对其他国家的绝对优势。但是，小布什政府的新保守主义政策极大耗散了美国的实力和声誉，加之金融危机的冲击，到奥巴马政府时期，美国的对外政策做出重大调整，虽然仍以建立单极体系为目标，但是调门更加缓和，手段更为灵活，也更注重借助多边的力量。比如在中东，美国一方面鼓励欧盟参与该地区的经济建设和安全维护，另一方面“支持海合会为代表的地区伙伴发挥重要作用……提出由美国和海合会六个成员国共同构建海湾新安全架构的设想”；[②]在亚太，美国虽然高调宣布亚太“再平衡”战略，但是“由于面临财政紧缩以及仍然深陷于中东和非洲，美国难以彻底将力量重心转移到亚太，而是鼓励其盟友

---

① ［美］R. R. 帕尔默，乔・科尔顿，劳埃德・克莱默著，陈少衡，周鸿临，周熙安译．帕尔默现代世界史 04：西方的没落？［M］．北京：世界图书出版公司，2010：124.

② 高祖贵．中东大变局与海湾合作委员会的崛起［J］．外交评论，2012（2）：60.

承担更大的防御和安全责任”。[①]奥巴马政府的政策调整体现出美国在建立新秩序方面“心有余而力不足”，不得不借助其他地区大国的力量。这无疑给了其他国家更大的行动空间，客观上有利于多极体系的形成。

多极化可能性上升的另一个重要原因是信息革命带来的权力分散。自 19 世纪工业革命以后，技术和现代化在全球范围内呈现出加速扩散的状态，半边缘和边缘地区逐步被卷入全球化的大潮之中。信息革命造成的商业平坦化和信息传播即时化更是加快了这一进程，促进了安全、经济、金融、信息等结构性权力的扩散。受其影响，各地区大国和区域组织的实力迅速上升，与美国的差距逐步缩小。从几个基本数据来看，2007—2017 年，美国的 GDP 占世界总量的比例 25.02% 下降到 24.03%，金砖五国同期的 GDP 比例则由 13.79% 上升到 23.30%；[②]美国出口及进口贸易额占世界总量的比例分别由 10.46% 和 14.82% 下降到 10.22% 和 12.95%，金砖五国则由 13.96% 和 11.84% 上升到 15.60% 和 14.15%，其中中国由 8.31% 和 6.54% 上升到 10.16% 和 9.23%。[③]其他如军费开支、研发开支等，新兴国家在世界总量中的比例亦有所上升。

掌握权力资源的增加为地区大国扩展权力和影响力提供了物质基础。当美国提出 TPP 时，其发现“印度已经与新加坡、韩国、泰国、马来西亚、日本以及东盟签署了 FTAs（自由贸易协议）；欧盟与新加坡和韩国签署了 FTAs，并正在与泰国、马来西亚、越南、印尼进行 FTAs 谈判”。[④] 2012 年 12 月在迪拜举行的国际电信世界大会上，“美国主张互联网应该独立于国际电信联盟，不受国际电信条例的约束。但是该主张并未获得通过。美国随后与 54 个国家拒绝承认国际电信

① Christian Le Miere, “Rebalancing the Burden in East Asia,” *Survival*, vol. 55 (2), April – May 2013, p. 31.

② Data, The World Bank, http://data.worldbank.org/indicator.

③ “World Trade Report 2013,” WTO, April 2013, pp. 32 – 36. http://www.wto.org/english/res_e/publications_e/wtr13_e.htm.

④ Rohan Mukherjee & Clara O’Donnell, “Challenges of a Multipolar World,” *Young Strategist Forum*, July 2013, p. 2.

表 5.1　西方七国与金砖五国主要经济数据对比（单位：万亿美元）

	GDP 总量及占世界总量的比例		总储备		出口贸易及占世界总量的比例		进口贸易及占世界总量的比例		军费开支及占世界总量的比例	
	2007	2017	2007	2017	2007	2017	2007	2017	2007	2017
美国	14.48，25.26%	19.39，24.03%	0.28	0.45	1.67，10.08%	2.21，10.22%	2.39，14.52%	2.74，12.95%	0.55，41.68%	0.60，34.40%
日本	4.36，7.61%	4.87，6.04%	4.36	1.26	0.77，4.66%	0.80，3.68%	0.70，4.27%	0.75，3.53%	0.04，3.30%	0.043，2.51%
德国	3.44，6.00%	3.38，4.56%	0.14	0.20	1.48，8.93%	1.60，7.41%	1.25，7.60%	1.33，6.28%	0.04，3.13%	0.044，2.52%
法国	2.66，4.64%	2.58，3.20%	0.12	0.16	0.72，4.35%	0.72，3.33%	0.76，59%	0.77，3.64%	0.06，4.63%	0.056，3.25%
英国	2.96，5.16%	2.62，3.25%	0.06	0.15	0.76，4.57%	0.74，3.41%	0.84，5.11%	0.80，3.78%	0.07，4.93%	0.047，2.70%
意大利	2.20，3.84%	1.93，2.40%	0.09	0.15	0.60，3.64%	0.55，2.56%	0.61，3.72%	0.49，2.33%	0.04，2.67%	0.029，1.66%
加拿大	1.46，2.55%	1.65，2.05%	0.04	0.09	0.50，3.02%	0.47，2.19%	0.47，2.86%	0.51，2.42%	0.02，1.33%	0.02，1.14%
合计	31.56，55.06%	36.73，45.53%	5.09	2.46	6.5，39.25%	7.11，32.80%	7.02，42.67%	7.38，34.93%	0.82，61.67%	0.84，48.18%

续表

	GDP 总量及占世界总量的比例		总储备		出口贸易及占世界总量的比例		进口贸易及占世界总量的比例		军费开支及占世界总量的比例	
	2007	2017	2007	2017	2007	2017	2007	2017	2007	2017
中国	3.49，6.09%	12.24，15.17%	1.55	3.24	1.34，8.09%	2.20，10.16%	1.03，6.26%	1.95，9.23%	0.07，5.55%	0.23，13.30%
巴西	1.37，2.39%	2.06，2.55%	0.18	0.37	0.18，1.11%	0.22，1.04%	0.16，0.98%	0.22，1.03%	0.02，1.56%	0.029，1.65%
俄罗斯	1.30，2.27%	1.56，1.93%	0.48	0.43	0.39，2.35%	0.33，1.52%	0.28，1.70%	0.26，1.25%	0.04，3.35%	0.065，3.74%
印度	1.24，2.16%	2.60，3.22%	0.28	0.41	0.25，1.53%	0.54，2.47%	0.30，1.45%	0.47，2.21%	0.03，2.16%	0.065，3.72%
南非	0.29，0.51%	0.35，0.43%	0.03	0.05	0.09，0.55%	0.09，0.41%	0.10，0.60%	0.09，0.42%	0.003，0.26%	0.003，0.20%
合计	7.69，13.42%	18.80，23.30%	2.52	4.51	2.25，13.63%	3.38，15.60%	1.87，10.99%	2.99，14.15%	0.163，12.88%	0.40，22.61%

数据来源：Data，The World Bank，http：//data. worldbank. org/indicator.

条例的修改，包括中国、俄罗斯、巴西等在内的89个国家却坚持签署了修改协议”①，与美国形成分庭抗礼之势。相类似的案例还有很多。信息革命带来的权力分散使得世界政治变得更为复杂，即使是实力最强大的国家在诸多事务面前也无能为力，而全球性问题的解决更是有赖于多国、多组织的协作。冷战后，真正意义上的多极体系仍未建立，行为体之间的博弈关系仍不明朗，美国也还在为单极体系的构建而努力，但是，地区大国与美国的实力差距在不断缩小，且不少国家不愿接受一个美国主导的世界，希望增强自身在国际政治中的话语权，因此多极体系出现的可能性在上升。

不过，可能性上升并不意味着多极体系一定能够顺利形成或长久维持，因为就目前来看仍存在一些限制因素：

第一，美国在某种程度上会阻挠多极体系的建立。虽然美国建立单极体系的努力遭受挫折，但是其并未放弃主导世界、建立世界新秩序的目标，而且美国也仍然具备一定的实力基础，尤其是军事实力和信息技术实力仍然占据较大优势，“一超多强”的局面尚未改变。当前，奥巴马政府出于减少实力消耗、降低行动难度等需要着力强调巧实力的运用，一方面巩固与传统盟友的关系，发展新的伙伴关系；另一方面让盟友或伙伴承担更多责任，借力打力。但这并不意味着美国正在放弃对单极的追求，其仍然通过推广价值观等形式突出美国的特殊地位，在“放权”给盟友或伙伴的同时，遏制崛起大国，防止有国家挑战其霸权。比如，通过金融手段打压欧元区经济，通过密切与中国周边国家的关系，利用其与中国的领土纠纷牵制中国。“在所有国际体系中，单极体系对崛起国家敏感度最高、容忍度最低、最有能力阻止崛起国家的发展。这种情况加上单极体系下大国风险规避意愿，以及‘极’国家和崛起国家内部政治倾向使得‘极’国家和崛起国家和平相处非常困难，后者的和平崛起必将面临严重挑战。”②

---

① John D. Negroponte & Samuel J. Palmisano, “Defending an Open, Global, Secure, and Resilient Internet,” Council on Foreign Relations, June 2013, p. 14.

② 贾庆国．机遇与挑战：单极世界与中国的和平发展［J］．国际政治研究，2007（4）：62.

第二，各国力量对比变化加速，“极”的数目难以确定。20 世纪 70 年代，亨利·基辛格（Henry Alfred Kissinger）提出“五大力量中心”的概念，将美、中、苏、西欧和日本视为未来多极体系中的五极。但是，进入 90 年代后，信息技术革命加快了国家间力量对比的变化，包括印度、巴西、南非、印尼、韩国等一批国家的经济实力快速上升，而欧美的传统大国虽然在世界经济中的份额下降，但是其总量依然处于增加之中。“世界银行和一些学者根据购买力平价指标预测，到 2020 年，全球最大的经济体前 15 位分别是：中国、美国、日本、印度、印度尼西亚、德国、韩国、泰国、法国、中国台湾地区、巴西、意大利、俄罗斯、英国、墨西哥。从这个排序表可见，21 世纪前 20 年，被预测的这 15 个最大的经济体中，包括中国在内的发展中国家和地区占了 8 个，发达国家占了 7 个。”[①]这不仅意味着有资格成为“极”的国家不断增多，还会使先成为“极”的国家面临更多后起国家的挑战。从俾斯麦体系和凡尔赛—华盛顿体系的案例可以看出，后起大国对原有大国的挑战往往会令体系内的矛盾和冲突增多或加剧，进而造成体系的瓦解。所以，信息技术革命带来的“极”国家数目和身份的不确定性，会扰乱体系的权力分布，导致稳固的多极体系难以建立。

第三，集体行动的困境。由于国际体系的无政府状态仍然存在，也并未发展到康德无政府文化体系的阶段，所以国家仍旧处于一种“自助”体系之中，更加关注自身的利益和安全。多极体系的建立和稳定需要以大国一致为基础，如果“极”国家难以达成一致或者只顾增进自身利益而不愿做出妥协退让，那么体系是难以持久的。维也纳体系的瓦解原因之一就是大国私心太重，为了自己的利益而选择性“遗忘”了大国责任和大国协调。当前，权力分散的趋势日益明显，许多国家借助 Web 2.0 技术实现了综合实力的飞跃和影响力的扩大，进而要求增加在国际事务中的发言权。在这一背景下，参与全球治理

① 房乐宪．全球化背景下的多极体系权力变迁［J］．中国人民大学学报，2009（4）：125.

和国际机制制定的国家逐渐增多，而如果没有其参与，相关事务和问题也难以妥善解决。所以，G7 正在逐渐让位于 G20。但这同时带来了集体行动的困境：参与者的增多令协调一致更难以达成，并且会降低“背信”行为的成本，使背信者获益增加，最终令体系失效。正如一位经验丰富的外交官所说：“如果你想要像克林顿政府早期那样同 20 个国家展开汇率谈判或商讨为墨西哥提供紧急援助，那可不是一件容易的事。如果谈判对象超过 10 个，你就很难把事情搞定。”①这也就不难解释哥本哈根气候大会上的纷乱景象了。

三、无极体系：存在局限

无极化是近年来新出现的一个概念，否定“极”对于国际体系结构的意义，认为“极”将逐步弱化直至消失，国际政治因之进入一个更加平等、多元的时代。比如，“理查德·哈斯（Richard Haass）提出了‘无极时代’（the age of nonpolarity）这一概念，他认为 21 世纪世界政治的主要特征将转变为‘无极’，即世界不再由一两个或者多个国家主导，而是由诸多掌握和行使各种权力的行为者主导。在美国衰落的背景下，国际权力结构将变得更加分散，难以找到明确的力量中心，多个大国、地区大国以及非国家行为体共同作用和相互影响”。②即在世界政治的各个领域中，大国的影响力和控制力会日渐衰落，不同领域中将会有不同的行为体发挥杠杆作用，以替代权力中心，国际体系将呈现分散化、网状化的格局。从世界政治的现状来看，尤其结合信息技术因素进行考察，我们确实会发现国际体系向无极化发展的一些迹象。

安全方面，大国的绝对优势风光不再。互联网的发展为先进武器和最新军事技术的扩散提供了可能，中小国家以及非国家行为体可以通过黑客、走私、泄密等多种渠道取得先进装备和技术，缩小与大国

---

① ［美］约瑟夫·奈著，王吉美译．权力大未来［M］．北京：中信出版社，2012：297.

② 刘丰．国际体系转型与中国的角色定位［J］．外交评论，2013（2）：4－5.

间的军事力量差距。同时，信息技术革命导致的安全脆弱化赋予了中小国家和非国家行为体廉价的、非对称的威慑和反制手段，暴露了大国体量大、目标多、灵活性相对不足的弱点，令其原有的军事优势难以发挥。经济方面，商业平坦化给半边缘、边缘国家、非国家行为体提供了拓展权力的机会。中小国家通过合法（如引进跨国公司、与发达国家科研机构合作）或非法手段（如黑客技术）能在一年甚至更短的时间内获得了以往通过十几年才能从发达国家得到的生产技术和管理经验，从而实现跨越式发展；国际贸易的发展及世界市场的形成令一些资源丰富但工业水平不高的国家可以利用其资源优势加强对世界经济的影响力，制衡大国。另一方面，非国家行为体也充分利用商业平坦化的条件增强自身的经济实力，进而影响甚至操纵国家的内外政策。政治方面，中小国家和非国家行为体扮演的角色越来越重要，“像伊朗、叙利亚、朝鲜、古巴、委内瑞拉这样的国家，都是让超级大国都无可奈何的独立的政治力量。正如尼古拉·兹洛宾所指出的：‘世易时移，大国的影响力越来越取决于它与中小国家寻找共同语言的能力而非其军事实力，取决于它介入地区问题的程度。当今世界是小国的天下，你方唱罢我登场，它们上演着取胜落败卧薪尝胆的戏目’”。[①]非国家行为体也在努力增强在国际政治中的独立性和自主性，积极扩大在全球治理和国际事务中的发言权，有些组织甚至能够改变国际局势的走向，如“基地”组织、维基解密。社会认同方面，以往较为单一的民族国家认同正在逐步让位于多元化认同。“随着当代国际体系权力结构的多元化变化，虽然主权国家依然是人们主要的效忠对象，但是人们还会同时对某些超越国家的具有特定价值的组织或团体（非国家行为体）效忠。欧盟成员国公民中的欧洲派人士对欧盟的效忠，以及跨国环保组织成员对自己的国际非政府组织的效忠就是这种多元效忠的表现。这种多元效忠的产生也从一个侧面反映出

---

① 刘建飞，秦治来．论世界格局“非极化”及其经济基础［J］．国际政治研究，2012（4）：143.

当代国际体系中的结构正向无极多元化发展。"①

无极体系形成的基础是权力分散，即权力分散达到一定程度，使得原有的"极"失去意义，力量中心不再明确，国际事务的解决需要依靠各相关行为体的互动完成。如英国学者约翰·齐普曼曾经指出的那样："事实上我们生活在一个无极世界之中。美国的权力既强大到能设定国际行动日程，但又软弱得无法有效地在全球执行这样的议程。其他强权无论是国家还是次国家都有力量足以对抗美国的日程，但是却又无力塑造有吸引力的替代品或推行一套不受外界影响而能持久的地区日程。"②这虽然反映出了世界政治的某些现实，但是有失于极端。因为权力分散并不等于权力平均化，规模效应仍在发挥作用。大国或者说"极"国家、力量中心的权力和影响力虽然处于减弱或分散之中，却并不是说可以就此否定其地位和作用。就国家而言，领土、资源、气候、人口等先天因素的地位并未彻底消失。虽然拥有权力资源不一定意味着拥有权力，但是其确实是行为体获取权力的物质基础。即使在 Web 2.0 时代，信息技术革命也没有令这一点完全改变。比如，美国能够调动大量人力、物力、财力构建起用于监控全球网络的"棱镜"项目，同为技术强国的以色列可能就难以做到这一点。所以，"美国、中国、欧洲等强国、大国和力量中心，即使再衰落，其实力、地位和作用也不可能与那些只有几十万人口的小国同日而语"。③

就非国家行为体而言，规模也有着重要意义。类似欧盟的政府间国际组织、大型跨国公司、国际 NGO 等不仅可以在全球治理中扮演重要角色、引导国际事务的走向，还具备影响国家内部事务和对外政策的能力。而规模和实力较小的非国家行为体多数时候只是发挥辅助作用，甚至有时会被一国政府轻易取缔或驱逐。即使是恐怖组织或极

---

① 叶江．试论无极多元国际格局对全球危情与治理的影响［J］．国际观察，2012（1）：5.

② 同上，5.

③ 刘建飞，秦治来．论世界格局"非极化"及其经济基础［J］．国际政治研究，2012（4）：142.

端主义势力，“基地”组织所能发动的恐怖袭击的规模和数量，也不是位于伊拉克境内的某个小型组织可以企及的。同样，国家与非国家行为体之间的规模差异也不会完全消失。虽然国家的地位和影响力在下降，而非国家行为体在上升，但是二者的能力、作用、行动方式和承担的责任不可能变得完全相同。也就是说，权力分散是不平衡的，一定数量的力量中心仍会存在，不太可能出现各行为体在权力和影响力上相差不大的局面。还有一点值得说明的是，权力分散确实有助于促进经济、技术的发展以及世界政治的民主化。然而，国际政治的无政府状态依然存在，如果真的出现“无极体系”，那么在缺少主导力量的状况下，世界或许会变得更加无序而混乱，各行为体为了生存而不择手段，放弃合作，进而“产生新的封建主义……历史发展可能会倒退，经济全球化的步伐会受阻，公民会牺牲民主自由权利，以便建立起霍布斯所构想的可以为个人安全提供基本保障的专制政府”。[①]因此，无极体系的构建既不具备现实基础，还存在较大风险和局限，即使出现了某些条件或迹象，也不一定成为国际体系结构演变的必然选择。

第三节　国际体系的未来

在技术高速发展、权力分散和行为体力量对比变化加快的背景下，国际体系结构仍处于变化或者说过渡阶段之中，远未定型。就目前看来，单极、多极和无极体系中的一个或许会成为未来的发展方向。不过，无极化由于自身的局限而不太可能形成；单极体系虽然在美国的努力下初步显现，但是很有可能夭折于襁褓；相对来说，多极体系的可能性最大。只是，非国家行为体在国际政治中的一系列变化似乎预示着体系的未来图景与多极化有不少出入。那么，非国家行为

① ［美］约瑟夫·奈著，张小明译．理解国际冲突［M］．上海：上海世纪出版集团，2006：299.

体的加入究竟会令体系的未来呈现何种景象？其运作的动力和方式又是什么？对于这两个问题，本书将尝试做出回答，但限于笔者的能力，只希望能够起到抛砖引玉的效果，不敢奢求过多。

一、地缘科技进入视野

地缘政治是国际关系学科中一种较为传统的理论，主要通过研究一国的地理状况、人口、资源、气候、位置等，考察其对世界政治的影响。冷战后，地缘经济逐步成为地缘政治的平衡因素。美国学者爱德华·卢特沃克（Edward N. Luttwak）将地缘经济称为一种战略，主张“意识形态的差异已经不如以前那样重要；按地缘政治标准划定的对手或敌手，在地缘经济时代可能同时是贸易伙伴；对全球的最大威胁已经从核战争危险转向经济危机和生态破坏，国际关系中低级政治的紧迫性和重要性明显地超过了高级政治”。[①]于是，GDP 规模和增长速度、进出口贸易额、外汇储备、对外投资等成为评估国际体系权力分配的重要因素。比如，若仅从地缘政治角度考虑，韩国只是东亚地区的二流角色，但是加入地缘经济因素后，其地位和重要性便大幅上升。地缘政治与地缘经济形成了一种互补的态势，能够使我们在分析问题时更贴近现实。但是，在 Web 2.0 时代，仅有这两个因素还不足以反映世界政治的全部现实，我们需要加入第三个因素：地缘科技（geotechnology）。地缘科技主要通过创新能力以及对于最新技术的掌握水平反映世界政治中的权力分配。能够创新和熟练运用先进科技的行为体（包括国家和非国家行为体）往往具备改变或塑造其他行为体偏好的权力。地缘科技不仅能够促进地缘经济优势的扩大，还可以通过战略部署和提升潜在的军事能力产生地缘政治影响。其推动国际体系变化的方式主要有两种：

第一，地缘科技使得科技成为与经济、军事和外交并列的历史驱动因素。历史上，科技一直在人类社会的发展过程中扮演着重要角

---

① 倪世雄. 当代西方国际关系理论［M］. 上海：复旦大学出版社，2005：401.

色，并且随着时代的演进而日益突出。比如，19 世纪末，科技的发展“创造了全新的工业，不但深深地影响西方人的生活方式，并且深深地影响他们的思想方式，还以无数方式直接和间接地影响整个世界，使欧洲对世界的霸权成为可能，并在很大程度上决定了这一霸权的性质和作用”。[①]其中，最先完成工业革命的英国更是“改变了世界以及民族和国家彼此之间的关系。由于力量的原因，政治经济的目标和任务受到改变。于是，世界分作了一个领先者和一大批极不相同的追赶者”。[②]到了 21 世纪，信息技术革命进一步加大了科技的权重。互联网实现了全球即时同步通讯，不同国家、不同组织的成员能够方便地进行交流、讨论和信息共享，进而加快了科技创新和技术传播的速度；另一方面，各类网络终端设备的投入使用提高了人类的计算、信息处理和数据收集能力，分担了大量枯燥乏味的任务，将世界整体的科研水平推到了一个新的境界，新理论和新技术层出不穷。在这一背景下，包括信息技术在内的，各领域的最新科技将会相互融合：人工智能的发展会推动机器人的进步，生物科技和纳米科技的创新会创造出计算能力更强的计算机，合成生物学与 3D 打印技术将改变世界制造业的格局。最终，上述科技将汇聚为一股强大的地缘科技力量，加快地缘经济、地缘政治的变化。根据麦肯锡公司的计算，2011 年，“互联网经济在 G7、中国、俄罗斯、巴西、印度、韩国、瑞典 13 个国家的 GDP 中占据了 3.4% 的份额，而过去的 15 年中，互联网经济在上述国家的年均增长率为 7%……在可预见的未来，互联网经济每年将为全球创造 4200 亿美元的回报和 1400 万个就业机会”。[③]与科技力量发展的整体趋势相比，这些数字所能表现的只是地缘科技真实面目的冰山一角。随着地缘科技、地缘经济和地缘政治的逐步融合，行

---

① ［美］斯塔夫里阿诺斯著，吴象婴，梁赤民，董书慧，王昶译．全球通史［M］．北京：北京大学出版社，2006：486.

② ［美］戴维·S·兰德斯著，门洪华，安增才，董素华，孙春霞译．国富国穷［M］．北京：新华出版社，2010：251.

③ John D. Negroponte & Samuel J. Palmisano, “Defending an Open, Global, Secure, and Resilient Internet,” Council on Foreign Relations, June 2013, pp. 9 – 10.

为体在上述任何一个领域取得优势都有可能给其他两个领域造成难以预料的结果。

第二，地缘科技赋予非国家行为体匹敌主权国家的实力和影响力。地缘政治在很大程度上忽视了非国家行为体的存在，地缘经济虽然承认了它们，却只将其视为国际体系中的边缘和辅助角色。与之相比，地缘科技更加重视非国家行为体，认为其能够改变体系结构，甚至终结国家中心的时代。网络在各个领域的扩散使得非国家行为体可以通过干涉和操控信息流获得非对称的情报和战略优势，国家的技术优势可能在短时间被抹平（比如通过黑客技术窃取或者相关人员泄密），接入互联网的设备和设施可能遭到远程入侵；人工智能和机器人的发展为非国家行为体提供了增强军事实力的可能。当前，以美国为代表的军事强国投入巨大精力研究新型无人机等人工智能武器，这些武器更容易遭到远程入侵而被其他组织、机构甚至国家所操控，成为其手中的棋子。另一方面，技术扩散还可能令非国家行为体掌握人工智能武器的秘密，进而制造自己的“军队”。比如，哥伦比亚民族解放军宣布其已经制造出能够携带 5 吨可卡因游弋于美国海岸的水下机器人；分子生物学与信息技术结合之后以 3—5 倍于摩尔定律的速度发展，2000 年，测绘一条人类基因要花费约 3 亿美元，到 2007 年降为 100 万美元，到 2011 年则下降到只有 5000 美元。研究费用的大幅下降将过去只有大国才能具备的基因能力扩展到非国家行为体，其不但能够开发转基因产品，甚至有可能制造基因武器，解析和编辑生命基因的能力将使其拥有巨大的经济、政治和军事优势。总而言之，不受国家控制的地缘科技活动正在逐步增多，政府与私人机构之间不再只是合作关系，二者相互竞争的态势日益明晰。跨国公司、私人实验室、恐怖组织、有组织犯罪团伙以及其他组织都在寻求驾驭和部署最新的技术。以往由国家控制的计算机、机器人、人工智能、分子生物等技术大规模向非国家行为体扩散，技术的鸿沟正在被填平，地缘科技加入到地缘政治和地缘经济的行列，成为推动国际体系发展的动力之一。

二、全球治理的重构

地缘科技的一个突出特点是具有“平坦化”的力量，能够缩小行为体之间的实力差距，推动权力分散（但不是权力平均）。在其作用下，国际体系的力量对比呈现加速变化的趋势，保持体系稳定、维持体系正常运转的方式也需作出相应调整。以往，大国协调是维持体系运转的最常见方式。维也纳体系成立之初主要依靠亚琛、特洛波、维罗纳等几次大国会议制定应对形势变化之策；俾斯麦体系中，德国在欧洲大国之间纵横捭阖，竭力避免各方矛盾激化；冷战之所以能保持几十年的“长和平”，与美苏在对抗中保持克制、防止出现大国核战争密切相关。但是，如今大国协调的效力已然大不如前：一是因为经济和技术全球化带来新兴国家和非国家行为体的群体性崛起，大国的话语权和影响力均有所下降，不再如过去那般在各个领域呼风唤雨，中小国家和非国家行为体则要求扩大自主权；二是全球性问题集中爆发，仅靠一个或几个大国难以应对数量巨大、影响范围广泛的挑战。全球性问题关系到“共享我们的地球（全球变暖、生物多样性和生态系统损失、水资源匮乏）、维持我们人类（贫困、冲突预防、全球传染疾病）和我们的规则（核扩散、有毒废料处理、知识产权、贸易和金融规则）三类核心问题”①，如果想要彻底解决这些问题，需要集体的和协同的行动。因此，未来国际体系的运作不能只依赖大国之间的协调与合作，而是要寻找一种参与者更多、覆盖范围更广、行动更为灵活的方式。相比之下，全球治理与上述需要较为符合，但要在现有基础上进行重构，以适应现实的变化。

经过近 20 年的发展，全球治理在理论和实践中逐步形成了三大范式：全球主义、国家主义和跨国主义。全球主义重点强调全球层面的合作关系，主张在全球共识和价值观的基础上构建一套完整而有效

---

① ［英］戴维·赫尔德. 重构全球治理：未来启示或改革［A］. ［英］戴维·赫尔德，安东尼·麦克格鲁主编，王生才译. 全球化理论：研究路径与理论论争［C］. 北京：社会科学文献出版社，2007：285.

的体系。该体系涵盖世界各国、非国家行为体以及公民社会，以具备一定强制力的条约、规范、国际法为纽带，约束各行为体的行为，进而使其参与全球合作。这一范式意在建立全球秩序，以发挥类似世界政府的作用，防止背信行为和市场失灵。然而，在体系规则仍为无政府状态的情况下，自助行为不可避免，行为体难以接受较为严苛的规则束缚，不会“无偿”放弃自身利益。2009 年哥本哈根气候大会上的博弈表明，在面对自身利益和集体利益的选择时，行为体还是会以自身利益为优先，并且相互间的不信任根深蒂固，都认为对方“一定是居心叵测”，担心自己的退让会造成无法挽回的损失。国家主义则强调国家在全球治理中的主导地位，因为国家保有其他行为体所不具备的资源优势，“任何涉及全球治理的国际公约、协议都必须由主权国家签字才能生效；任何涉及全球治理的措施只有通过主权国家的政府才能实施；任何涉及全球治理的项目，都需要主权国家提供必要的资金和物质条件的支持”。[①]从金融危机后的状况看，“欧洲处在悬崖边缘，有可能出现新一轮银行破产；美国状况稍好，但是其财政政策依旧无力，存在长期衰退的风险；中国的出口导向型经济可能因为美欧衰退的影响而降速；中国经济增长降速会减少对拉美、俄罗斯、中东的资源需求，从而使它们陷于停滞”。[②]国家的整体实力下降，而联合国、G20 等组织或是机构臃肿、或是存在内部矛盾，均存在效率低下等弊端，单纯以国家为全球治理主导的范式显然无法适应 Web 2.0 时代的要求。跨国主义具有三个支点：“其一是跨国政府部门网络；其二是主要由跨国非政府组织和跨国公民社会团体的参与而形成的跨国社会机制；其三是借助市场规律和市场力量而产生的有利于解决全球问题的市场机制……该范式其实是灵活利用世界上现有的权力机制、市场机制和社会机制及其内在规律，尤其是对于市场机制、社会机制内在规律的巧妙运用，使得许多难以突破的难题得到一定程度

---

① 李景治．全球治理的困境与走向［J］．教学与研究，2010（12）：32.

② Robert Skidelsky, “After the Crash: The Future of Globalisation,” *Survival*, vol. 54 (3), June - July 2012, pp. 23 - 24.

的化解或缓和……当全球主义范式和国家主义范式的全球治理实践遇到阻力或陷入停顿时，跨国主义范式的全球治理往往能够发挥很大作用，取得实质性突破”。[①]跨国主义范式不仅可以包含更多的参与主体，而且治理方式灵活多变，多数情况下能取得较好的效果，更符合未来国际体系演变的状况，或许会更有可能成为全球治理的主导范式。

除了主导范式要做出调整之外，与全球治理配套的国际机制也要进行修改。全球治理并非完全采取构建国际机制的形式，但国际机制是全球治理的重要内容，国际机制的有效性直接关系到全球治理的效率。“二战后不久成立的大部分主要国际机构，都是依据西方利益、价值观和实践建立的……但是这一状况与世界的权力现实日益不符”[②]，所以国际机制首先要对权力机构进行修改。一方面，国际机制要向非西方的新兴大国转移权力，改变西方大国垄断国际机制决策权的现状，以满足新兴大国对于话语权的要求，充分发挥其资源和力量。另一方面，“在国际机制的发展和运作中，非国家行为体发挥着一系列公认的重要作用。其中一些行为体（譬如跨国公司）已表现出显著的能力，善于在国际机制建立的制度框架中找到实现它们目标的方法”[③]，而且在当今世界排名前 100 位的经济体中，有 51 个是跨国公司，只有 49 个是主权国家，国家垄断全球治理的时代已经结束，非国家行为体已能够承担更多责任，且应由辅助角色上升为主导角色之一，与国家分享治理权。除了权力机构，国际机制还应进一步明确参与主体的责任、扩展责任结构。国际机制“通过降低交易成本，增强合作的可能性。它们为有序的多边协调以及合法的或不合法的国

① 张胜军．全球治理的最新发展和理论动态［J］．国外理论动态，2012（10）：26－27.

② ［美］塞缪尔·亨廷顿著，周琪，刘绯，张立平，王园译．文明的冲突与世界秩序的重建［M］．北京：新华出版社，2010：292.

③ ［美］奥兰·扬著，陈玉刚，薄燕译．世界事务中的治理［M］．上海：上海世纪出版集团，2007：8.

家行为创造条件，并在机制中的不同议题以及不同的机制间建立联系”。①也就是说，国际机制不具备国内机制的强制力，更多的是协调和传递信息。因此，国际机制需要明确责任归属，建立完善的责任机构进行监管，以防止出现背信、越权、肆意干涉他国或其他组织等行为，保证机制有效运作。详尽的制度设计可以包括：“职业的道德规范、长期的任命、任命多利益相关方组成的委员会、双方大多数立法者的同意、最高法院的审查等。”②总体来说，全球治理应以跨国主义范式为主导，吸收新兴国家、非国家行为体进入国际机制的权力机构，保障中小国家的话语权和利益诉求，同时明确治理的责任归属，最终成为国际体系运作的有效方式。

三、多中心的世界

地缘科技与地缘经济、地缘政治一道，推动着国际体系各行为体之间力量对比的变化；全球治理逐渐取代以往的大国协调，担负起维持国际体系稳定与正常运作的责任。上述变化加上其他因素的共同作用，改变了国际体系的演变路径，使其呈现出与《威斯特伐利亚和约》后几百年国际体系截然不同的内涵与外延。詹姆斯·罗西瑙（James N. Rosenau）曾经提出：世界政治正逐步变为两个世界：以国家为中心的世界和多中心的世界，“两个世界的概念与以往的分析模式不同，两套系统可以共存，以国家为中心的世界不会兼并多中心的世界，也不会被多中心的世界所取代……与多中心的世界相比，以国家为中心的世界更加有序，虽然其也具有无政府和去中心化的特征，但是与多中心的世界相比，程度上要轻微许多……多中心世界的出现并不会消解以国家为中心的世界，多中心世界中的行为体也不会被国家权威所束缚……总而言之，国家与非国家行为体都会成为世界政治

① ［美］罗伯特·基欧汉著，苏长和，信强，何曜译．霸权之后：世界政治经济中的合作与纷争［M］．上海：上海世纪出版集团，2006：236.

② ［美］安德鲁·库珀．重新建构全球治理：八项革新［A］．［英］戴维·赫尔德，安东尼·麦克格鲁主编，王生才译．全球化理论：研究路径与理论论争［C］．北京：社会科学文献出版社，2007：276.

中的主体，并视对方为其客体，二者所构成的两个世界在相互重叠、相互影响中各自保持着高度的独立性”。①以国家为中心的世界只由国家组成，根据权力大小形成等级制，各国以维护自身安全为优先考虑，行为体之间的互动模式为对称型；多中心的世界由成百上千的组织和机构组成，各行为体相对平等，以人权、财富、正义等为目标，行为体之间的互动是非对称的。

罗西瑙在 20 世纪 90 年代初提出这一理论，可以说极具前瞻性和创造性，为国际关系理论提供了一种新的视角和分析框架。不过，当信息技术等先进科技发展到今天的地步，其理论中出现了需要改进之处：一是在国内—国外边界日益模糊的今天，国内、国际事务、国际问题各领域之间的相互渗透频繁而广泛，在同一个世界政治中不太可能出现两个截然不同的“世界”；二是权力分散的深入使得新兴国家、中小国家、非国家行为体与传统大国间的差距逐渐缩小，而技术造成的非对称的脆弱性又令国家与其他行为体的地位趋于相对平等，所以，以国家为中心的世界正在走向消解；三是某种程度上，以国家为中心的世界是对传统范式的一种描述，更符合冷战前的世界政治。随着地缘科技、全球治理、全球公民社会等要素的崛起，非国家行为体的影响力明显上升，不仅在多个领域对国家构成挑战，还分担了国家的责任和义务。与此同时，国家的作用也并未完全消失，仍保留着相当的权力和地位。总之，世界政治正向着多中心的世界发展，或者说正在由以国家为中心的世界向多中心的世界过渡。

需要说明的是，“多中心”与“多极化”有着本质上的不同，虽然前文提到国际体系有可能转变为多极体系，但是若仔细考察二者区别，“多中心”更符合当前的发展趋势。第一，数量和身份不同。多极化将国家视为世界政治中最主要的行为体，理论上能成为“极”的国家不超过 20 个。而且，中小国家是没有资格成为“极”的，只有具备相当规模权力资源的大国才可以，所以“极”的数目基本保

① James N. Rosenau, Turbulence In World Politics, New Jersey: Princeton University Press, 1990, pp. 247 – 252.

持在10个以下。如果考察历史上的多极体系，“极”的数量一般为5—6个。多中心的范围则广大得多，不仅是国家，非国家行为体亦可成为权力中心，所以其数量也许难以用两位数表示。第二，权力大小不同。由于“极”国家数量少且必须具备较多的权力资源，因而其在世界政治中的权力不可小觑，对于安全、贸易、金融等诸多事务都可以施加影响甚至出售操控。多中心世界中的权力中心更多的是一个相对的概念，因为“多中心”实际上是处于一个权力分散的大背景之下，各行为体的权力和地位相对平等。虽然规模效应仍起作用，但是其优势不再是绝对的，而是相对的，权力中心的权力比“极”国家的权力要小很多，且更易受到制衡。第三，内涵不同。“‘多极化’所蕴含的‘极化’思维带有对抗色彩。‘极化’思维主要是西方以‘极’的概念来分析国际力量格局的状况的产物。‘极化’概念无论怎样也免不了某种类似势力范围的阴影，同时，‘极’本身不仅表示某种独立的、不受其他力量支配和影响的力量，而且也具有一定的排他性甚至对立性。”① “多中心”的理念更倾向于合作。由于各权力中心不具备绝对的权力优势，加之信息技术所构造的网状结构，所以其必须通过合作才能妥善处理国际事务、解决全球性问题。这也是跨国主义全球治理范式逐渐凸显的原因之一。更重要的是，在一个高度互联、各领域相互交织的世界中，权力中心也难以做到独立和排他，只有互联与合作才能带来利益，排他的结果只能是孤立和衰落。

约瑟夫·奈曾经对国际秩序做过一个比喻：“在全球信息时代，国家间权力分布格局很像一个复杂的、三维的棋局，你可以纵向地走棋，也可以横向地走棋。在政治—军事这个高层棋局中，军事实力的分布呈现单极，美国是唯一的超级大国，但是在经济问题这个中间层面的棋局中，美国不是一个霸权国家，它必须同一个联合起来的欧洲进行平等的讨价还价。在跨越边界和不受政府控制的跨国关系这个最低层面的棋局中，权力分布是极其混乱和分散的，行为体五花八门，

① 刘建飞，秦治来．论世界格局“非极化”及其经济基础［J］．国际政治研究，2012（4）：141.

它们是跨越国界的，不受政府控制的，使用多极、霸权等传统词汇去描述这样的问题，是毫无意义的。”①这个比喻极为生动，但却不甚贴切。因为首先政治—军事、经济、跨国事务的界限并非泾渭分明，相互重叠和相互影响非常频繁，任何一个问题都不再是孤立的，而是处在一个巨大的网络之中；其次，权力分散并非只发生在跨国关系领域，政治、安全、经济、金融等各个层面都在上演，比如美国在军事层面的优势正被侵蚀，其不仅无法彻底消灭恐怖主义和极端主义，在网络安全方面还要借助私人机构的力量。因此，未来多中心的国际秩序更像围棋：每一枚棋子的作用和效力都是相同的，不存在如国际象棋中国王、王后、骑士、主教等在地位和功能上的区别；单独存在的棋子不仅难以发挥作用，甚至难以保证生存，只有相关棋子连成一片时，其威力才能够显现出来；在博弈之中，“占据”往往比“消灭”更加重要。当然，目前的国际秩序仍处于一种过渡或者说混合状态，既能看到美国凭借其权力优势实现利益诉求，东亚国家因领土争端而矛盾加剧；也能看到跨国公司在全球范围内构筑生产—供应体系，非政府组织为促进人权、环境、正义而奔走斡旋。所以，国际秩序演变为单极、多极、多中心的可能性同时存在，只是所占比例的大小有所区别；国际秩序的发展也不会呈直线型，而是在不断地进步和反复之中螺旋前进。虽然目下多中心的世界最可能是国际体系未来的景象，但是最终仍要取决于各方博弈的结果。

小　结

本章根据肯尼思·华尔兹设定的理论框架对现有的国际体系进行了分析：首先，排序原则基本保持不变，国际政治仍处于无政府状态之中。各行为体处于洛克文化体系之中，彼此建构为竞争者，且并没

① ［美］约瑟夫·奈著，张小明译．理解国际冲突［M］．上海：上海世纪出版集团，2006：306.

有向康德文化体系过渡的迹象；其次，体系单元功能的定义和分配出现变化。国家不再是唯一的单元类型，各类非国家行为体成为新的单元。单元类型的复杂化引起了单元功能的复杂化，不同类型的非国家行为体在国际体系中承载着不同的责任、发挥着不同的作用，国家原有的功能也因之出现改变；第三，权力分配改变。安全、经济、金融、信息四种结构性权力明显由大国向中小国家分散，由国家向非国家行为体分散，国家的权力优势在消失，非国家行为体的权力在上升，以往的权力分配格局开始松动。不过这种分散并非均等化，权力差异仍然存在。后两个因素的变化预示着国际体系结构将会走上改变的道路。在当前呼声最高的几种体系未来之中，单极体系已经在美国的推动下行进了 20 年，虽初具规模，但是限于美国实力的相对衰落以及信息社会分散化的特点，其可能性已经大大下降；多极体系的前景虽然可观，不过其还需要处理“极”国家身份和数目不确定、集体行动的困境等几个隐患；无极化的设想很是美妙，只是既不具备现实基础，也有很大的局限性，基本上不太会成为国际体系演变的选择。如果综合考虑地缘科技、全球公民社会、全球治理等新兴要素，那么体系的未来很可能是一种类似围棋棋局的多中心的景象，地缘科技、地缘经济和地缘政治的相互作用是其动力，重构的全球治理是其运作方式。汉斯·摩根索曾告诫：“国际政治学者必须懂得和永志不忘的第一个教训是，国际政治的复杂性使得简单的解决方案和可靠的预测成为不可能……在某种条件下，其中的一个趋势可能相对占优势。但是，哪一趋势将实际占优势，则纯属猜测……因此，任何人如果想依据他对于过去的知识和当前的迹象预测未来的话，世界事务的现实势必令他惊诧不已。”①因此，本书对国际体系未来的预测只是基于分析过去和现实状况所作出的判断，出现误差或者谬误难以避免。

---

①［美］汉斯·摩根索著，徐昕，郝望，李保平译．国家间政治［M］．北京：北京大学出版社，2006：47－48.

结　　论

冷战后，国际关系学者们和各国的政策制定者们对于“全球治理”“国际机制”“区域一体化”“全球化”等概念甚为热衷。他们建立各类研究机构、创办新期刊或者举办学术会议对上述概念加以分析和探讨，以求将其理论化然后用以指导实践；另一方面，各种区域性、全球性的国际组织和国际机制纷纷涌现，新的自由贸易区得以建立，原有机制如联合国、世界贸易组织、世界银行、国际货币基金组织等也走上调整、改革的道路。造成这一现象的原因在于，各国政府逐渐意识到他们仅凭自己的力量似乎已经难以应对诸如生态环境恶化、全球经济危机、恐怖主义和极端主义、粮食危机、非法移民、跨国犯罪、大规模杀伤性武器扩散等全球性问题，在经济、金融、社会、科技等领域的掌控力也在流失。为了保证国际政治的稳定和人类的生存与发展，有必要加强彼此间的合作关系。然而，“这种突然增多的学术活动的成果实际上少的可怜。这些学术活动充斥着大量的政治话语……来自政府内外、大学和媒体内外的现实主义者对国家准备向政府间会议和大会出让真正的权力、准备出让国家的独立合法性表示怀疑”。[①]约翰·米尔斯海默（John J. Mearsheimer）甚至宣称：“现实主义者也承认各国时常借助制度进行合作。但是，他们相信这些规则反映了国家利己主义的考量……制度基本上是将权力关系付诸行动

① ［英］苏珊·斯特兰奇著，肖宏宇，耿协峰译．权力流散［M］．北京：北京大学出版社，2005：161.

的竞技场。”①从根本上讲，多数学者和政策制定者仍然承认国家中心主义，他们要么将全球治理、国际机制等视作争夺权力、维护安全的手段，要么在保持乐观主义的基础上坚持将国家视作全球治理和国际组织的主导力量。

对现实视而不见不代表现实并不存在。近年来的一系列事件已经表明，非国家行为体在 Web 2.0 技术的支持下，能够在世界政治中掀起滔天巨浪，“棱镜门事件”是其中较为典型的一个案例。2013 年 6 月，前美国中情局职员爱德华·斯诺登（Edward Snowden）向英国《卫报》和美国《华盛顿邮报》披露，美国国家安全局（NSA）正在进行一项代号为“棱镜”的项目，正式代号为“US－984XN”。该项目通过进入威瑞森、苹果、微软、谷歌、雅虎、苹果等九大国际网络巨头的服务器，对电邮、即时消息、视频、照片、存储数据、语音聊天、文件传输、视频会议、登录时间和社交网络资料等信息实施监控，以收集数据、挖掘情报。根据斯诺登的爆料，“美国国家安全局已经搭建了一套基础系统，能截获几乎任何通信数据。凭借这样的能力，大部分通信数据都被无目标地自动保存。如果我希望查看你的电子邮件或你妻子的手机信息，所要做的就是使用截获的数据。我可以获得你的电子邮件、密码、通话记录和信用卡信息”。②《华盛顿邮报》报道，“棱镜”项目于 2007 年启动，项目年度成本 2000 万美元。2012 年，作为总统每日简报的一部分，项目数据被引用 1477 次，NSA 至少有 1/7 的报告使用项目数据。2013 财年，美国 16 个情报部门的预算为 526 亿美元，NSA 获得其中 108 亿美元，位居第二。6 月 13 日，美国联邦调查局（FBI）局长罗伯特·米勒（Robert Miller）表示，FBI 已对斯诺登正式展开刑事调查。而斯诺登则在爆料之后辗转香港前往俄罗斯。随后，斯诺登向厄瓜多尔提出庇护申请。但

① ［美］约翰·米尔斯海默．国际制度的虚幻愿景［A］．［美］汉斯·摩根索著，徐昕，郝望，李保平译．国家间政治［M］．北京：北京大学出版社，2006：602.

② 王楷．原中情局职员曝光棱镜项目，监控隐私奥巴马形象受损［EB/OL］．凤凰网，2013－06－13. http：//news. ifeng. com/world/special/sndxiemi/content－3/detail_2013_06/13/26351817_0. shtml.

迫于美国的压力，其未能成行。8 月 1 日，斯诺登获准离开莫斯科机场，获得为期一年的俄罗斯难民身份。

“棱镜门事件”一出，国际舆论为之哗然，包括多国政府、美国公众、多家跨国公司、NGOs 等均做出强烈反应。国内层面，虽然奥巴马政府一再称“棱镜”项目不针对美国公民并得到立法、司法、行政三大机构的授权和监督，但是民众并不买账。近 1/3 的美国民众认为斯诺登是爱国者，并有 6.5 万人在白宫网站签名，要求赦免斯诺登。而根据盖洛普公司的民调结果：53% 的受访民众不支持让联邦政府以反恐之名获取电话和网络记录，37% 的受访民众持支持态度，还有 10% 的受访民众不持任何观点。其中，30% 的受访民众认为，无论加上怎样的前提条件，这类监控项目都不正确。曝光名单上的苹果、微软、谷歌、Facebook 等多家公司则发表声明，断然否认向政府提供秘密服务。国际层面，一方面美国的国际形象和国际威信再度遭到打击，与多国关系陷入低谷。“欧盟司法委员维维亚娜·雷丁（Viviane Reding）致信美国司法部长埃里克·霍尔德（Eric Himpton Holder，Jr.）称，‘棱镜’这类项目以及授权此类项目所依据的法律可能会给欧盟公民的基本权利带来严重的负面影响。鉴于问题的严重性，希望霍尔德就一些问题做出答复。这些问题包括欧洲公民是否是美国‘棱镜’项目的对象；欧洲人是否能够发现他们的数据被获取等。欧洲议会自由党团主席、比利时前首相伏思达说，美国必须解释如何使用‘棱镜’项目获得数据，是否违反欧盟数据保护政策。”①墨西哥总统培尼亚·涅托（Enrique Pe a Nieto）表示：间谍行为违反法律，将要求美国政府展开调查并追究责任。巴西总统罗塞夫（Dilma Vana Rousseff）为表示对美国监控行为的愤怒，取消了访美行程，并要求美国公开道歉。作为对俄罗斯收留斯诺登的反应，美国取消了原定于圣彼得堡 G20 峰会期间的两国总统会晤（两国元首最终仍以某种形式进行了会谈），两国关系受到影响。另一方面，多个非政府组

---

① 齐汉．美“棱镜”项目引欧洲震动，欧盟官员称或影响美欧合作［EB/OL］．国际在线，2013－06－13. http：//gb. cri. cn/42071/2013/06/13/6251s4146051. htm.

织对斯诺登表示支持或与其合作。美国最具影响力的民权组织——美国公民自由联盟正式起诉联邦政府，指认后者开展秘密情报监视项目，侵犯言论自由和公民隐私权，违反宪法，请求联邦法院下令中止这一监视项目。维基解密不仅与斯诺登合作，帮助其发布解密信息，而且积极协助其出逃活动并向其提供了约合280多万元人民币的资金援助。

"棱镜门事件"激起了美国民众对于政府的不信任和对个人权利与国家安全关系的激烈辩论，影响了美国与欧盟国家、俄罗斯、拉美多国的关系，使世界范围内国家、非国家行为体和个人之间在互联网内的竞争明朗化。表面看来，斯诺登凭一己之力搅动了世界，但实际上若无信息技术的协助，其也难以做到如此程度。以此事件为契机，本书从四个问题入手，试图逃脱国家中心主义的束缚，反映Web 2.0时代非国家行为体的变化对世界政治的影响。

第一个问题是"Web 2.0时代的非国家行为体发生了哪些变化?"非国家行为体由来已久，中世纪时的各种宗教团体、手工业行会乃至海盗集团都可算作其早期形态。19世纪后民族国家的兴起赋予了国家更多资源和更大的权力，其在民众中的认同感空前增强，非国家行为体只能作为辅助角色而存在。从20世纪最后10年开始，这一状况开始改变；进入21世纪呈现出新的面貌。受益于信息技术革命，非国家行为体与以往相比更加专业化，可以通过多种渠道（合法或非法）获取重要信息并依靠自己的力量或与其他行为体合作分析所得信息，其成员的个人能力也大幅提升，利用这些能力，非国家行为体甚至能够进行大规模电子动员，与公民社会形成合力；更加分散化，人们可以根据自身的理念和喜好组建大量不同类型的私人团体和组织，然后借助互联网结成同盟，扩大影响力，原有的大型组织亦可以将组织结构变为网状化的形式，以增强灵活性、行动力和生存能力；更加全球化、专业化赋予了非国家行为体参与多领域、多类型事务的能力，网状结构赋予了其无限扩展的潜力，二者相结合便形成了其活动范围和影响范围全球化的局面。

对第一个问题的回答展示了非国家行为体所具备的实力和潜力。

一般认为，行为体的权力资源多，其权力可能大；权力资源少，其权力只能小。非国家行为体只有在具备物质和组织基础的前提下，才能够对世界政治的各层面产生影响。因此，第一个问题的答案为后三个问题的解答提供了条件。“非国家行为体的变化对于国内政治产生了何种影响?”如今，国内政治的排列原则仍然是等级制的，政府拥有对内的管理权、立法权、执法权等，对外则是整个国家的合法代表。但是在内部单元功能分配以及权力分配方面，非国家行为体与政府的关系已经与以往不同。由于经济社会状况日益复杂化，政府在许多事务中表现乏力，只得依靠非国家行为体出面处理和解决，或二者相互合作、共同应对。这在安全、经济和社会管理方面表现得尤为突出。于是，一些政府部门的功能开始向非国家行为体转移。随着其在国内事务中的活跃，非国家行为体在民众中的声望日隆，得到了民众的支持和认同。有了公民社会作力量基础，非国家行为体的权力明显上升，其与政府的关系也越来越对等。上述结构层面的变化映射到单元层面就是公民社会逐渐完善，并在非国家行为体的指导下积极参与国内政治议程；政府在社会管理、安全以及经济等领域的工作难度上升，不再能够随心所欲，必须照顾各方诉求，有些威权政府甚至面临合法性危机。当然，政府可以通过切断互联网来消除非国家行为体之间及其与公民社会之间的联系，进而重新取得优势。但是，这种方法是一柄双刃剑。2011 年 1 月，埃及穆巴拉克政府“为了应对国内危机，曾经切断互联网 5 天，结果遭受了 9000 万美元的直接损失和 1 亿美元的间接损失”。①

可见，国内政治中的功能和权力转移已经不可阻挡，不论是对抗还是合作，非国家行为体与政府将在一个更加对等的层面上互动，“小政府、大社会”的格局渐成趋势。那么，“非国家行为体的变化对于国际社会产生了何种影响?”近年来，国际政治的一个大趋势是高级政治逐步让位于低级政治，全球性问题凸显并备受关注。在低级

① John D. Negroponte & Samuel J. Palmisano, “Defending an Open, Global, Secure, and Resilient Internet,” Council on Foreign Relations, June 2013, p. 10.

政治和全球性问题的领域，单独一国一地难以发挥效力，需要更大范围跨国乃至全球合作才能有效应对。在这一点上，非国家行为体的网状结构、专业性以及灵活性为其带来了优势。非国家行为体的活跃导致国际政治发生了一系列变化：国际议题的参与主体、客体、设定机制等多元化；生产经营、贸易以及金融活动在全球范围内自由展开，不再受疆界的束缚；密切的联系和频繁的交往致使各领域的安全形势不容乐观；行为体之间的结盟、合作、对抗因之而变幻莫测。其结果是，非国家行为体在国际政治中对主权国家的限制和挑战越来越多，如人权组织要求国家改善国内人权状况，环境组织要求国家减少温室气体排放，跨国公司、有组织犯罪和恐怖组织甚至会控制国家经济命脉、影响国内政治秩序、威胁国家安全。面对这一咄咄逼人的态势，国家开始在多个领域采取反制措施。双方博弈的结果，一个新的权力域：网络权力，正在形成。“在网域内，最强大的国家不大可能像在海上或空中一样处于支配地位。但网络空间内的权力扩散并不意味着权力均等，也不意味着政府将不再是世界政治中最有影响力的行为体。”[①]这场旷日持久、难分胜负的博弈，将把国际政治带入一个新的动荡期。

“上述影响将使得国际体系的演变走向何方?”从根本上讲，国内政治与国际政治的变化是对国际体系结构变化的映射。只是国际体系的变化向来缓慢而隐蔽，一般情况下不易被察觉。在第五章中，我们分析了国际体系三要素在当前的状况。无政府状态这一排列原则仍然在正常运作，行为体通过“自助”行为保证自身生存与安全的大环境并未改变；单元功能因为体系单元的复杂化而呈现出复杂化的趋势，非国家行为体加入到体系单元的行列之中，在全球治理、经济和社会发展、缓解紧张局势等方面发挥着重要作用，国家的功能亦因之而改变；相比较而言，三要素中变化最为明显当属权力分配，安全、经济、金融、信息四种结构性权力由主权国家向非国家行为体转移，

---

① ［美］约瑟夫·奈著，王吉美译．权力大未来［M］．北京：中信出版社，2012：204.

以往以国家为中心的权力结构难以继续维持，新的权力分配格局即将显现。因此，国际体系的整体演变不可阻挡。目前，体系的演变尚未尘埃落定，各种不确定性和影响因素相互交织，所以大国仍希望利用原有的资源和优势地位，抓住信息技术革命的机会，引导体系演变的方向。如美国竭力构建单极体系，其他大国在抵制单极体系的同时朝着多极化的方向努力。许多学者也仍旧相信国家将保持中心地位。然而，非国家行为体的上升不可遏制，“我们不仅面临着其成员根本就不是国家的跨国体制的不断发展，而且我们也需要更系统地观察国际体制中非国家行为体的参与活动”。①由国家和非国家行为体共同参与的多中心的世界或许才是国际体系真正的未来之路。

数百年前，西班牙人最初到达南美洲时，享有了巨大的技术优势。“他们有非常先进的武器装备——最重要的还不是枪炮，尽管枪炮最初很吓人——更有用的武器是钢刀钢剑。阿兹特克人的武器是棍棒、投石器和装有黑曜石尖头的木棒，伤害作用大于杀戮……西班牙人每一次挥剑都有所斩获。在冲杀之际，西班牙的长矛轻骑兵和骑马的剑士行动迅捷、杀戮凶狠，对阿兹特克人而言，简直是噩梦降临。”②从这一点看，技术的鸿沟会造成权力的差异，数百年甚或几千年来未曾改变。拥有技术优势的一方可以迫使另一方改变最初偏好，可以制定游戏规则，还可以塑造对方的偏好。在 Web 2.0 时代，信息技术加快了行为体之间的信息流动，在某种程度上缩小了技术差距。所以，今天我们不太可能再见到深广如西班牙人与阿兹特克人之间的技术鸿沟。非国家行为体在技术创新和新技术应用方面逐渐追上国家的脚步，国家虽然仍有规模优势，但是却因为信息技术的特性而暴露出非对称的脆弱性。技术实力的接近缩小了行为体之间的权力差距，使得权力分散成为普遍现象，世界政治可能因之走上一条与以往不太相像的道路。在这条路上，科技与政治、经济一起成为时代演进

---

① [美] 奥兰·扬著，陈玉刚，薄燕译．世界事务中的治理 [M]．上海：上海世纪出版集团，2007：17.

② [美] 戴维·S·兰德斯著，门洪华，安增才，董素华，孙春霞译，国富国穷 [M]．北京：新华出版社，2010：103－104.

的驱动力，国家不再是世界舞台上的主导者和支配者，民众的认同取向会变得多元化，世界的权威将会是多重的、分散的。非国家行为体无论在国内政治、国际政治还是国际体系层面都将成为重要的参与者和权力中心，不仅对传统的主权国家权威构成挑战，同时也作为国家合作者的形象出现；主权国家虽然受到削弱，但仍是世界政治的重要组成部分之一，能够根据非国家行为体的变化采取应对措施。最终，二者之间形成一种复杂的互动模式。这种模式映射到国际体系结构之上，即意味着未来将出现一个以跨国主义全球治理范式为基础，以地缘政治、地缘经济和地缘科技为动力，以国家和非国家行为体为权力中心的多中心的世界。

世界政治的变化自然要求原有的国际关系理论做出相应的调整和创新。国家已经不再是世界政治的唯一行为体，非国家行为体正日益“分享”其地位和影响力。以往单纯以国家为中心的理论已经难以全面反映现实，需要将非国家行为体作为重要变量考虑在内。约瑟夫·奈曾说：“我们为了理解当今的世界，必须了解现实主义和自由主义的世界观，并且关注建构主义者所说的社会和文化上的变革。我们需要同时思考不同的理想模式。现实主义和复合相互依存在现实中都不存在，它们都是理想模式……这三种类型的理论对于我们理解变化中的国际政治，都是很有帮助的，也是很有必要的。”①因此，本书的目的并不是要否定一切国家中心主义的理论，而是要通过对其的借鉴和思考，找到一个看待世界、分析问题的新的视角和范式，将技术、非国家行为体等因素纳入到世界政治的考量之中，从而令国际关系理论更加充实，能够更加全面地反映世界政治现实。

限于文章篇幅和笔者的能力，本书的论述到此将暂告一段落，但仍存在一些问题留待将来继续研究和探讨。第一，技术的发展是否会进一步加剧权力的扩散？虽然信息技术已经发展到2.0阶段，但其潜力依旧巨大，摩尔定律也并未失效。未来，网络终端的小型化、入网

---

① ［美］约瑟夫·奈著，张小明译．理解国际冲突［M］．上海：上海世纪出版集团，2006：311.

方式的无线化、上网费用的低廉化将把更多的人和设备带入到互联网的世界。在这种高度互联的世界中，政府的权威可能会进一步消散，社会的自治程度会更高。另一方面，信息技术还将带动与其相关的基因、纳米、人工智能、3D 打印等技术的进步，掌握了这些技术的非国家行为体，其挑战国家权威的能力无疑将进一步上升。那么，世界政治中的权力分配是否有可能分散到非国家行为体与国家真正分庭抗礼的程度？第二，未来是否会爆发新的全面战争？由于非国家行为体权力上升，而国家面临新的挑战，因此国家试图将国家主权或者是管理权扩展到互联网领域，非国家行为体则要求建立一个更加自由、开放的网络空间。双方因而在网络空间内展开对网络权力的激烈争夺。这一争夺还有着从二次元向三次元扩展的趋势。实际上，国家之间也在进行着类似的竞争。目前，上述竞争虽然会令世界局势愈发动荡，但还处于良性范围之内。可是，难以保证未来这种竞争不会像百年前的海权争夺那样引发全面战争。若那一天真的到来，或许将不再只是大国之间战争，而是涉及国家和非国家行为体、遍及现实空间和网络空间的灾劫。第三，世界会变得更加民主、和平吗？互联网带来了竞争，但同时也带来了联系与合作。通过网络，不同地域、不同文化的人群可以更加便利地相互联络，人们足不出户便能了解到其他地区的人文风俗、自然风貌，并在全球供应链中开展创造社会财富的合作。交易成本或将就此降低，各地民众间的认知隔阂或许会慢慢消融。而权力分散和全球性问题的加剧会令各权力中心更加倾向通过全球治理的方式应对国际问题。在复杂的合作与制衡中，世界政治的民主化程度或许会进一步加深。加之全球公民社会的逐步成熟，技术进步带来的绝对收益的增加，要求和平的力量有可能强大到抑制竞争、对抗的因素。两级体系消亡之后，国际秩序一直处在变化、过渡之中。由于未发生决定性的军事对抗和战后协商以及行为体之间力量对比变化速度的加快，新秩序的底定尚需一段较长的时日。不过，新的世界会更加复杂，或许完全不同于以往的样貌。

附录　重大网络事件（2006年5月—2018年3月）

2006年5月　美国国务院网络遭受外国黑客袭击，大量信息被非法下载。

2006年11月　黑客试图攻击美国军事战争学院（U. S. military War College）的网络，该机构为防止入侵，被迫断网两周。

2006年12月　为防止网络攻击，美国国家航空航天总局（NASA）在航天器发射前被迫中断电子邮件收发。

2007年4月　由于遭到不明身份的外国黑客入侵，美国商务部在数月内中断工业安全局与互联网的连接。

2007年5月　美国国防大学（The National Defense University）网络被不明身份黑客植入间谍程序。

2007年5月　爱沙尼亚政府网站因黑客攻击而瘫痪，部分政府网上服务和网上银行业务中断。

2007年9月　以色列令叙利亚防空网络瘫痪。

2007年9月　美国国土安全部和国防部下属承包商的网站遭受黑客袭击。

2007年10月　中国国家安全部表示，境外黑客（42%来自台湾，25%来自美国）自中国各关键部门窃取了大量情报。

2007年10月　橡树岭国家实验室的1000余名员工收到不明邮件，内含黑客程序，若开启，可侵入实验室的数据库。

2008年3月　美国官方发表声明称　美国、欧盟、日本的大批公司均遭受过企业机密和商业信息被窃取的经历。

2008年4—10月　维基解密宣布　美国国务院超过5000万字节

的信息，包括电子邮件、相关文件、用户名和密码，被黑客成功窃取。

2008 年 6 月　美国数个国会办公室的网络遭到不明身份的外国黑客攻击。

2008 年夏季　马拉松石油公司、埃克森美孚公司和康菲公司遭到黑客入侵，丢失了大量涉及油田位置、价值和储量的数据，每个公司损失数百万美元。

2008 年 10 月　英国警方破获了一起信用卡连锁攻击案件，该攻击主要针对英国超市中使用的信用卡，其通过一种内置无线装置将信用卡的相关数据发送到巴基斯坦的拉合尔。据估计其造成损失超过 5000 万美元。

2008 年 11 月　黑客攻击了苏格兰皇家银行（Royal Bank of Scotland）下属环球支付公司（WorldPay）的网络，复制了 100 张 ATM 卡的信息，用其在 49 个城市的 ATM 机中盗取 900 万美元。

2008 年 11 月　美国国防部和中央司令部的涉密网络遭到黑客入侵且手法巧妙，入侵发生后数天，工作人员才发现。

2008 年 12 月　零售业巨头 TJX 被黑客入侵，损失 1100 万美元。

2009 年 1 月　以色列对加沙地带实施军事打击期间，其互联网基础设施遭到黑客攻击，这场攻击由 500 万台电脑同时发起，以政府网站为主要目标。以色列认为，哈马斯或者真主党资助了这次行动。

2009 年 1 月　印度内务部官员警告说　巴基斯坦黑客在印度的音乐下载网站设置了恶意程序，以为网络攻击做准备。

2009 年 2 月　美国联邦航空局（FAA）的计算机系统遭遇黑客入侵。随着 FAA 大量引入基于 IP 地址的网络，其遭遇黑客入侵并导致民航体系崩溃的危险性上升。

2009 年 2 月　印度外交部 600 台电脑被黑客入侵。

2009 年 2 月　法国海军航空兵的数据库感染“confickr”病毒，导致飞机无法起飞。

2009 年 4 月　《华尔街日报》刊文称　面对网络攻击，美国电力系统的脆弱性正在上升。同月，F－35 联合作战飞机的数据库被国外黑客入侵。

2009年5月　梅里克银行称，其发行信用卡中的4000万张遭黑客盗用，损失高达1600万美元。

2009年5月　美国国土安全信息网络（Homeland Security Information Network）遭到不知名黑客入侵，大量与联邦政府相关的数据和信息被盗。

2009年6月　因发现网络入侵，负责国防部和NASA秘密项目的约翰霍普金斯大学下属物理试验室关闭了与互联网的连接。

2009年7月　美国和韩国多家网站——包括政府网站遭到不知名黑客攻击，韩国认为朝鲜应为此次事件负责。

2009年8月　以色列著名黑客Ehud Tenenbaum被指控自美国多家银行盗取1000万美元。他曾于1998年入侵美国国防部计算机系统。

2009年11月　联合国政府间气候变化专门委员会副主席Jean - Pascal van Ypersele指出，为破坏哥本哈根气候大会，有人窃取了东安格利亚大学气候研究中心与俄罗斯之间往来的数千封电子邮件。

2009年12月　伊拉克恐怖分子使用笔记本电脑侵入了美国军用无人机的系统，使其可以分享无人机所获取的信息。

2010年1月；包括谷歌在内的30家美国公司遭到黑客入侵，入侵的目标是窃取技术、Gmail用户信息以及谷歌管理系统的密码。

2010年1月　摩根·斯坦利公司网络被入侵，入侵者意在盗取用户信息。

2010年1月　一个名为“Iranian Cyber Army”的组织令百度公司的搜索引擎瘫痪。该组织还于上年12月以相似手法入侵过Twitter。

2010年3月　NATO和EU发出警告，2009年3月以来，针对其网络的黑客攻击显著增加。

2010年3月　谷歌发现了一款针对越南的恶意软件，该软件潜伏于越南语软件之中，能够发起拒绝服务攻击。

2010年3月　不知名黑客入侵拉脱维亚政府网站，在获得其税收数据后，公布其政府的真实收入，造成政治骚乱。

2010 年 4 月　中国一家电信公司突发故障，故障持续了 20 分钟，影响波及 37000 个网络，包括 8000 个美国网络、8500 个中国网络、1100 个澳大利亚网络、230 个法国网络。

2010 年 10 月　纳斯达克公共网以及信息分享网络遭到不明组织的攻击。

2010 年 10 月　华尔街日报报道称　有人用一款价值 1200 美元、名为“宙斯”（Zeus）的恶意软件在美国和英国的 5 家银行窃取了 1200 万美元。

2010 年 10 月　澳大利亚国防部长约翰·福克纳（John Faulker）称，2009 年澳大利亚国防部网络共遭到 2400 次网络攻击，2010 年 1—8 月，该数字为 5551 次。

2011 年 1 月　黑客入侵欧盟碳交易市场，盗取 700 多万美元，迫使该市场暂时关闭。

2011 年 1 月　南非邮政银行在新年假期期间遭黑客入侵，被盗取 670 万美元。

2011 年 3 月　黑客侵入法国政府计算机系统，搜索与 G20 峰会相关的文件。

2011 年 4 月　谷歌公司称，一款钓鱼软件盗走了数百名重要人士（包括美国政府高官）的 Gmail 账户密码。

2011 年 4 月　黑客通过电子邮件散布恶意软件，侵入橡树岭国家实验室，并盗走数百万字节的数据。

2011 年 6 月　某国政府使用恶意软件侵入 IMF 的网络，盗取了大量数据、文件和电子邮件。

2011 年 6 月　黑客通过 URL 操纵，盗取了花旗银行 36 万个用户的信用卡数据。

2011 年 7 月　德国联邦警察和联邦海关发现，其通过车载和手机 GPS 定位系统追踪恐怖分子和犯罪分子的服务器自 2010 年开始便遭黑客入侵和操纵，上述服务器被迫暂时关闭。

2011 年 8 月　日本三菱重工以及其他 20 家国防和高技术企业成为黑客攻击的目标。其通过电子邮件散布恶意软件，以窃取企业机密和技术情报。

2011 年 9 月　不知名黑客侵入荷兰证件发放机构，向各大公司和政府部门发放了 500 余份虚假证件。通过发放虚假证件，该黑客伪装成安全网站，拦截电子邮件，安装恶意软件。

2011 年 9 月　澳大利亚信息防卫司令部（Australia's Defense Signals Directorate）称，其国防网络每天遭遇 30 多次网络攻击，与 2009 年相比增加 350%。

2011 年 9 月　一款来历不明的电脑病毒通过美国空军的无人机侵入内华达州克里奇空军基地（Creech Air Force Base）。

2011 年 10 月　美国包括化工、国防企业在内的 48 家公司遭黑客入侵长达六个月之久，对方的目的是窃取企业情报。

2011 年 11 月　挪威国家安全机构报告称，至少 10 家挪威国防和能源公司遭到黑客入侵，大量企业机密文件、数据、用户账号和密码被窃取。

2012 年 3 月　NASA 称其在 2011 年共遭到 13 次 APT 攻击，包括联合推进实验室（Joint Propulsion Laboratory）在内的多家机构的用户信息被盗取。

2012 年 3 月　BBC 公司称其波斯语频道遭到黑客攻击，攻击意在使 BBC 的两颗向伊朗发送信号的卫星瘫痪。BBC 公司谴责伊朗应为事件负责。

2012 年 3 月　印度通信与信息技术部长在接受国会质询时称，2011 年 12 月—2012 年 2 月，印度有 112 个政府网站遭到黑客攻击。

2012 年 3 月　美国国土安全部发出警告　自 2011 年 12 月起，有迹象表明，美国天然气管道系统正遭受一系列网络攻击，工业控制系统网络应急响应组（Industrial Control Systems Cyber Emergency Response Team）认为上述攻击使用的是高级钓鱼软件。

2012 年 4 月　由于遭到网络攻击，伊朗不得不切断石油设施的网络连接。最初，伊朗在其主要石油出口终端——哈尔格岛的控制系统内发现恶意程序。其石油生产未受影响，但是许多用户数据被窃取。

2012 年 4 月　日本农林水产省遭到网路攻击，超过 3000 份文件被窃取，其中有关于 TPP 谈判的机密文件 20 份。

2012 年 5 月　伊朗石油部计算机内发现了一款名为“Flame”的间谍程序，该程序还出现在以色列、叙利亚、苏丹等世界其他国家的政府网络中。

2012 年 6 月　一场使用 SpyEye 和 Zeus 木马程序的全球欺诈运动出现，其目标包括重要人士和大公司的账户。

2012 年 6 月　英国安全机构负责人称，伦敦的公司因网络攻击共损失 12 亿美元。

2012 年 7 月　一款名为“Mahdi”的木马程序侵入了中东地区约 800 个基础设施工程公司、政府部门、金融机构和学术机构的网络，盗取了大量数据。

2012 年 7 月　美国安全机构负责人称，2009—2011 年，针对美国基础设施公司的网络攻击增加了 17 倍。

2012 年 7 月　印度政府网络遭受史上最大规模的的网络攻击，包括总理办公室、国防部、外交部、内务部等部门的高级官员之间的 1 万多封电子邮件被窃取。

2012 年 8 月　一个名为“Cutting Sword of Justice”的组织使用“Shamoon”病毒攻击了沙特阿美石油公司（Aramco），造成 30000 台电脑瘫痪并感染力该公司的控制系统。卡塔尔的一家液化天然气公司“RasGas”亦受到波及。

2012 年 9 月　一个名为“Izz ad - Din al - Qassam”的黑客组织将一款名为“Operation Ababil”的恶意程序植入到美国银行、纽约证券交易所、大通银行、太阳信托等多家金融机构的网络之中。

2012 年 10 月　俄罗斯卡巴斯基公司发现了一款名为“Red October”的恶意软件，利用微软公司的 Word 和 Excel 程序中的漏洞窃取信息。自 2007 年开始，东欧国家、前苏联加盟国、中亚国家、西欧以及北美均曾遭到该软件的入侵。

2013 年 1 月　日本外务省遭到网络入侵，超过 20 份机密文件被盗。

2013 年 1 月　纽约时报、华尔街日报、华盛顿邮报、彭博新闻社称，它们均曾遭到网络攻击。

2013 年 2 月　美国能源部遭到网络攻击，14 台服务器、20 个智能终端被入侵。

2013 年 2 月　美国国土安全部报告称，自 2011 年 12 月—2012 年 6 月，美国 23 家天然气公司遭到网络入侵，大量信息被盗，这些信息能够为恐怖袭击提供便利。

2013 年 3 月　韩国金融机构以及韩国 YTN 电视台遭到网络攻击，有关人士称，此次攻击与朝鲜之前发动的网络攻击在手法上相类似。

2013 年 6 月　美国前中情局职员爱德华·斯诺登向媒体披露两项绝密材料，美国国家安全局侵犯用户隐私的“棱镜门事件”爆发。

2013 年 8 月　中国域名解析节点受到拒绝服务攻击，大量 . cn 和 . com. cn 域名无法解析。

2013 年 11 月　腾讯 QQ 群关系数据遭披露，包括用户姓名、年龄、爱好、个人经历、从业特征等大量隐私数据泄露。

2013 年 11 月　俄罗斯一家核电站遭到震网病毒（Stuxnet）攻击。

2013 年 12 月　中国央行和微博账号遭到 DDoS 攻击。

2014 年 1 月　中国通用顶级域的根服务器出现异常，导致众多知名网站出现 DNS 解析故障，用户无法正常访问，至少有 2/3 的国内网站受到影响。

2014 年 2 月，全球最大的比特币交易平台 Mt. Gox 由于交易系统出现漏洞，75 万个比特币以及 Mt. Gox 自身账号中约 10 万个比特币被窃，损失达 4. 67 亿美元。

2014 年 4 月　中国某黑客对国内两个大型物流公司的内部系统发起网络攻击，非法获取快递用户个人信息 1400 多万条，并出售给不法分子。

2014 年 5 月　eBay 要求近 1. 28 亿活跃用户全部重新设置密码，该公司透露黑客能从其网站获取密码、电话号码、地址及其他个人数据。

2014 年 9 月　大约有 500 万谷歌的账户和密码数据库被泄露给一家俄罗斯互联网网络安全论坛。

2014 年 11 月　赛门铁克发布的一份报告称，该公司发现了一款名为“regin”的先进隐形恶意软件。这是一款先进的间谍软件，被称为史上最为复杂的后门木马恶意软件。该软件被用于监视政府机关、基础设施运营商、企业、研究机构甚至针对个人的间谍活动中。

2014 年 12 月　索尼影业公司被黑客攻击，摄制计划、明星隐私、未发表的剧本、索尼影业员工的个人信息等敏感数据被黑客窃取，并逐步公布在网络上，预计索尼影业损失高达 1 亿美元。

2014 年 12 月　乌云漏洞报告平台报告称，13 万余条 12306 用户数据包括帐号、密码、身份证号、手机号码和电子邮箱等遭泄露。

2015 年 1 月　俄罗斯约会网站泄露 2000 万用户数据。

2015 年 2 月　美国医疗机构 Anthem 有 8000 万个人信息被窃。

2015 年 2 月　漏洞盒子平台的安全报告指出，知名连锁酒店桔子、锦江之星、速八、布丁；高端酒店万豪酒店集团、喜达屋集团、洲际酒店集团存在严重安全漏洞，住户的姓名、家庭地址、电话、邮箱乃至信用卡后四位等敏感信息均遭泄露，同时黑客还可对酒店订单进行修改和取消。

2015 年 3 月　美国医疗保险公司 Care First 被黑客攻击，110 万用户信息泄露。

2015 年 4 月　美国 Metropolitan State 大学 16 万名学生信息遭泄露。

2015 年 5 月　美国国税局超过 10 万名纳税人的财务信息遭泄露。

2015 年 8 月　英国 240 万网络用户遭黑客侵袭，加密信用卡数据外泄。

2015 年 10 月　音乐众筹网站 Patreon 被黑客攻击，超过 16GB 资料遭泄露。98、2015 年 10 月　美国股券商 Scottrade 数据遭泄露，涉及 460 万用户。

2016 年 2 月　孟加拉国中央银行在美国纽约联邦储备银行开设

的账户遭黑客攻击，失窃 8100 万美元。

2016 年 4 月　德国 Gundremmingen 核电站在常规安全检测时发现了计算机系统中的恶意程序，核电站操作员为防不测，关闭了发电厂。

2016 年 8 月　美国国家安全局（NSA）承包商哈罗德·马丁于 8 月 27 日因窃取国安局数据被捕。马丁还被怀疑掌握了 NSA 的“源代码”。调查人员在马丁家中和车内搜出美国政府高度机密文件的复印文本和数字文档，其中数字文档至少有几 TB，还包括 6 份“敏感情报”。

2016 年 9 月　雅虎公司宣布其至少 5 亿条用户信息被黑客盗取，其中包括用户姓名、电子邮箱、电话号码、出生日期和部分登录密码，并建议所有雅虎用户及时更改密码。

2016 年 10 月　恶意软件 Mirai 控制的僵尸网络对美国域名服务器管理服务供应商 Dyn 发起 DDoS 攻击，从而导致许多网站在美国东海岸地区宕机。

2016 年 11 月　旧金山电脑票价系统遭到黑客攻击，黑客索要 100 比特币作为赎金。

2016 年 11 月　德国电信因受到网络攻击而发生大范围网络故障。2000 万固定网络用户中的大约 90 万路由器发生故障，并由此导致大面积网络访问受限。

2016 年 12 月　俄罗斯中央银行官员瑟乔夫证实，该行电脑系统遭到黑客入侵，犯罪分子从银行的代理账户中窃走了 20 亿卢布（约合 3100 万美元）。

2017 年 4 月　洲际酒店旗下超过 1000 家酒店遭遇支付卡信息泄露，可能泄露的数据类型包括：持卡人姓名、信用卡号、截止日期、内部验证码。

2017 年 5 月　Wanna Cry 勒索病毒事件全球爆发，以类似于蠕虫病毒的方式传播，攻击主机并加密主机上存储的文件，然后要求以比特币的形式支付赎金。至少 150 个国家、30 万名用户中招，造成损失达 80 亿美元，已经影响到金融，能源，医疗等众多行业，造成严重的危机管理问题。

2017 年 6 月　Petya 勒索病毒的变种开始从乌克兰扩散。新病毒变种的传播速度达到每 10 分钟感染 5000 余台电脑，多家运营商、石油公司、零售商、机场、ATM 机等企业和公共设施已大量沦陷，甚至乌克兰副总理的电脑也遭到感染。

2017 年 6 月　Verizon 有 600 万用户的数据被泄露。

2017 年 9 月　美国三大信用评级机构之一的 Equifax 公司数据库被黑客攻击，1.43 亿用户的数据和信息全部外泄，包括姓名、生日、地址、SSN 社安号，信用卡号、驾驶证号码。

2017 年 10 月　雅虎公司证实，其所有 30 亿个用户账号可能全部受到黑客攻击，公司已经向更多用户发送“请及时更改登录密码以及相关登录信息”的提示。

2017 年 10 月　360 安全研究人员率先发现一个新的针对 IoT 设备的僵尸网络，并将其命名为“IoT_reaper”。据悉，该僵尸网络利用路由器、摄像头等设备的漏洞，将僵尸程序传播到互联网，感染并控制大批在线主机，从而形成具有规模的僵尸网络。

2017 年 11 月　优步（Uber）公司承认 2016 年发生信息泄露事件，包括用户姓名、邮箱地址及手机号码在内的个人信息遭泄露，全球有 5700 万人受到影响。

2018 年 1 月　英特尔处理器中曝出 Meltdown 和 Spectre 两大新型漏洞，包括 AMD、ARM、英特尔系统和处理器在内，几乎近 20 年发售的所有设备都受到影响。

2018 年 2 月　知名代码托管网站 GitHub 遭遇史上大规模 Memcached DDoS 攻击，流量峰值高达 1.35Tbps。

2018 年 2 月　韩国平昌冬季奥运会开幕式当天遭遇黑客攻击，导致网络中断，广播系统和奥运会官网均无法正常运作。

2018 年 3 月　Facebook 8700 多万用户数据泄露，这些数据被“剑桥分析”公司非法利用以发送政治广告。

2018 年 3 月　卡巴斯基实验室的安全研究人员表示，中国某军工企业被美、俄两国黑客攻击。

2018 年 3 月　美国功能性运动品牌 Under Armour 1.5 亿用户数据泄露。

2018 年 3 月　黑客针对 MediaGet Bit Torrent 软件的更新机制，将木马化的版本（mediaget. exe）推送到用户的计算机上，导致俄罗斯和欧洲中部地区发生大规模的恶意软件入侵事件，几个小时内就有 40 万台的计算机受到加密货币挖掘软件的感染。

参考文献

一、中文文献

（一）著作

［1］［英］安德鲁·查德威克著，任孟山译．互联网政治学［M］．北京：华夏出版社，2010.

［2］［美］奥兰·扬著，陈玉刚，薄燕译．世界事务中的治理［M］．上海：上海世纪出版集团，2007.

［3］［美］保罗·肯尼迪著，陈景彪等译．大国的兴衰［M］．北京：国际文化出版公司，2006.

［4］蔡翠红．信息网络与国际政治［M］．上海：学林出版社，2003.

［5］蔡文之．网络传播革命：权力与规制［M］，上海：上海人民出版社，2011.

［6］［美］大卫·索斯维尔著，邱颖萍译．有组织犯罪的历史：黑帮的真实故事［M］．2012.

［7］［英］戴维·赫尔德等著，杨雪冬等译．全球大变革［M］．北京：社会科学文献出版社，2001.

［8］［美］戴维·S·兰德斯著，门洪华，安增才，董素华，孙春霞译．国富国穷［M］．北京：新华出版社，2010.

［9］方连庆，刘金质，王炳元主编．战后国际关系史［M］．北京：北京大学出版社，1999.

［10］［英］弗兰克·韦伯斯特著，曹晋，梁静，李哲，曹茂译．信息社会理论［M］．北京：北京大学出版社，2011.

［11］［法］盖尔特曼著，肖云上译．跨国公司［M］．北京：商务印书馆，1998.

［12］［德］贡德·弗兰克著，刘北成译．白银资本［M］．北京：中央编译出版社，2011.

［13］郭小安．网络民主的可能及限度［M］，北京：中国社会科学出版社，2011.

［14］　［美］海伦·米尔纳著，曲博译．利益、制度与信息［M］．上海：上海世纪出版集团，2010.

［15］［美］汉斯·摩根索著，徐昕，郝望，李保平译．国家间政治［M］．北京：北京大学出版社，2006.

［16］［英］哈尔福德·麦金德著，林尔蔚，陈江译．历史的地理枢纽［M］．北京：商务印书馆，1985.

［17］　［美］亨利·基辛格著，顾淑馨，林添贵译．大外交［M］．海南：海南出版社，1998.

［18］黄河．跨国公司与当代国际关系［M］．上海：上海人民出版社，2008（11）．

［19］霍淑红．国际非政府组织（INGOs）的角色分析：全球化时代INGOs在国际机制发展中的作用［M］．北京：中央编译出版社，2011.

［20］［英］杰弗里·帕克著，李亦鸣，徐小杰，张荣忠译．二十世纪的西方地理政治思想［M］，北京：解放军出版社，1992.

［21］［美］肯尼思·华尔兹著，信强译．国际政治理论［M］，上海：上海世纪出版集团，2008.

［22］　［美］肯尼思·华尔兹著，信强译．人、国家与战争［M］．上海：上海世纪出版集团，2012.

［23］［美］肯尼思·华尔兹著，张睿壮，刘丰译．现实主义与国际政治［C］．北京：北京大学出版社，2012.

［24］［美］莱斯特·萨拉蒙著，贾西津，魏玉译．全球公民社会：非营利部门视界［M］．北京：社会科学文献出版社，2007.

［25］刘文富．网络政治：网络社会与国家治理［M］，北京：

商务印书馆，2004.

[26] [美] 罗伯特·基欧汉著，苏长和，信强，何曜译. 霸权之后：世界政治经济中的合作与纷争 [M]，上海：上海世纪出版集团，2006.

[27] [美] 罗伯特·杰维斯著，李少军，杨少华，关志雄译. 系统效应：政治与社会生活中的复杂性 [M]. 上海：上海世纪出版集团，2008.

[28] [美] 罗伯特·诺奇特著，姚大志译. 无政府、国家和乌托邦 [M]. 北京：中国社会科学出版社，2008.

[29] [澳] 迈克尔·A·豪格，[英] 多米尼克·阿布拉姆斯著，高明华译. 社会认同过程 [M]. 北京：中国人民大学出版社，2011.

[30] [美] 曼纽尔·卡斯特著，曹荣湘译. 认同的力量 [M]. 北京：社会科学文献出版社，2006.

[31] 明安香. 全球传播格局 [M]，北京：社会科学文献出版社，2006.

[32] [英] 纳菲兹·摩萨迪克·艾哈迈德著，谭春霞译. 文明的危机 [M]. 北京：新华出版社，2012.

[33] [英] 尼尔·弗格森著，高诚译. 货币崛起 [M]. 北京：中信出版社，2012.

[34] 倪世雄. 当代西方国际关系理论 [M]. 上海：复旦大学出版社，2005.

[35] [美] R. R. 帕尔默，乔·科尔顿，劳埃德·克莱默著，陈敦全，孙福生，周颖如译. 帕尔默现代世界史 02：启蒙到大革命 [M]. 北京：世界图书出版公司，2010.

[36] [美] R. R. 帕尔默，乔·科尔顿，劳埃德·克莱默著，苏中友，周鸿临，范丽萍译. 帕尔默现代世界史 03：变革世界的引擎 [M]. 北京：世界图书出版公司，2010.

[37] [美] R. R. 帕尔默，乔·科尔顿，劳埃德·克莱默著，陈少衡，周鸿临，周熙安译. 帕尔默现代世界史 04：西方的没落?

［M］．北京：世界图书出版公司，2010.

［38］［美］塞缪尔·亨廷顿著，王冠华，刘为等译．变化社会中的政治秩序［M］．上海：上海世纪出版集团，2008.

［39］［美］塞缪尔·亨廷顿著，程克雄译．谁是美国人？［M］．北京：新华出版社，2010.

［40］［美］塞缪尔·亨廷顿著，周琪，刘绯，张立平，王园译．文明的冲突与世界秩序的重建［M］．北京：新华出版社，2010.

［41］［美］塞缪尔·亨廷顿著，欧阳景根译．第三波［M］．北京：中国人民大学出版社，2013.

［42］［英］苏珊·斯特兰奇著，肖宏宇，耿协峰译．权力流散［M］．北京：北京大学出版社，2005.

［43］［英］苏珊·斯特兰奇著，杨光宇译．国家与市场［M］．上海：上海人民出版社，2006.

［44］［美］斯蒂芬·范埃弗拉著，陈琪译．政治学研究方法指南［M］，北京：北京大学出版社，2006.

［45］［美］斯塔夫里阿诺斯著，吴象婴，粱赤民，董书慧，王昶译．全球通史［M］．北京：北京大学出版社，2006.

［46］唐贤兴．近现代国际关系史［M］．上海：复旦大学出版社，2002.

［47］［美］特伦斯·K. 霍普金斯，伊曼纽尔·沃勒斯坦等著，吴英译．转型时代［M］．北京：高等教育出版社，2002.

［48］田作高．信息革命与世界政治［M］．北京：商务印书馆，2006.

［49］涂龙德，周华．伊斯兰激进组织［M］．北京：时事出版社，2010.

［50］［美］托马斯·巴尼特著，王长斌，汤学武，谢静珍译．五角大楼的新地图［M］．北京：东方出版社，2007.

［51］［美］托马斯·弗里德曼著，何帆，肖莹莹，郝正非译．世界是平的［M］．湖南：湖南科学技术出版社，2007.

［52］［美］托马斯·弗里德曼，迈克尔·曼德鲍姆著，何帆等

译．曾经的辉煌［M］．湖南：湖南科学技术出版社，2012.

［53］［法］托克维尔著，冯棠译．旧制度与大革命［M］．北京：商务印书馆，2012.

［54］王京烈．解读中东：理论构建与实证研究［M］．北京：世界图书出版公司，2011.

［55］王杰，张海滨，张志洲主编．全球治理中的国际非政府组织［M］．北京：北京大学出版社，2004.

［56］王生荣．海洋大国与海权争夺［M］．北京：海潮出版社，2000.

［57］王水雄．结构博弈：互联网导致社会扁平化的剖析［M］，北京：华夏出版社，2003.

［58］王逸舟．恐怖主义溯源［M］．北京：社会科学文献出版社，2010.

［59］王志乐．2012 跨国公司中国报告［M］．北京：中国经济出版社，2012.

［60］［古希腊］修昔底德著，徐松岩译．伯罗奔尼撒战争史［M］．上海：上海世纪出版集团、上海人民出版社，2012.

［61］［美］亚历山大·温特著，秦亚青译．国际政治的社会理论［M］，上海：上海世纪出版集团，2008.

［62］［美］伊曼纽尔·沃勒斯坦著，吕丹，刘海龙等译．现代世界体系［M］．北京：高等教育出版社，1998.

［63］［美］约翰·罗尔克编著，宋伟等译．世界舞台上的国际政治［M］．北京：北京大学出版社，2005.

［64］［美］约翰·米尔斯海默著，王义桅，唐小松译．大国政治的悲剧［M］．上海：上海世纪出版集团，2008.

［65］［美］约瑟夫·奈著，张小明译．理解国际冲突［M］，上海：上海世纪出版集团，2005.

［66］［美］约瑟夫·奈著，王吉美译．权力大未来［M］，北京：中信出版社，2012.

［67］［美］詹姆斯·B·杰克布斯，罗伯特·拉迪克，科林·弗

里尔著，时延安译．被解缚的哥特城：纽约黑帮兴衰史［M］．北京：北京大学出版社，2009.

［68］张蕴岭．世界经济中的相互依赖关系［M］．北京：中国社会科学出版社，2012.

［69］中国现代国际关系研究院反恐研究中心．国际恐怖主义与反恐怖斗争年鉴［M］．北京：时事出版社，2001.

［70］宗泽亚．清日战争［M］．北京：后浪出版社，2012.

（二）论文

［1］［美］安德鲁·库珀．重新建构全球治理：八项革新［A］．［英］戴维·赫尔德，安东尼·麦克格鲁主编，王生才译．全球化理论：研究路径与理论论争［C］．北京：社会科学文献出版社，2007.

［2］安高乐．从两枝世界政治论看“阿拉伯之春”［J］．国际论坛，2012，14（5）．

［3］［美］保罗·科维特．国家认同建构中的行为体和结构关系［A］．尼古拉斯·奥鲁夫主编，肖锋译．建构世界中的国际关系［C］．北京：北京大学出版社，2006.

［4］薄燕．信息技术革命与国际政治［J］．国际论坛，2000，2（4）．

［5］［美］布莱恩·E·亚当斯．美国联邦制下的地方政府自治［J］．南京大学学报，2012（2）．

［6］蔡翠红．试论网络对当代国际政治的影响［J］．世界经济与政治，2001（9）．

［7］蔡翠红．网络政治沟通：两面性与效果之辩［J］，当代世界与社会主义，2011（6）．

［8］陈积敏．美国非法移民的治理及其困境［J］．美国研究，2012（2）．

［9］陈炎．Internet 回顾与展望［J］．电脑爱好者，1999（22）．

［10］陈振明，李东云．“政治参与”概念辨析［J］．东南学

术，2008（4）.

［11］陈志敏 . 全球多层治理中地方政府与国际组织的相互关系研究［J］. 国际观察，2008（6）.

［12］程群 . 奥巴马政府的网络安全战略分析［J］，现代国际关系，2010（1）.

［13］初育国 . 信息革命与当代国际关系［J］. 国际政治研究，2003（1）.

［14］［英］戴维·赫尔德 . 重构全球治理：未来启示或改革［A］.［英］戴维·赫尔德，安东尼·麦克格鲁主编，王生才译 . 全球化理论：研究路径与理论论争［C］. 北京：社会科学文献出版社，2007.

［15］范士明 . 国际关系中的非政府组织浅析［J］. 现代国际关系，1998（3）.

［16］房乐宪 . 全球化背景下的多极体系权力变迁［J］. 中国人民大学学报，2009（4）.

［17］傅勇 . 世界政治中非国家主体的地位与作用［J］. 社会科学，2005（8）.

［18］高海红 . 金融全球化与国际金融体系：对东亚的挑战［J］. 当代亚太，2008（2）.

［19］高尚涛 . 个人行为体与国际体系分析［J］. 现代国际关系，2004（8）.

［20］高祖贵 . 国际战略与安全环境发展的三大趋势［J］. 国际问题研究，2010（4）.

［21］高祖贵 . 中东大变局与海湾合作委员会的崛起［J］. 外交评论，2012（2）.

［22］郭良 . 冷战哺育阿帕网［J］. 世界知识，2001（6）.

［23］郭又新 . 非政府组织和印尼的政治改革［J］. 东南亚研究，2006（1）.

［24］哈全安 . 埃及穆斯林兄弟会的演变［J］. 西亚非洲，2011（4）.

［25］何焰．金融全球化与国际金融法［J］．世界经济与政治，2003（9）．

［26］黄超．全球治理中跨国倡议网络有效性的条件分析［J］．国际观察，2010（4）．

［27］黄超．金融危机背景下全球治理机制的变革［J］．国际观察，2012（3）．

［28］黄平．互联网、宗教与国际关系［J］．世界经济与政治，2011（9）．

［29］贾庆国．机遇与挑战：单极世界与中国的和平发展［J］．国际政治研究，2007（4）．

［30］贾修磊．非国家行为体的缘起［J］．当代世界，2010（4）．

［31］蒋灏．试析当代埃及政府与公民社会的互动［J］．西亚非洲，2011（6）．

［32］金彪．试析中亚“颜色革命”中外国非政府组织的作用［J］．学会，2008（4）．

［33］金仁淑．日本政治制度演化与经济绩效［J］．日本学刊，2005（6）．

［34］金雪军，王义中．非对称金融全球化、次贷危机与全球新型金融危机［J］．浙江大学学报，2010，40（5）．

［35］［瑞典］卡琳·埃格斯坦．冲突预防与非政府组织的作用［J］．外交评论，2006（5）．

［36］赖钰麟．政策倡议联盟与国际谈判：中国非政府组织应对哥本哈根大会的主张与活动［J］．外交评论，2011（3）．

［37］李宝俊，金彪．全球治理中联合国与非政府组织的关系［J］．现代国际关系，2008（3）．

［38］李布．“外包”：企业经营新模式［J］．经济纵横，2000（12）．

［39］李芳晓．国外有组织犯罪的现状与防范对策［J］．国外社会科学，2009（4）．

[40] 李金祥．非国家行为体的分类［J］．当代世界，2008（5）．

[41] 李景治．全球治理的困境与走向［J］．教学与研究，2010（12）．

[42] 李开盛，庞蕾．国际非政府组织与非传统安全［J］．阿拉伯世界研究，2012（3）．

[43] 李来房．社交媒体在埃及扮演重要政治角色［EB/OL］，新华网，2011 年 8 月 16 日．http：//finance. qq. com/a/20110816/004507. htm（上网时间：2012 -8 -13）．

[44] 李莉，廖剑伟，欧灵．云计算初探［J］．计算机应用研究，2010，27（12）．

[45] 李明明．试析欧洲认同与民族认同的关系［J］．欧洲研究，2005（3）．

[46] 李绍先，乐颖．埃及事件：一种全新政变模式［A］，马晓霖主编．阿拉伯剧变：西亚、北非大动荡深层观察［C］，北京：新华出版社，2012.

[47] 李伟．国际有组织发展趋势［J］．现代国际关系，2001（3）．

[48] 林胜．非法移民：一个世界性难题［J］．人口与经济，2002（6）．

[49] 刘宝旭，冉敏．Internet 发展的历程、现状与展望［J］．网上出版，1998（4）．

[50] 刘丰．国际体系转型与中国的角色定位［J］．外交评论，2013（2）．

[51] 刘海云．现代西方大型跨国公司组织结构调整与启示［J］．世界经济研究，1998（3）．

[52] 刘建飞，秦治来．论世界格局“非极化”及其经济基础［J］．国际政治研究，2012（4）．

[53] 刘鸣．经济全球化条件下国家与非国家行为体的关系［J］．世界经济与政治，2012（11）．

[54] 刘强．网络恐怖主义的特性、现状与发展趋势 [J]．世界经济与政治论坛，2004 (4)．

[55] 刘卿．论利益集团对美国气候政策制定的影响 [J]．国际问题研究，2010 (3)．

[56] 刘清才，乔蕊．俄罗斯政治制度的建立及其改革 [J]．俄罗斯中亚东欧研究，2012 (6)．

[57] 刘清才，张农寿．非政府组织在全球治理中的角色分析 [J]．国际问题研究，2006 (1)．

[58] 刘润达，李爽，卢鹤立．Web 2.0 及其对互联网的影响 [J]．现代计算机，2006 (8)．

[59] 刘卫东．美国游说制度的改革及其局限性 [J]．国际论坛，2006，8 (5)．

[60] 刘文．网络时代政治参与的难题与对策 [J]．中州学刊，2003 (6)．

[61] 刘越．云计算综述与移动云计算 [J]．信息通信技术，2010 (2)．

[62] 刘贞晔．国家的社会化、非政府组织及其理论解释范式 [J]．世界经济与政治，2005 (1)．

[63] 刘中民，黎兴亚．地缘政治理论中的海权问题研究 [J]．太平洋学报，2006 (7)．

[64] 罗建波．非政府组织在非洲冲突管理中的角色分析 [J]．国际论坛，2008，10 (1)．

[65] 吕有志，张淑锵．第三部门与国际政治 [J]．现代国际关系，2004 (2)．

[66] [美] M·麦考姆斯，T·贝尔著，郭镇之译．大众传播的议程设置作用 [J]．新闻大学，99. 秋．

[67] [秘鲁] 马里奥·瓦尔戈斯·略萨著，于海青编译．全球化、民族主义与文化认同 [J]．当代世界与社会主义，2002 (4)．

[68] 马小娟．论社交媒体对公民政治参与的影响 [J]．中国出版，2011 (12)．

[69] 马小军. 哥本哈根：气候变化并非通话 [J]. 当代世界，2010（1）.

[70] [美] 麦斯韦尔·麦考姆斯著，顾晓方译. 制造舆论：新闻媒体的议题设置作用 [J]. 国际新闻界，1997（5）.

[71] 门洪华. 国际组织与国际社会 [N]. 学习时报，2002-03-04.

[72] 苗永旺，王亮亮. 全球金融危机与国际金融监管框架变革 [J]. 亚太经济，2010（1）.

[73] [美] 尼古拉斯·奥鲁夫. 建构主义：应用指南 [A]. 尼古拉斯·奥鲁夫主编，肖锋译. 建构世界中的国际关系 [C]. 北京：北京大学出版社，2006.

[74] 倪乐雄. 从陆权到海权的历史必然 [J]. 世界经济与政治，2007（11）.

[75] 倪龙敏，汪祖柱. 论 Web 2.0 环境下的信息组织发展趋势 [J]. 情报探索，2013（2）.

[76] 彭永清. 日本：网络犯罪让警方难以招架 [J]. 检察风云，2013（3）.

[77] 钱乘旦. 20 世纪英国政治制度的继承与变异 [J]. 历史研究，1995（2）.

[78] 齐汉. 美“棱镜”项目引欧洲震动，欧盟官员称或影响美欧合作 [EB/OL]. 国际在线，2013-06-13. http://gb.cri.cn/42071/2013/06/13/6251s4146051.htm.

[79] 秦轩. 埃及：18 日政权倾颓 [A]，阿拉伯剧变：西亚、北非大动荡深层观察 [C]，北京：新华出版社，2012.

[80] 秦亚青. 国际体系的无政府性 [J]. 美国研究，2001（2）.

[81] 沈逸. 数字空间的认知、竞争与合作——中美战略框架下的网络安全关系 [J]，外交评论，2010（2）.

[82] 沈志渔，罗仲伟. 经济全球化对国际产业分工的影响 [J]. 新视野，2006（6）.

［83］时殷弘．全球性交往、相互依赖和非国家行为体［J］．欧洲，2001（5）．

［84］时殷弘．权势的变迁［J］．学术界，2001（5）．

［85］［英］斯科特·拉什著，王武龙编译．风险社会与风险文化［A］．李惠斌．全球化与公民社会［C］，广西：广西师范大学出版社，2003.

［86］宋渭澄．联合国体系下的非政府组织及其国际政治效应［J］．国际论坛，2003，5（2）．

［87］苏长和．非国家行为体与当代国际政治［J］．欧洲，1998（1）．

［88］孙辉，江乃兵．如何看待跨国公司与民族国家权力的消长［J］．国际论坛，2003，5（5）．

［89］孙茜．Web 2.0 的含义、特征与应用研究［J］．现代情报，2006（2）．

［90］孙溯源．集体认同与国际政治——一种文化视角［J］．现代国际关系，2003（1）．

［91］孙溯源．跨国公司的国际政治经济学研究：反思与重构［J］．世界经济与政治，2007（3）．

［92］谈民宪．非关税壁垒：理论与现实的沿革和变迁［J］．当代经济科学，2006，28（5）．

［93］檀有志．网络外交：美国公共外交的一件新式武器［J］，国际论坛，2010（1）．

［94］汤蓓．试析国际组织行政模式对其治理行为的影响［J］．世界经济与政治，2012（7）．

［95］唐宝才．略论沙特阿拉伯政治制度及政治民主化走势［J］．西亚非洲，2007（3）．

［96］唐虹．战后德国政治体制转型因素分析［J］．欧洲研究，2006（4）．

［97］唐士其．美国政治的二元文化及其影响［J］．美国研究，2008（2）．

[98] 陶蕴芳．网络社会中群体政治认同机制的发生与引导［J］．中州学刊，2012（1）．

[99] 田景梅．试析非国家行为体核扩散［J］．现代国际关系，2007（10）．

[100] 王蓓茹．网络时代的政治传播策略及效果［J］．新闻记者，2010（6）．

[101] 王长江．靠什么化解干部任用上的社会质疑［N］．学习时报，2013－06－10.

[102] 王公龙．权力转移及其对世界政治发展的影响［J］．国际论坛，2009，11（4）．

[103] 王锦．“维基解密”引起的震动［J］．世界知识，2011（1）．

[104] 王军．全球化与国际政治的社会化［J］．国际政治研究，1998（3）．

[105] 王军．多维视野下的网络战：缘起、演进与应对［J］，世界经济与政治，2012（7）．

[106] 王楷．原中情局职员曝光棱镜项目，监控隐私奥巴马形象受损［EB/OL］．凤凰网，2013－06－13. http：//news. ifeng. com/world/special/sndxiemi/content－3/detail_2013_06/13/26351817_0. shtml.

[107] 王立新．跨国公司组织结构模式变化及其对我国企业的启示［J］．中山大学学报，2002，42（4）．

[108] 王林聪．埃及政治变局中的公民社会［A］．马晓霖主编．阿拉伯剧变：西亚、北非大动荡深层观察［C］，北京：新华出版社，2012.

[109] 王玲．世界各国参与国际组织的比较［J］．世界经济与政治，2006（11）．

[110] 王沛，刘峰．社会认同理论下的社会认同威胁［J］．心理科学进展，2007，15（5）．

[111] 王彤．浅议沙特阿拉伯王国政治制度［J］．西亚非洲，

2003（1）.

［112］王伟军，孙晶．Web 2.0 的研究与应用综述［J］．情报科学，2007，25（12）.

［113］王文．论非政府组织在联合国体系中的地位和作用［J］．国际论坛，1999（6）.

［114］王文．Web 2.0 时代的社交媒体与世界政治［J］，外交评论，2011（6）.

［115］王小民．全球问题与全球治理［J］．东南亚研究，2004（4）.

［116］王勇．万维网之父：蒂姆·伯纳斯－李［J］．软件世界，2007.7.5

［117］王运祥，甘燕飞．西方非政府组织解读与启示［J］．国际观察，2008（4）.

［118］王志乐．全球公司——跨国公司发展的新阶段［J］．经济体制改革，2012（6）.

［119］韦宗友．非正式集团、大国协调与全球治理［J］．外交评论，2010（6）.

［120］吴国强，张仁玉．剖析美国互联网泡沫经济［J］．理论研究，2011（6）.

［121］冼国明，张岸元．跨国公司与美国国会对华政治［J］．世界经济，2004（4）.

［122］谢世清．后危机时代国际货币基金组织的职能改革［J］．国际贸易，2011（11）.

［123］辛平．跨国关系与国家大战略［J］．教学与研究，2005（9）.

［124］信强．“无政府状态”证义［J］．欧洲研究，2004（3）.

［125］徐黎明，赵斌．公民政治参与的三要素分析［J］．马克思主义与现实，2007（6）.

［126］许靖，杨丽，邢菲菲．对有组织犯罪查处中的疑难问题

研究［J］. 政治与法律，2010（5）.

［127］许振洲. 变化中的法国政治制度［J］. 国际政治研究，1996（3）.

［128］杨冠群. 关注蓄势待发的世界非政府组织运动［J］. 国际问题研究，2001（3）.

［129］杨建民. 公民社会与拉美国家政治转型研究［J］. 拉丁美洲研究，2012，34（3）.

［130］杨原. 体系层次的国家功能理论［J］. 世界经济与政治，2010（11）.

［131］姚捷，朱磊明. TCP/IP 协议脆弱性分析［J］. 安徽电子信息职业技术学院学报，2004（5－6）.

［132］叶江，甘锋. 试论国际非政府组织对当代国际格局演变的影响［J］. 国际观察，2007（3）.

［133］叶江. 试论无极多元国际格局对全球危情与治理的影响［J］. 国际观察，2012（1）.

［134］易承志. 跨国公民社会参与全球治理的角色分析［J］. 东南学术，2011（2）.

［135］奕文莉. 中美在网络空间的分歧与合作路径［J］. 现代国际关系，2012（7）.

［136］俞正梁. 国际无政府状态辨析［J］. 外交学院学报，2002（1）.

［137］［美］约翰·米尔斯海默. 国际制度的虚幻愿景［A］.［美］汉斯·摩根索著，徐昕，郝望，李保平译. 国家间政治［M］. 北京：北京大学出版社，2006.

［138］岳杨. 新媒体：当代"阿拉伯的劳伦斯"［A］. 马晓霖主编. 阿拉伯剧变：西亚、北非大动荡深层观察［C］，北京：新华出版社，2012.

［139］张贵洪. 国际组织的行政体制初探［J］. 世界经济与政治，1999（6）.

［140］张纪康. 论区域一体化形成和发展的实质基础［J］. 欧

洲，1997（4）．

［141］张力，白洁．互联网的发展对国际关系的影响［J］．现代国际关系，2000（11）．

［142］张宁．试论大众传播媒介的议题设置功能［J］．国际新闻界，1999（5）．

［143］张胜军．全球治理的最新发展和理论动态［J］．国外理论动态，2012（10）．

［144］赵伯英．主权观念和欧盟成员国的主权让渡［J］．中共中央党校学报，1999（2）．

［145］赵可金．网络外交的兴起：机制与趋势［J］，世界经济与政治，2011（5）．

［146］赵隆．试析议题设定对全球治理模式的影响［J］．国际展望，2010（3）．

［147］赵隆．议题设定和全球治理［J］．国际论坛，2011，13（4）．

［148］赵敏．美国“茶党”运动初探［J］．现代国际关系，2010（10）．

［149］赵汀阳．认同与文化自身认同［J］．哲学研究，2003（7）．

［150］赵雪波．国际关系中的个人因素［J］．世界经济与政治，1999（9）．

［151］赵玉冬．基于自组织理论的 Web 2.0 信息交流与传播分析［J］．图书馆论坛，2012，32（3）．

［152］［韩］赵正源，林奎燮．全球化时代国际关系中的文化与认同［J］．国际政治研究，2004（4）．

［153］中国网络犯罪损失达 2890 亿［J］．微电脑世界，2012（10）．

［154］周光辉，周笑梅．互联网对国家的冲击与国家的回应［J］．政治学研究，2001（2）．

［155］周琪，沈鹏．“占领华尔街”运动再思考［J］．世界经

济与政治，2012（9）.

[156] 周颖昕，郝正非. 利益集团与日本政治中的“三角同盟”[J]. 当代亚太，2005（8）.

[157] 周永生. 互联网对日本政治、经济、安全的影响及中国的借鉴 [J]. 中州学刊，2011（6）.

[158] 周意岷. 影响中东国家转型的内在因素 [J]. 亚非纵横，2012（4）.

[159] 周意岷. 试析中东人口问题及其影响 [J]. 国际展望，2013（5）.

[160] 2012 年上半年西欧和北美地区每三台计算机中就有一台遭到网络攻击 [J]. 计算机与网络，2012（18）.

二、英文文献

（一）著作

[1] B. loader, *The Governance of the Cyberspace*, London: Routledge, 1999.

[2] Cyrus Farivar, *The Internet of Elsewhere: The Emergent Effects of a Wired World*, New Jersey: Rutgers University, 2011.

[3] Damian Tambini, Cathy Bryan, Roza Tsaqarousianon, *Cyberdemocracy: Technology, Cities and Civic Networks*, London: Rontledge, 1998.

[4] Giampiero Giacomell, *National Governments and Control of the Internet: A Digital Challenge*, London: Rontledge, 2005.

[5] Henry Kissinger, *World Order*, New York: Penguin Press, 2014.

[6] James N. Rosenau, *Turbulence In World Politics*, New Jersey: Princeton University Press, 1990.

[7] Jerry Everard, *Virtual State: The Internet and the Boundaries of the Nation – State*, London and NewYork: Roufledge, 1999.

[8] Jessica Stern, J. M. Berger, *ISIS: the State of Terror*, London: William Collins, 2015.

[9] Lawrance Lessig, *Code: And Other Laws of Cyberspace, Version 2.0*, New York: Basic Books, 2006.

[10] Michael Weiss, Hassan Hassan, *ISIS: Inside the Army of Terror*, New York: Regan Arts. 2015.

[11] Rebecca Mackinnon, *Consent of the Networked: The Worldwide Struggle for Internet Freedom*, NewYork: Basic Books, 2012.

(二) 论文

[1] Adriane Lapointe, "WikiLeaks and Free Flow of Information on the Internet," CSIS, Dec 16, 2010. http: //csis. org/publication/wikileaks – and – free – flow – information – internet.

[2] Allan Friedman, "Economic and Policy Frameworks for Cybersecurity Risks," Center for Technology Innovation at Brookings, July 21, 2011.

[3] Amaney A. Jamal, "Can Washington Win Over the Arab Street?" *Foreign Affairs*, September/October 2013.

[4] Amy Gardner, "For Tea Party, Victories May Trigger Identity Crisis," *The Washington Post*, November 4, 2010.

[5] Avery Goldstein, "China's Real and Present Danger," *Foreign Affairs*, September/October 2013.

[6] Barack Obama, "Remarks by the President on the Middle East and North Africa," The White House, Washington DC, May 19, 2011. http: //www. whitehouse. gov/the – press – office/2011/05/19/remarks – president – middle – east – and – north – africa.

[7] Benjamin Witts, "Databuse: Digital Privacy and the Mosaic," *Governance Studies at Brookings*, April 1, 2011.

[8] Beth Rowen, "History of the Tea Party Movement," *Infoplease*, 2016 (6). http: //www. infoplease. com/us/government/tea –

party – history. html.

[9] Blake Clayton, Michael Levi, "The Surprising Sources of Oil's Influence," *Survival*, vol. 54 (6), December 2012 – January 2013.

[10] Blake Hounshell, "A Guide to the Foreign – Policy Twitterati," *Foreign Policy*, July/August 2011.

[11] Blake Hounshell, "The Revolution Will Be Tweeted," *Foreign Policy*, July/Aug 2011.

[12] Brent Scowcroft, "A World in Transformation," *The National Interest*, May/June, 2012.

[13] Brian Michael Jenkins, "Is Al Qaeda's Internet Strategy Working?" RAND Testimony, Dec. 6, 2011.

[14] Chris Gaither, Dawn C Chmielewski, "Fears of Dot – Com Crash, Version 2.0," *Los Angeles Times*, July 16, 2006. http://articles. latimes. com/2006/jul/16/business/fi – overheat16.

[15] Christian Le Miere, "Rebalancing the Burden in East Asia," *Survival*, vol. 55 (2), April – May 2013.

[16] Christopher Bronk, Cody Monk & John Villasenor, "The Dark Side of Cyber Finance," *Survival*, vol. 54 (2), April – May 2012.

[17] Christopher Bronk, Eneken Tikk – Ringas, "The Cyber Attack on Saudi Aramco," *Survival*, vol. 55 (2), April – May 2013.

[18] Clarence Wardell III, Yee San Su, "2011 Social Media + Emergency Management Camp," *CNA*, September 2011.

[19] Clay Shirky, "The Political Power of Social Midea," *Foreign Affairs*, January/February 2011.

[20] Colin H. Kahl, Marc Lynch, "U. S. Strategy after the Arab Uprisings: Toward Progressive Engagement," *The Washington Quarterly*, Spring 2013.

[21] Constantijn Van Oranje – Nassau, Joachim Krapels, Maarten Botterman, Jonathan Cave, "The Future of the Internet Economy," RAND Europe, December 2009.

[22] Daniel Byman, Zack Gold, "The Salafi Awakening," *The National Interest*, July/August, 2012.

[23] Darrell M. West, "Alleviating Poverty: Mobile Communications, Microfinance and Small Business Development Around the World," The Brookings Institution, May 2013.

[24] Data, The World Bank, http://data.worldbank.org/indicator.

[25] David Kirkpatrick, "Does Facebook Have A Foreign Policy," *Foreign Policy*, Dec. 2011.

[26] David Sheff, "Going Public as Netscape Did, before making a dime in profits," *Wired* 8.08 (*Lycos*), July 14, 2006. http://www.wired.com/wired/archive/8.08/loudcloud.html? pg = 1&topic = &topic_set =.

[27] Eneken Tikk, "Ten Rules for Cyber Security," *Survival*, vol. 53 (3), Jun – July 2011.

[28] Eric Schmidt, Jared Cohen, "The Digital Disruption," *Foreign Affairs*, November/December 2010.

[29] Eugene Kaspersky, "4 Digital Threats to Worry About," *Foreign Policy*, December 2012.

[30] European Networks and Information Security Agency, "Incentives and Barriers of the Cyber Insurance Market in Europe," June 2012.

[31] Fawaz A. Gerges, "The Obama Approach to the Middle East: the End of America's Moment?" *International Affairs*, 89: 2, 2013.

[32] *Financial Times*, "WikiLeaks opens the diplomatic bag," Dec. 1, 2010. http://www.ftchinese.com/story/001035800/en.

[33] Flavia Tsang, Ohid Yaqub, Desirée van Welsum, Tony G. Thompson – Starkey, Joanna Chataway, "The impact of information and communication technologies in the Middle East and North Africa," RAND, 2011.

[34] *Foreign Policy*, "The FP Survey: The Internet," Sept/

Oct 2011.

[35] Franklin S. Reeder, Daniel Chenok, Karen S. Evans, James A. Lewis, Alan Paller, "Updating U. S. Federal Cybersecurity Policy and Guidance," CSIS, October 2012.

[36] G. Wacker, "The Internet and Censorship in China," *China and the Internet: Politics if the Digital Leap Forward*, ed. C. R. Hughes and G. Wacker, London: Routledge Curzon, 2003.

[37] Grant D. Aldonas, "Rethinking the Global Trading System," CSIS, August 2009.

[38] H. Tafel, J. C. Turner, "The Social Identity Theory of Intergroup Behavior," *Psychology of Intergroup Relations*, ed. S. Worchel, W. Austin, Chicago: Nelson Hall, 1986.

[39] Hal Varian, "Micromultinationals Will Run the World," *Foreign Policy*, Sept/Oct 2011.

[40] Hillary Rodham Clinton, "Conference on Internet Freedom," *The Hague*, Netherland, December 8, 2011. http://www.state.gov/secretary/rm/2011/12/178511.htm.

[41] Hillary Rodham Clinton, "Leading Through Civilian Power," *Foreign Affairs*, November/December 2010.

[42] Hillary Rodham Clinton, "Remarks by Hillary Rodham Clinton," Washington, D. C., February 16, 2011. http://www.state.gov/secretary/rm/2011/02/156681.htm.

[43] Hillary Rodham Clinton, "Remarks on Internet Freedom," *The Newseum*, Washington. DC, January 21, 2010. http://www.state.gov/secretary/rm/2010/01/135519.htm.

[44] Ian Bremmer, "Democracy in Cyberspace," *Foreign Affairs*, November/December 2010.

[45] Ian Bremmer, "Superpower or Superbust?" *The National Interest*, November/December 2013.

[46] Ian Bremmer, "The Fourth Wave," *Foreign Policy*, Decem-

ber 2010.

[47] IMF, "Global Financial Stability Report," April 2013. http: //www. imf. org/external/pubs/ft/gfsr/2013/01/.

[48] Internet Crime Complaint Center (IC3), "Internet Crime Report 2017," https: //www. ic3. gov/preventiontips. aspx#item –9.

[49] ITU, "ICT Facts and Figures 2013," https: //www. itu. int/en/ITU – D/Statistics/Pages/facts/default. aspx.

[50] ITU, "ICT Facts and Figures 2017," https: //www. itu. int/en/ITU – D/Statistics/Pages/facts/default. aspx.

[51] J. Bradford DeLong, "The Second Great Depression," *Foreign Affairs*, July/August 2013.

[52] James A. Lewis, "Authentication 2. 0 – New Opportunities for Online Identification," CSIS, January 2008.

[53] James Andrew Lewis, "The Electrical Grid as a Target for Cyber Attack," CSIS, March 2010.

[54] James Stavridis, Evelyn N. Farkas, "The 21st Century Force Multiplier: Public – Private Collaboration," *The Washington Quarterly*, Spring 2012.

[55] Jane Kinninmont, "To What Extent Is Twitter Changing Gulf Societies?" *State of the Region*, Feb. 2013.

[56] John Arquilla, "Cyberwar Is Already Upon Us," *Foreign Policy*, March/April 2012.

[57] John D. Negroponte & Samuel J. Palmisano, "Defending an Open, Global, Secure, and Resilient Internet," Council on Foreign Relations, June 2013.

[58] John Villasenor, "Cyber – Physical Attacks and Drone Strikes: The Next Homeland Security Threat," The Brookings Institution, July 5, 2011. http: //www. brookings. edu/research/papers/2011/07/05 – drones – villasenor.

[59] Jonathan Zittrain, "A Mutual Aid Treaty for the Internet,"

Governance Studies at Brookings, Jan. 27, 2011.

[60] Joseph S. Nye Jr. , "The Future of American Power," *Foreign Affairs*, November/December 2010.

[61] Joseph Stromberg, "Any Two Pages on the Web Are Connected By 19 Clicks or Less," *Smithsonian*, Feb. 18, 2013. http://blogs.smithsonianmag.com/science/2013/02/any-two-pages-on-the-web-are-connected-by-19-clicks-or-less/.

[62] Karen Evans, Franklin Reeder, "A Human Capital Crisis in Cybersecurity," CSIS, Nov. 2010.

[63] Katerina Dalacoura, "The 2011 Uprisings in the Arab Middle East: Political Change and Geopolitical Implications," *International Affairs*, 88: 1, 2012.

[64] Keith B. Alexander, Emily Goldman, Michael Warner, "Defending America in Cyberspace," *The National Interest*, November/December 2013.

[65] Kenneth Cukier, Viktor Mayer-Schoenberger, "The Rise of Big Data," *Foreign Affairs*, May/June 2013.

[66] Kenneth Lieberthal and Peter W. Singer, "Cybersecurity and U.S.-China Relations," The Brookings Institution, February 2012.

[67] Laurie Garrett, "Biology's Brave New World," *Foreign Affairs*, November/December 2013.

[68] Lydia Saad, "Tea Parties Are Fairly Mainstream in Their Demographics," *Gallup*, April 5, 2010. http://www.gallup.com/poll/127181/Tea-Parties-Fairly-Mainstream-Demographics.aspx.

[69] Madeleine K. Albright & Richard S. Williamson, "The United States and R2P," The Brookings Institution, July 2013.

[70] Martin C. Libicki, "Cyberdeterrence and Cyberwar," RAND, Project Air Force, 2009.

[71] Martin C. Libicki, "Cyberspace Is Not a Warfighting Domain," A Journal of*Law and Policy*, Vol. 8: 2, 2011.

[72] Martin Neil Baily, Douglas J. Elliott, "The Role of Finance in the Economy: Implications for Structural Reform of the Financial Sector," The Brookings Institution, July 11, 2013.

[73] Michael O' Neil, "Cybercrime Dilemma: Is it Possible to Guarantee Both Security and Privacy?" The Brookings Institution, Winter 2011.

[74] Mike Gigilo, "The Facebook Freedom Fighter," *Newsweek*, Feb. 21, 2011.

[75] Mohamed El－Erian, "The Shape of the Global Economy Will Fundamentally Change," *Foreign Policy*, Sept/Oct 2011.

[76] Neil Robinson, Emma Disley, Dimitris Potoglou, Anaï s Reding, Deirdre May Culley, Maryse Penny, Maarten Botterman, Gwendolyn Carpenter, Colin Blackman, Jeremy Millard, "Feasibility Study for a European Cybercrime Centre," RAND, 2012.

[77] Neta C. Crawford, "The Iraq War: Ten Years in Ten Numbers," *Foreign Policy*, March 20, 2013. http://mideast.foreignpolicy.com/posts/2013/03/20/the_iraq_war_ten_years_in_ten_numbers.

[78] Netcraft, "May 2013 Web Server Survey," May 3, 2013. http://news.netcraft.com/archives/2013/05/03/may－2013－web－server－survey.html.

[79] Office of the National Counterintelligence Executive, "Foreign Spies Stealing US Economic Secrets in Cyberspace," October 2011.

[80] Paul Cornish, "Cyber Security and Politically, Socially and Religiously Motivated Cyber Attacks," *Foreign Affairs*, Feb 2009.

[81] Paul Cornish, "The Vulnerabilities of Developed States to Economic Cyber Warfare," Chatham House, June 2011.

[82] Paul Cornish, David Livingston, Dave Clemente & Claire Yorke, "Cyber Security and the UK's Critical National Infrastructure," Chatham House, Sep. 2011.

[83] Paul Cornish, Rex Hughes, David Livingstone, "Cyberspace

and the National Security of the United Kingdom," Chatham House, March 2009.

[84] Paul D. Miller, "American Grand Strategy and the Democratic Peace," *Survival*, vol. 54 (2), April – May 2012.

[85] Paul R. Pillar, "The Age of Nationalism," *The National Interest*, September/October 2013.

[86] Rajan Menon, "Asia's Looming Power Shift," *The National Interest*, September/October 2013.

[87] Ramesh Thakur, "R2P after Libya and Syria: Engaging Emerging Powers," *The Washington Quarterly*, Spring 2013.

[88] Richard N. Haass, "The Irony of American Strategy," *Foreign Affairs*, May/June 2013.

[89] Robert D. Lamb, Sadika Hameed, Kathryn Mixon, "Private - Sector Development in Fragile, Conflict - Affected, and Violent Countries," CSIS, 2013.

[90] Robert I. Rotberg, Jenny C. Aker, "Mobile Phones: Uplifting Weak and Failed States," *The Washington Quarterly*, Winter 2013.

[91] Robert Skidelsky, "After the Crash: The Future of Globalisation," *Survival*, vol. 54 (3), June—July 2012.

[92] Rohan Mukherjee & Clara O' Donnell, "Challenges of a Multipolar World," *Young Strategist Forum*, July 2013.

[93] Samuel Charap, "Russia, Syria and the Doctrine of Intervention," *Survival*, vol. 55 (1), February – March 2013.

[94] Sergey Markedonov, "The Rise of Radical and Nonofficial Islamic Groups in Russia's Volga Region," CSIS, Jan. 2013.

[95] Seth G. Jones, "The Future of Irregular Warfare," RAND, March 2012.

[96] Seth G. Jones, "Think Again: Al Qaeda," *Foreign Policy*, May/June 2012.

[97] Shibley Telhami, "2011 Annual Arab Public Opinion Sur-

vey," The Brookings Institution. http: //www. brookings. edu/reports/2011/1121_arab_public_opinion_telhami. aspx.

[98] Stanley A. Mcchrystal, "It Takes a Network," *Foreign Policy*, March/April 2011.

[99] Steven P. Bucci, Andy Bochman, "Plotting a More Confident Course: Rethinking Oversight of the Electric Sector and Critical Infrastructure Cybersecurity," *The Heritage Foundation*, Jan 29, 2014. http: //www. heritage. org/research/reports/2014/01/plotting - a - more - confident - course - rethinking - oversight - of - the - electric - sector - and - critical - infrastructure - cybersecurity.

[100] Thomas Rid, "Cyberwar and Peace," *Foreign Affairs*, November/December 2013.

[101] Thomas Rid, "Think Again: Cyberwar," *Foreign Policy*, March/April 2012.

[102] Thomas Sanderson, David Gordon, Guy Ben - Ari, "International Collaborative Online Networks," CSIS, December 2008.

[103] *Time*, "Class of 2011," Feb. 28, 2011.

[104] Toby Matthiesen, "Saudi Arabia's Shiite Escalation," Foreign Policy, July 10, 2012. http: //mideast. foreignpolicy. com/posts/2012/07/10/sable_rattling_in_the_gulf.

[105] UIA, "Year Book of International Organizations: 1989/1990," 1989. http: //www. uia. be/studies.

[106] UIA, "Year Book of International Organizations: 2008/2009," 2009. http: //www. uia. be/studies.

[107] UNCTAD, "World Investment Report 2012," *New York and Geneva: United Nations*, 2012.

[108] Volker Perthes, "Europe and the Arab Spring," *Survival*, vol. 53 (6), December 2011 - January 2012.

[109] W. Alexander Vacca, "Military Culture and Cyber Security," *Survival*, vol. 53 (6), December 2011—January 2012.

[110] Walter Russell Mead, "The Tea Party and American Foreign Policy," *Foreign Affairs*, March/April 2011.

[111] Wesley K. Clark, Peter L. Levin, "Securing the Information Highway," *Foreign Affairs*, November/December 2009.

[112] William Choong, "Japan's New Politics," *Survival*, vol. 55 (3), June - July 2013.

[113] William J. Lynn III, "Defending a New Domain," *Foreign Affairs*, September/October 2010.

[114] WTO, "World Trade Report 2013," April 2013. http://www.wto.org/english/res_e/publications_e/wtr13_e.htm.

后　记

IBM 的沃森研究中心曾进行过一个沙堆实验。首先选取体积、重量基本一致的沙粒，然后通过机器的精密控制使沙粒一粒一粒地掉落。实验的目的是揭示第多少颗沙粒掉落时沙堆会崩溃。在实验的第一个阶段，掉落的沙粒会堆积成一个锥形体，这是一个自组织的过程；第二阶段中，沙堆会变得不稳定，并逐步进入“临界”状态，此时也许再放上上千颗沙粒，沙堆仍岿然不动，也许再掉落一颗，沙堆便崩溃。但是，无论经过几次实验，沙堆崩溃的时机总是不可预测的，因为沙堆中的每一颗沙粒都通过一个无形的网络与其他的每一颗沙粒互相连接。随着沙粒的掉落，整个沙堆系统的复杂程度每秒扩大 100 万倍。

这一实验实际上揭示了我们当前生活的这个世界的复杂性。所有复杂系统都遵循着同样的演变规律，比如全球金融、股票市场、生态系统以及国际政治，我们无法测量每一个细节，因而也就难以预测接下来会出现什么结果。1991 年的苏联解体与 2011 年的中东变局是两个典型案例。然而，人类对于未知领域的探索总是难以抑制的。为了能够发掘出复杂系统的内涵，我们开始借助互联网，通过建立更多的连接以提升数据获取和分析能力，大数据技术应运而生。这是一个有趣且实用的技术。沃尔玛公司利用大数据分析得出以下结论：飓风来袭时蛋挞的销量上升；下雨天蛋糕卖得好；随着气温的升高，买三明治的人会增多。这些分析结果使得欧洲许多糕点商店的利润提高了 20% 。大数据技术的应用告诉我们，面对这个复杂性不断累积的世界时，连接可以使我们更好地认识这个系统，更好地适应系统的变化。

就笔者自身而言，能够顺利完成本书也得益于各类连接的建立。最初的连接是父母，这是一种天然的、以血缘为基础的连接。以他们为基石，笔者才可以逐步接入到这个复杂而精彩的世界系统之中。也正是他们多年来不遗余力地支持和包容，笔者才能够没有后顾之忧，自由地在学术世界中建立各种连接。在向他们感恩的同时，笔者也要致以歉意，一是 12 年来求学、工作在外，未能常在膝下尽孝；二是至今未满足他们与下一代建立连接的愿望。

如果说与父母的连接是基础，那么与诸位师长的连接可说是撰写本书的关键。自小学起，求学 22 年，每一位老师的连接都令笔者受益匪浅。其中最重要的连接当数笔者的两位导师：赵伯英教授和高祖贵教授。赵老师在笔者攻读博士期间不仅给予了悉心指导和耐心督促，令笔者拓展了视野、提高了学术水平，还赋予了广阔的自由空间，鼓励笔者根据个人兴趣选择研究领域。论文写作过程中，赵老师不辞辛劳，自最初的选题到最后的修改，提出了无数宝贵的意见和建议，促进了本书的完成和完善。作为笔者的硕士导师，高老师是笔者走上学术道路的引路人，收集资料、整理文献、撰写论文等基本学术能力都是在高老师的指导之下建立起来的。读博期间，高老师亦时常关怀和帮助，并参与了本书的开题，令本书的结构更加合理。除了学术能力，两位导师的人格修养、处世之道也令笔者由衷钦佩。可以说，这是令笔者受益终生的连接。

说到连接，不得不提的是笔者的各位损友。他们之中有的让我通过电子游戏接触到了电脑和互联网；有的与我把酒言欢、嬉笑怒骂，有的与我相互促进、共同完成学业；有的告诉了我社会百态、令我不致成为百无一用的书生；有的在我失意时给予了安慰和激励。如果没有他们，笔者的人生不会如此多彩。如今，虽然大家天各一方，但是在信息技术的支持下，彼此之间的连接并未减弱。

就在本书修改之际，笔者与妻子建立了羁绊终身的连接。我们二人有着截然不同的成长和求学经历，最终却能够跨越千山万水而许下一生的承诺，实在是世界的奇妙与人生的缘分。她在本书最终付梓的过程中贡献良多，为家庭付出了无数心血，是笔者最为珍贵且坚实的连接。

还有一种超越时空的连接，即通过阅读著作和文章与各位先贤和大师建立的连接。在阅读过程中与他们进行思想上的交流碰撞，吸收他们智慧的结晶，一方面充实自己，一方面提出质疑。这是本书得以最终出炉的重要步骤。由于这一连接，笔者体会到了从事研究的乐趣。

范·埃弗拉曾说："写出一部像样的著作就犹如攀越珠穆朗玛峰：这是一个可为的事业，但只有认真准备和聚精会神才能实现。"1 年的写作、10 年的研究、27 年的积累，最终汇聚成了本书。人生如负重致远，未来的路很长，还需要继续前行，建立更多的连接。

图书在版编目（CIP）数据

Web 2.0 时代的非国家行为体与世界政治/周意岷著. —北京：时事出版社，2019. 1

ISBN 978-7-5195-0273-7

Ⅰ. ①W… Ⅱ. ①周… Ⅲ. ①国际关系—研究 Ⅳ. ①D81

中国版本图书馆 CIP 数据核字（2018）第 269867 号

出 版 发 行：时事出版社

地　　址：北京市海淀区万寿寺甲 2 号

邮　　编：100081

发 行 热 线：（010）88547590　88547591

读者服务部：（010）88547595

传　　真：（010）88547592

电 子 邮 箱：shishichubanshe@ sina. com

网　　址：www. shishishe. com

印　　刷：北京旺都印务有限公司

开本：650×980　1/16　印张：17　字数：250 千字

2019 年 1 月第 1 版　2019 年 1 月第 1 次印刷

定价：98. 00 元